戦後70年の日本資本主義

渡辺　治・石川康宏
藤田　実・鳥畑与一
萩原伸次郎・佐々木憲昭
山田博文・北村洋基
米田　貢・大泉英次
牧野富夫・佐貫　浩
友寄英隆・屋嘉宗彦

新日本出版社

『戦後70年の日本資本主義』の刊行にあたって

　本書は、『経済』誌の「戦後70年の日本資本主義」特集関連の論文を収録したものです。

　戦後70年の節目となった2015年は、大きな転換点のただなかにありました。15年におよぶ侵略戦争に敗北し、「政府の行為によつて再び戦争の惨禍が起ることのないやうにすることを決意」して（日本国憲法前文）、廃墟の中から新たに歩み始めた日本。その日本が、戦後70年の年に、安保関連法制＝戦争法を強行採決し、戦争をする国へ大転換する道に踏み出したのです。しかし、戦争法に反対する国民共同のたたかいは、今までにない広がりをみせ、歴史の本流と逆流の全面対決となって国会の内と外で示されました。

　こうした歴史的な激動の中で、戦後日本資本主義の歩みをふりかえりつつ、日本資本主義はどのような特徴をもつにいたっているのか、今日における対決点は何か、日本の民主的発展のために何が必要かを探りたいと企画したのが、「戦後70年の日本資本主義」特集です。

＊

〈第Ⅰ部〉
　戦後の日本資本主義は、日米安保体制の下で、対米従属的な国家独占資本主義として発展してきました。安保体制は、国家主権と戦争放棄をうたった日本国憲法との矛盾をはらんだものであり、戦後の歩みは、安保と憲法の対抗関係の歴史でもありました。2014年から15年にかけての、第二次安倍政権による集団的自衛権の行使容認の閣議決定と戦争法（安保関連法制）の強行と、戦争法反対の国民的な共同の発展は、その矛盾が極点に達したことの現れです。この対抗関係を渡辺治さんが骨太く明らかにしています。

そして、つづく各論稿は、この日本資本主義の発展をどうみるか、戦後日本の再生産構造の特質と矛盾、経済の金融化の特徴、世界経済の構造変化という角度から、戦後日本資本主義の特徴を、歴史的・世界的な視点で捉えるものです。

〈第Ⅱ部〉

対米従属の下で高度に発達した日本資本主義。その中心をなす日本の大企業は、巨大化し、多国籍企業化の道を歩むとともに、日本政府を強い影響下におき、国家機構の全体を、自分たちの階級的利益の実現のために最大限に活用しています。この大企業・財界による政治・経済支配の構造分析を見事に行ったのが佐々木憲昭論文です。

そして、つづく各論稿によって、大企業・財界による財政金融支配、「原発安全神話」と戦後日本のエネルギー政策、多国籍企業化と地域経済の衰退、戦後日本の住宅問題と貧困など、今日、日本資本主義がかかえる諸問題と、その背景に多国籍企業化する大企業と国民経済との矛盾があることを明らかにしています。

〈第Ⅲ部〉

戦後日本資本主義の矛盾が激しくなるなかで、大企業・財界の横暴な支配が強まり、「新自由主義」による戦後諸制度の破壊が重なって、国民の生活と権利が脅かされています。「ルールなき資本主義」が日本社会発展の重大な弱点になっており、労働政策の戦後70年と「新自由主義」を論じた牧野富夫論文をはじめ、戦後70年の日本の教育、日本の「人口減少問題」、「ピケティとマルクス」の論稿があります。

*

アメリカいいなりと大企業・財界の横暴な支配を最大の特質とする日本資本主義は、日本国民の根本的利益との間に大きな矛盾を持っています。対外的にも、アジア・中国の急速な発展で世界が大きく変化しているなかで、憲法「改正」をも日程に上らせた安倍政権による「海外で戦争する国」づくりの動きは、世界とアジアの平和・友好の流れに逆行するものです。

こうした戦後70年の日本資本主義の、経済的土台とともに、政治や軍事、イデオロギー問題も含めた分析・解明をめざした本書が、これからの国民のたたかいを励ますことにつながることを期待するものです。
　さいごに、『経済』への掲載論文の収録を快諾して下さった筆者の皆様にお礼を申しあげます。なお、本書への収録の際に、原文を基本にしながら筆者の責任で手直し・追記などを行っていただきました。

2016年5月　『経済』編集部

『戦後70年の日本資本主義』の刊行にあたって　3

I　転換点にある日本の政治・経済

1　戦後安保体制の大転換と安倍政権の野望〔渡辺　治〕14
　（1）戦争法案＝「戦後安保政策の大転換」の意味　14
　（2）安倍政権の野望──〈大国〉への執念　21
　（3）安倍政権のめざす大国とディレンマ　27
　（4）戦争法案反対の国民的な共同は「宝」　31

2　日本資本主義の発展をどうとらえるか〔石川　康宏〕37
　（1）資本主義の発展についての「通説」的理解　37
　（2）戦前日本における資本主義の地位と天皇制国家　40
　（3）戦後改革による資本主義社会の本格的な確立　45
　（4）確立した資本主義社会の発展をとらえる方法　47
　（5）日本における労働者・市民の発達　50

3　戦後日本の再生産構造──その特質と矛盾〔藤田　実〕55
　　はじめに　55
　（1）戦後重化学工業段階の再生産構造──その特質と矛盾　58
　（2）1980年代ME技術革新段階の再生産構造──その特質と矛盾　64
　（3）長期不況下の内的矛盾の成熟と構造的危機　68
　　おわりに──構造的危機打開の展望　74

4　「経済の金融化」とは何か
　　──日本における金融化の現状と特徴〔鳥畑　与一〕76
　　はじめに　76
　（1）国際的な金融化の進行の確認　78

（2）日本の金融化の進展　82
　　（3）現代日本経済の構造的特質——経済の金融化の視点から　84
　　（4）日本の金融化をどうみるか　89
　　　　おわりに　90

5　世界経済の構造変化をどうみるか
　　——戦後70年の日米経済関係を基軸に〔萩原　伸次郎〕93
　　　　はじめに　93
　　（1）戦後の経済復興と日米関係　93
　　（2）日米安保条約の改定とケインズ的世界経済　95
　　（3）ケインズ的世界経済はいかにして崩壊したか
　　　　——国際的資本取引の自由化と変動相場制　98
　　（4）ソ連消滅と「米国一極覇権」の形成　100
　　　　まとめにかえて——「米国一極覇権」とアジアの台頭　107

　　■データで見る戦後70年　階級構成の変化
　　■データで見る戦後70年　GDP・貿易
　　■データで見る戦後70年　財政

II　多国籍化した大企業と国民との矛盾

6　日本財界による政治支配の変容〔佐々木　憲昭〕120
　　　　はじめに　120
　　（1）戦後、経団連の発足　122
　　（2）経団連は、誰に支配されているか　124
　　（3）財界による政治支配の変容　141

7　戦後の資本蓄積と財政金融支配
　　——経済・財政・金融政策を利用した資本蓄積様式の探究〔山田　博文〕150
　　　　はじめに　150

（1）政府の経済・財政政策が提供するビジネスチャンス
　　　　――日米経済独占体の利益と国民生活の犠牲　151
　（2）政府債務の累積と政府保証の金融ビジネス
　　　　――活発化する国債ビジネスと民営化株式の売出　154
　（3）バブル崩壊と公的資金・年金積立金の動員
　　　　――不良資産買取・資本注入と株価維持策（PKO）　158
　（4）日銀信用を動員したアベノミクス
　　　　――国債・株式の「官製相場」を担う日本銀行　161
　　　まとめ――経済のグローバル化・金融化・情報化と日米独占体　163

8　戦後日本のエネルギー政策――その変遷と今日の課題　〔北村　洋基〕　168
　　　はじめに　168
　（1）戦後出発点の経済・産業政策とエネルギー政策
　　　　――貿易主義と開発主義　168
　（2）原子力の「平和利用」をめぐる対立　171
　（3）高度経済成長と「エネルギー革命」　173
　（4）オイルショックと対策　176
　（5）地球環境問題と福島原発事故をふまえたエネルギー政策のあり方　181

9　循環型地域経済を基礎にした経済再構築
　　　――アベノミクスの地方創生戦略批判　〔米田　貢〕　190
　　　はじめに
　　　　――地方創生＝ローカル・アベノミクスによって地方再生は可能か　190
　（1）グローバル企業の利益と国民経済的利益との
　　　深刻な対立を無視するアベノミクス　191
　（2）現代日本における地域経済の衰退の現状とその根本的原因　193
　（3）地域経済の再建から国民生活の向上を展望する　200

10　日本の住宅問題――居住のリスクと格差・貧困　〔大泉　英次〕　206
　　　はじめに　206
　（1）住宅ストック――過剰のなかの格差　207
　（2）住宅市場――二極化と不安定化　210

（3）居住のリスクと格差・貧困　211
　（4）戦後の住宅政策と住宅供給　215
　（5）90年代以降の住宅政策の転換　219
　（6）住宅政策に何が求められているか　222

　■データで見る戦後70年　中小企業
　■データで見る戦後70年　農業・水産業

Ⅲ　変容する日本社会と「新自由主義」

11　労働政策の戦後70年と「新自由主義」〔牧野　富夫〕232
　（1）占領下の労働政策　232
　（2）労働政策（国家政策）と「新自由主義」　238
　　おわりに──「新自由主義」の本質　246

12　戦後70年と日本の教育の行方
　　──「戦後社会」の根本的改変と新自由主義教育改革　〔佐貫　浩〕249
　（1）「戦後社会」期と「戦後社会」の根本的改変期という把握　249
　（2）新自由主義の20年間の「教育改革」の帰結　251
　（3）戦後70年をいかなる出発点とするか　263

13　日本の「人口減少」問題を考える
　　──安倍内閣の「少子化社会対策」批判　〔友寄　英隆〕265
　　はじめに──本章の課題について　265
　（1）戦後70年の人口問題と「少子化対策」の経過
　　　──人口統計表と人口ピラミッドによる概観　266
　（2）【生産年齢人口】
　　　──「人口ボーナス」から「人口オーナス」の時代へ　271
　（3）【高齢人口】──「超高齢化社会」は、日本の宿命ではない　274
　（4）【年少人口】──現代日本の「人口減少」と「第二の人口転換」論　275

（5）「将来人口推計」とはなにか　278
（6）「少子化」「人口減少」と日本資本主義　280
（7）「人口減少社会」と「人口静止社会」の違いについて　283
（8）政府・財界の「少子化」対策批判　285
　　むすびにかえて――いま日本で真に必要なことはなにか　289

14　ピケティとマルクス――貧富の格差拡大に対して〔屋嘉　宗彦〕292

（1）ピケティ・ブームの背景　292
（2）ピケティのマルクス理解　293
（3）技術進歩・生産性向上とマルクス　294
（4）ピケティの基本命題と経済成長率　296
（5）$r>g$ 法則とマルクス再生産論　298

■データで見る戦後70年　雇用・失業・家計
■データで見る戦後70年　人口・自治体数

《年表》戦後70年 日本の政治・社会と国民の運動　巻末

I

転換点にある日本の
政治・経済

1　戦後安保体制の大転換と安倍政権の野望

渡辺　治
（聞き手＝『経済』編集部）

　戦後70年の夏、日本は重大な岐路に直面しました。戦争法案を許さない大闘争が展開され、安倍政権を追い詰めました。8月30日には、国会包囲12万人集会をはじめ、全国1000カ所以上・数十万人が参加して、戦争法案の廃案を求める行動が行われました。本インタビューは8月24日に行いましたが、その後の事態の変化を反映して加筆したものです。〔文中敬称略〕

（1）戦争法案＝「戦後安保政策の大転換」の意味

　——安倍政権の進める「平和安全法制関連法案」、いわゆる戦争法案が、「戦後安保政策の大転換」であることは、どのマスコミも共通して強調していますね。

□安保体制の「大転換」と「徹底」——二つの面

　ことしは戦後70年ですが、日本は最大の岐路に立っています。言うまでもなく安倍政権が国会に提出した戦争法案によってです。戦争法案がねらうのは、日本が、アメリカの戦争や紛争介入に武力行使を含めて全面的に加担する体制づくりです。戦後日本は、安保体制の下で沖縄をはじめ全土に米軍基地を展開し、自衛隊も含めアメリカの侵略戦争にさまざまな形で加担してきましたが、それにもかかわらず、「二度と戦争の惨禍はごめんだ」という国民意識と平和運動の力により憲法の改悪を阻み、アメリカの戦争に自衛隊が武力で加担する

ことだけは許さないできました。その結果、戦後日本は70年の間海外に軍隊を出さず、また戦渦に巻き込まれたこともなかった。戦争法案はほかでもなくこの点を転換させようとはかっているのです。この点では、文字通り戦後の安保体制の「大転換」がめざされています。

　しかし、この点に関して、留意すべき点が二つあります。

　一つは、この戦争法案は決して安倍首相個人の思いつきではなく、アメリカが長年、直接には1990年の冷戦終焉後、四半世紀にわたって求めてきながら実現を見なかった「宿願」にほかならないという点です。安倍政権はその宿願を今度こそ実現する期待を担った政権として登場しています。

　二つめは、この法案は、より長期に見ると、講和と安保条約により強制された安保体制がめざした対米従属下の日米同盟の延長・徹底でもあるという点です。その意味では、戦後安保体制の「大転換」とは、安保体制の本当の意味での転換すなわち安保体制の廃棄ではなく、戦後の対米従属を支える安保体制の徹底でもあるといえることです。

　こうした戦争法案には二つの柱があります。

　第一は、「後方支援」という口実なら、自衛隊がいつでもどこでも、どんな形ででもアメリカの戦争に加担する体制づくりです。

　「後方支援」──日本的なごまかしの概念で国際的には「兵站」──というのは、輸送・修理・調達・補給・医療等々、直接の武力行使以外で戦争遂行に不可欠な活動をさします。戦争とくに侵略戦争はこの膨大な「後方支援」がなければ成り立ちませんから「後方支援」と「武力行使」とは一体のものですが、日本政府は、武力行使を禁止している憲法9条の下で、何とかアメリカの要請に応えようと「後方支援」なら禁止されていないとして「後方支援」の口実で海外に派兵しようと試みてきました。

　しかし、そんな「後方支援」といえども、憲法9条の下では、政府の解釈ですら、大きな二つの制約がありました。一つは、「戦場」──法律では「戦闘地域」と言われます──に自衛隊を派兵して後方支援をすることは、アメリカの「武力行使と一体化した活動」として認められない、つまり戦場には行けないという制約です。もう一つは、武器の調達や輸送、弾薬の提供、発進準備中の戦闘機への給油など、「武力行使との一体化」とみなされる活動はできないという限界です。戦争法案は、「後方支援」という口実による自衛隊の海外出

動の二つの制約を取り払ったのです。まず、「戦闘地域」であろうとなかろうと「現に戦闘が行われていないところ」ならどこにでも行く、二つめは「武器の提供」以外のすべての後方支援をやる——こうして、全面的に米軍に加担する体制を実現することです。

　第二の柱は、ある条件のもとでは——アメリカの戦争が日本の存立を脅かす「存立危機事態」だと政府が判断した場合には——、集団的自衛権を行使して、アメリカの戦争に武力行使をもって参加できるようにすることです。アメリカの戦争に人殺しででも参加するということです。

□戦後安保体制の徹底という側面

　この戦争法案は、冒頭指摘したように安保体制の「徹底」と「転換」という二つの側面をもっています。
　第一は、戦争法案が戦後安保体制の徹底、つまり講和と安保条約締結以来の対米従属体制のねらいの実現、完成にほかならないという側面です。
　歴史的にみますと、戦後安保体制の第一期、つまり1952年の講和と旧安保の発効以後50年代に、アメリカは日本を米軍の極東戦略の拠点に設定しました。この旧安保条約は、アジアに張り巡らされた反共軍事同盟網の一つであり——52年に米比相互防衛条約、ANZUS（太平洋安全保障条約）が結ばれました——、沖縄全面支配とともにその要（カナメ）となったのです。アメリカは同時に憲法改悪により再軍備とアメリカの戦争への全面加担も要求しました。しかしこの旧安保体制は、その強い不平等性も相俟（あいま）って、強い米軍基地反対闘争や憲法改悪反対の運動に直面し、安定しなかった。そこで安保条約を手直しし、本来の軍事同盟条約に強化すべく岸内閣は安保条約の改定に乗り出すことになります。
　安保改定の狙いの第一は、条約第6条で米軍の「極東における国際の平和と安全」のための活動を改めて保障し、また第5条で、日本におけるいずれか一方に対する攻撃があった場合、米軍が出動する義務を規定することで、アメリカが日本の米軍基地を安定して自由に使用する体制をつくることでした。
　もう一つは、自衛隊をアメリカの戦争に加担させる、軍事同盟的な側面を強化する狙いです。しかしこの狙いは、ふたたび戦争に巻き込まれることに反対

する国民の声、安保改定反対闘争によって、大きな制約を受けました。安保反対闘争の昂揚に恐れをなした自民党政権とアメリカは、軍事同盟的な側面は後景において、アメリカの戦争のための基地の自由な使用の確保に重点を置かざるを得なかったのです。

　安保条約改定の後、第二期が始まりました。60年代から80年代末までの第二期では、日本はアメリカの極東戦略とアジアにおける戦争の基地になります。

　ベトナム侵略戦争は日本と沖縄の全面支配なくしてはとうてい遂行できませんでした。72年に沖縄返還が行われますが、米軍の基地機能は断固として維持されたのです。

　たんに基地使用だけでなく、75年にベトナム侵略戦争が破綻した後、アメリカは、安保改定の第二の狙いである日米軍事同盟的側面の強化、自衛隊の米軍の活動への肩代わり・加担を求めてきました。「78年ガイドライン（日米防衛協力指針）」は、日本防衛の日米共同行動の具体化と同時に、「極東における事態で日本の安全維持」のための日米共同軍事行動の検討、日米共同作戦体制の検討を謳ったのです。

　しかし、当時の強い反対運動のもとで、米軍の手足として自衛隊をアメリカの戦争に加担させる試みは、第二期には実現しませんでした。

□アメリカが「世界の憲兵」に

　ところが90年代以降、第三期に入り、事態は大きく変わります。ソ連の崩壊、いわゆる冷戦終焉の下でアメリカは世界の自由市場秩序の盟主となり、「世界の憲兵」として自由市場秩序の維持と拡大にのぞむ新たな戦略を立てます。そのなかで日本に対しても、基地貸与にとどまらずに、自衛隊による人的加担を強く求めるようになりました。湾岸戦争（90～91年）が契機になりました。

　どうしてアメリカがこの時期に、安保条約の「従属的軍事同盟体制化」に大きく踏み出したのでしょうか。

　一つは、冷戦期と違って、「世界の憲兵」としてのアメリカが、イラクやアフガニスタン、北朝鮮など、世界の「ならず者国家」に対して、武力でこれを倒すという方向に戦略を変えたことです。そのために自衛隊やNATO（北大西洋条約機構）軍の人的加担が積極的に求められるようになったのです。

1　戦後安保体制の大転換と安倍政権の野望

二つめに、日本独占資本の多国籍企業化のなかで日本がアメリカを脅かす状態になって、日本に対しても「世界における市場維持の分担をするべきだ」、「ただ乗りは許さない」という声が強くなったことです。
　しかし日本政府は、アメリカの圧力に応ずることはできませんでした。憲法９条と政府解釈が、立ちはだかったからです。この点はあとでくわしく検討しますが、以後政府は、自衛隊に課せられた制約を打破してアメリカの戦争に直接加担するための努力を強いられます。そのため、自民党政権は、「97年ガイドライン」を結び、周辺事態法（99年）、テロ対策特別措置法（01年）、イラク特別措置法（03年）によって自衛隊の海外派兵態勢を整備し、９・11事件のあと、インド洋海域さらにイラクに自衛隊を派兵しました。
　自衛隊のイラク派兵は、まぎれもなくアメリカの戦争への自衛隊の加担だったのですが、憲法９条と政府解釈の下で、依然として武力行使はできないという大きな制約がありました。憲法９条がある限りアメリカの戦争への全面的加担はできない。そこで明文改憲によって、この限界の突破をめざしたのが、2006年に成立した第一次安倍政権でした。ところがこの改憲の企ては、「九条の会」をはじめとした大きな国民運動によって、挫折を余儀なくされます。
　それどころか民主党政権ができて、自衛隊の海外派兵態勢そのものの進行が停滞を余儀なくされます。そこで、長年にわたる制約打破の企てに決着をつけることをめざしたのが、第二次安倍政権による集団的自衛権行使容認の閣議決定であり、戦争法案なのです。
　そういう文脈でいうと、対米従属体制の下での日米軍事同盟強化の徹底・完成が、今度の戦争法案の第一の側面であるということです。

□海外での武力行使容認へ「大転換」という側面

　――政府が言うような「国民の生命と安全を守るため」の法案ではないのですね。

　戦争法案は国民の側からみると、戦後70年にわたり堅持してきた、海外で戦争しないという国是を壊す大転換です。先にふり返ったように、戦後安保体制の下で日本は米軍の極東戦略と侵略戦争に加担する体制をつくってきたのです

が、憲法9条とそれにもとづく運動の制約によって、自衛隊が武力行使を含めアメリカの戦争に直接加担することはできなかった。今回の戦争法案はこれを突破することをめざしたものだからです。

　第一期に、安保闘争で改憲を断念させられた自民党政権は、第二期に入り、憲法9条の下で自衛隊の維持存続をはかることを余儀なくされました。憲法9条の下での自衛隊合憲を言うべく政府が展開した論理が、いわゆる「自衛力論」です。①憲法9条で戦争と武力行使は禁じられているが、他国から自国が攻撃されたときにそれを撃退する自衛権は、自然権的な権利として認められており、自衛権を行使するための「実力」の保持も認められる。②しかし9条は「戦力」の保持を禁止しているためその「実力」は「自衛のための必要最低限の実力」でなければならない。③自衛隊はこの「必要最小限度の実力」であるから憲法9条が禁止している「戦力」ではないというわけです。

　ところが60年代の平和運動はこうしたつじつま合わせの「解釈」を認めなかったのです。当時はベトナム侵略戦争のさなかでしたから、自衛隊を違憲とする憲法裁判（長沼訴訟や恵庭裁判）が闘われ、国会では社会党・共産党、さらに当時は公明党も含めて、自衛隊はアメリカの戦争に加担する違憲の軍隊であるという追及がなされました。

　さらに沖縄返還のときの米軍基地の存続、強化に反対する運動も加わって、安保条約や自衛隊違憲の声が盛り上がるなか、追い詰められた政府は、「集団的自衛権の行使は認められない」という「72年見解」を出すことで、「自衛隊違憲論」の攻勢を切り抜けようとしたのです。

　つまり、日本が攻められたときにそれを撃退するのは、個別的自衛権として「自衛のための必要最小限度の実力」の範囲内だけれども、他国の戦争に自衛隊が加担して武力行使をする集団的自衛権は違憲だという解釈です。集団的自衛権の行使をしないことで自衛隊の合憲を認めてもらうというのが、第二期における政府と運動との力関係だったのです。

□90年代以降の自衛隊海外派兵をめぐるせめぎあい

　ですから90年代以降、アメリカの圧力にもとづいて自衛隊の海外派兵、米軍の戦争加担を行う場合でも、自民党政権は、こうした政府解釈による制約の下

で進めざるを得なかったのです。

　イラク派兵のとき、政府は、以下の理屈で自衛隊の海外出動を強行しました。集団的自衛権の行使は認めない、海外派兵は認めないという解釈は変えない。しかし自衛隊の海外への出動全般が認められないわけではない。武力行使を目的とする海外への出動＝「派兵」は認められないが、武力行使以外の人道復興支援などを目的とする海外への出動＝「派遣」は認められる、自衛隊のイラク派兵は「派遣」だから許される、というのです。

　また「後方支援」という名目でも「武力行使と一体化した活動」はできないので戦場には行けないが「非戦闘地域」には行くことができる、「サマーワもバグダッドも非戦闘地域だから行けます」という形で派兵を強行したのです。

　国民の側から見れば、イラク派兵は許したが、自衛隊が海外で戦闘をして殺し殺されることだけは、かろうじて阻んできたわけです。自衛隊の海外派兵に課された、こうした制約をなんとしてでも突破するというのが今回の戦争法案の狙いなのです。国民の側から見れば「大転換」にほかなりません。

□アメリカとの共同軍事体制づくり

　──自衛隊の内部文書が暴露されましたね。

　8月11日、参議院の安保法制特別委員会で、日本共産党の小池晃議員が、自衛隊の統合幕僚監部の内部文書を暴露しました。この内部文書は「『日米防衛協力のための指針』（ガイドライン）及び平和安全法制関連法案について」と題するもので、5月26日の「自衛隊テレビ会議」での、プレゼンテーション用のパワーポイント資料です（①）。続いて9月2日には、日本共産党の仁比聡平議員が、河野統合幕僚長の米軍幹部との会談を記録した内部文書（②）を暴露しました。

　これらの文書はいずれも、国会で審議中の法案をすでに既定の事実とし、その実行を具体化するという、議会制民主主義の根幹を揺るがす違憲の行為です。①では、8月中の法案成立を見越し、すでに8月はじめから日米の常設の「同盟調整メカニズム」つまり日米共同司令部の設置を、さらにその下での「軍軍間の調整所」の設置を謳っていますし、②でも河野統幕長は米軍幹部にくり返

し「来年夏までには終了する」と断言しています。

 しかし、同時に、これら文書は戦争法案がアメリカの戦争への全面加担をねらったものであり、日米軍事同盟の強化をねらったものであるという今度の戦争法案の第一の側面、マスコミの報道などでもまだ十分に明らかにされてこなかった本質を端的に示している点でも極めて重要な資料です。

 そのことは、①文書の「『日米防衛協力のための指針』（ガイドライン）及び平和安全法制関連法案について」というタイトルや構成に露骨に示されています。2015年4月27日に締結されたガイドライン（以下15ガイドラインと呼びます）は、アメリカのグローバルな戦争にいかに自衛隊が全面的に協力するか、その詳細を決めた文書ですが、このタイトルは、戦争法案が、文字通りガイドラインの実行のための法案であることを物語っています。また①文書は、まず「ガイドラインとは何か」で、その全体像を解説し、それを踏まえてガイドラインに沿って「平和安全法制関連法案とは何か」で法案の中味を説明、続いて「ガイドラインと平和安全法制関連法案の関係」という項で、ガイドラインの中で現行法制でも実施可能なもの、戦争法案で実施可能となるもの、ガイドラインとは関係なく法案で実施するもの、と区別して説明され、この最後の部分はほとんど説明がありません。そして文書の最後の項「ガイドラインおよび平和安全法制関連法案をうけた今後の方向性」では戦争法案成立をふまえた日米共同作戦体制づくりが詳細に語られているのです。

 また②文書では、自衛隊幹部と米軍三軍それに海兵隊がいかに緊密に連携しているかが、よくわかります。河野統幕長は「集団的自衛権や検討中の安保法制が実現した際には日米の関係はより深化する」とくり返し、オスプレイの導入を嬉々として報告し、オスプレイへの安全に疑問を持つのは「一部の活動家だけ」などと根も葉もないことを吹聴しています。②文書については、政府はそれが真実の文書であることをどうしても認めようとしませんでしたが、アメリカ側からの圧力があったことが推測されます。

（2）安倍政権の野望——〈大国〉への執念

 ——渡辺さんたちの共著『〈大国〉への執念』（大月書店、2014年）のなかでは

安倍政権論を展開しています。戦争法案にかける安倍首相の狙いはどこにあるのでしょうか。

　先に述べたように、戦争法案は四半世紀にわたるアメリカの要求の実現ですが、なぜ安倍首相は、こんな火中の栗を拾うようなことをやっているのでしょうか。
　それは安倍首相自身が日本を、戦前の日本とは違う形ではあるが、アジアのなかで中国やロシアに対峙できるような軍事大国にしたいという野望をもっているからです。それが、アメリカが長年実現を求めて出来なかった戦争法案を強行するエネルギー源になっています。
　日本を軍事大国にするには戦後の構造の大転換が不可欠です。ひとくちに「戦争する国」づくりと言いますが、これは本当に大変なことで、戦後70年、国民の運動との攻防でつくられた諸制度を根本的にひっくり返すわけですから、非常に大変な作業になります。
　それには三本柱が必要です。第一の柱は、自衛隊を海外に出動させて、自由に紛争に介入できる態勢をつくることです。世界の憲兵としてのアメリカの戦争に呼応したり、「国益」実現のために軍隊を派兵できなければ大国としての発言力も、力も誇示できない。改憲により自衛隊の海外での自由な出動態勢をつくることが、軍事大国化の実現には不可欠です。この焦点が戦争法案です。
　しかし、それだけでは軍事大国化はできません。第二の柱は、軍事大国化を支える「強い経済」です。それには大企業の競争力を拡大する「新自由主義改革」が重要な課題となってきます。新自由主義改革は90年代以降、歴代政権によって、特に小泉政権によって強行され大企業は史上未曽有の利潤を上げましたが、貧困、格差という形でその矛盾が顕在化し、反対運動が昂揚、新自由主義改革の弊害の是正を掲げた民主党が政権を握って停滞を余儀なくされました。
　安倍政権はその新自由主義改革を再起動して、新自由主義改革の第二段階として、大企業のグローバルな市場での競争力を、国家の財政的、制度的な全面的支援によってサポートしようとしています。
　第一段階の小泉構造改革の場合には、大企業の競争力を阻害していた大企業への負担や障害物、とくに法人税負担やさまざまな規制——自民党の利益誘導型政治のなかで中小企業や地方の地場産業保護のための大企業に対する規制

——を軽減・撤廃するという間接支援が主力でした。

それに対し第二段階では、そういう大企業、グローバル企業に対する負担の軽減、規制の除去だけではなく、国家が大企業に市場を提供したり先端科学技術を提供したりという直接的支援が重視されています。大企業の市場づくりとして国が位置づけている一つが健康医療産業であり、もう一つが原発の輸出です。実は安倍首相は、第二次政権発足以来、戦後歴代内閣のなかで最も多い五十数カ国に及ぶ海外訪問をしています。その多くに経営者・財界人を同行させ、安倍首相は原発輸出をはじめとした大企業のセールスマンの役割を果たしているのです。

第三の柱は、「国民意識の改変」です。これもけっこう難事業です。戦後70年における各種の世論調査をみると、日本の国民の7割以上が、戦後日本が再び戦争をしない国として、平和国家として歩んできたことを支持し、憲法9条に対する支持も大きい。そういう下では軍事大国化を支える国民などつくれません。そこに安倍が「戦後70年談話」にこだわった理由があります。「村山談話」を否定して、国民意識を大改造する。そこで、教科書検定基準を改訂し、「閣議決定その他……の政府の統一的見解」がある場合、それに基づいた記述を義務づけ、「新安倍談話」の下で侵略も植民地支配も否定することで、その線で教科書を統制する狙いもあったのです。

このように安倍政権は、大国化という野望実現のため、戦争法案を最重点にしつつ、この三つの柱を総合的に強行するという点にその最も大きな危険性と特異性があるといえます。安倍が支配階級にとってきわめて相応しい顔と同時に、支配階級が嫌がっていた靖国神社や歴史の修正・改竄などについても強行するという「二つの顔」を持っているのも、そういう安倍政権の特異な性格から出てきていると思います。

□めざすのは「グローバル競争大国」

——安倍首相の野望は、自ら「日米同盟報告書」と名のる「第三次アーミテージレポート」が言うところの「一流国家」となり、G7での存在感を高めることにあるのでしょうね。

そうです。安倍政権のめざす「大国」というものの性格が問題となるわけです。安倍自身の思想はきわめて復古的ですが、彼がめざす大国は、多国籍大企業の要請を受けたアメリカ依存の現代大国で、戦前の大日本帝国とはまったく異なるものです。アメリカの世界市場秩序支配の下で、アメリカに従属・依存し積極的に協力することで、日本が大国として打って出ようという側面を持っていることを、見逃すことはできません。

　この「大国」とは、2012年に出された第三次アーミテージレポートが言う「一流国家」と同じ意味合いです。レポートは、「一流国家とは、経済力、軍事力、グローバルな視野、そして国際的な懸念に対して実証された指導力をもつ国家」であると定義し、日本が今「二流国家」に転落する瀬戸際にある、一流国家に止まりたければ、自衛隊に対する「時代錯誤の制約を取り払って」アメリカの戦争に協力する体制をつくり、日米同盟を強化しなければならないと提言しましたが、安倍の野望はアーミテージらのこの期待に応えるものです。

　だからこそアメリカが全面支援しているわけで、戦前のような日本を支持するはずがありません。今回の安倍政権の戦争法案を全面バックアップしているのは、安倍のめざす大国をアメリカが目下の同盟者として容認し期待しているからです。

　私は、安倍のめざす大国の性格を「グローバル競争大国」と規定しています。「アメリカに従属する現代帝国主義の大国」と言ってもよいのですが、戦前のような古典的帝国主義国ではありません。戦前の古典的帝国主義は、自国の勢力圏を排他的に確保するために、またその勢力圏の再分割のため戦争と武力行使を辞さないというものですから、レーニンが分析したように、植民地支配と帝国主義戦争は不可避でした。

　ところが第二次世界大戦後の現代帝国主義の時代には、アメリカをはじめとした帝国主義国の生産力は著増し、巨大資本の求める市場は以前のような狭い特定の地域、国に止まることはとうていできなくなりました。巨大化した独占資本はいわば世界のどこでも一個の市場として「自由」に搾取する、そういう単一の自由な市場の拡大を求めるに至ったのです。だからアメリカは、冷戦期には自由な市場圏に異を唱える「社会主義圏」と生死をかけて戦い、第二次大戦後も古典的な帝国として植民地や勢力圏にしがみつこうとするイギリスやフランスの野望をも打ち砕いて、「自由」な単一の市場世界をつくるために、戦

争と世界への介入を行ってきたのです。

　いまの日本の安倍が求めている大国は、まさにそういうアメリカの世界支配に追随協力し、アメリカのつくる自由市場秩序の下で自国の独占資本の分け前を確保することをめざす大国です。

　安倍のめざす「グローバル競争大国」は二つの課題を持っています。一つは、アメリカを盟主とした体制の下、グローバル企業が自由に安定して活動できる市場の維持・拡大の活動に参加するという課題です。戦争法案が、中国のような単独の軍事大国をめざすのではなく、アメリカの戦争への加担と集団的自衛権を求めるのは、まさにグローバル企業が自由に安定して活動できる市場の維持・拡大のために日本が関与することで、大国としてのプレゼンスを確保しようとするねらいに沿ったものです。アメリカとの同盟は至上であって、アメリカの戦争に積極的に加担するという課題が一つです。

　そしてもう一つは、自由な市場のなかで自国のグローバル企業の擁護者となる、自国のグローバル企業の利害を実現するという課題です。安倍首相の「地球儀俯瞰(ふかん)外交」はその一つであり、一方でTPP（環太平洋連携協定）を実現して「自由な市場秩序」の維持と拡大に積極的に取り組むと同時に、できるだけTPPのなかで自国の巨大資本が有利な形で分け前を取れるような制度をつくることもこうした第二の課題の実行です。そのためには、自国の国民経済を壊すこともいとわない。TPPは、巨大化した多国籍企業にとってみると世界こそが市場であって自国の国民経済は二の次という、グローバル資本には愛国的な精神がないという典型みたいな話です。

□戦後70年の「安倍談話」──二つのねらい

　それから、安倍政治の第三の柱である、大国化を支持する国民意識の形成のためには、戦後意識の改変が必要です。

　戦後70年の「安倍談話」は、こうした安倍首相の大国化のねらいに沿って二面的な性格とねらいをもって出されたと言えます。

　もともとの安倍談話の狙いは、戦前日本が行った植民地支配と侵略戦争に反省とお詫(わ)びを表明した村山談話の否定にありました。大国化を推進するには、戦後日本の国民がもっている侵略戦争への反対の意識を変えねばならない、そ

のためには戦前の日本に対する負のイメージを払拭しなければならない。だから安倍は総裁に立候補したときから、「戦後70年には村山談話を否定する談話を出す」と公約していたのです。

　安倍談話で植民地支配、侵略、謝罪をすべて否定することをねらっていた。ところが、こうしたもくろみは、安倍のめざすグローバル競争大国にとっては矛盾するものでした。グローバルな市場の安定をめざすアメリカは、中国に対し二面的態度をとっています。一方ではアジア太平洋地域の安定のために中国と協調し、他方もし中国が独自の排他的勢力圏づくりに乗りだしたら容赦なく抑圧にかかるというものです。安倍の歴史改竄、修正は、アメリカの前者の政策と衝突するものであり、それが靖国参拝での「失望」発言となった。以後安倍政権は、アメリカの意を迎えるためにも、談話の手直しを余儀なくされた。さらに戦争法案反対運動の盛り上がりで会期が大幅に延長され、法案審議のただなかで70年談話を出さざるをえなくなり、法案を通すため談話のさらなる手直しを求められたのです。

　そこで、安倍談話の第二のねらいが前面に出ます。安倍談話で、安倍政権のグローバル大国化路線を表明しアメリカに受け入れてもらおうという狙いです。欧米諸国の捕虜に対する虐待には触れながら、アジアの人民に対する殺戮(さつりく)の事実にはいっさい触れない。日本の植民地支配については、まったく触れないどころか、日本の帝国主義戦争・植民地支配を本格化する契機となった、本格的な帝国主義戦争としての日露戦争について、植民地支配を打破するアジアの人びとを鼓舞した戦争という真逆の歴史評価を談話に盛り込んだのです。しかし武力で既存の勢力圏の再分割を企てた満州事変以来の戦争については侵略として一定の反省を述べたので、アメリカは、談話を受け入れたのです。

　また、アジア諸国に対する加害には言及していないのと対照的に、日本の国民の被害については書き込んでいます。いまの日本の国民意識のなかで、戦争に対する反省が、わが国の国民に大きな被害をもたらした戦争に対する反省にあって、その被害は他国の人民を抑圧・侵略した戦争の結果であったという側面の認識が弱いという弱点を突いています。

　最後に談話は「積極的平和主義」をうちだし、戦争法案でめざしている方向が、アメリカのグローバル市場秩序のための戦争に加担することでアメリカを中心とする大国の仲間入りを果たすことだということを述べています。この点

も、安倍談話をアメリカがいち早く評価した所以（ゆえん）です。
　安倍談話は、公式に「村山談話」を否定することは果たせなかったけれど、「村山談話」にあった植民地支配と侵略への謝罪をあいまいにし、近隣アジア諸国との協調という視点を消し、それに代わって「積極的平和主義」を入れたことで、戦後安保体制の「大転換」に呼応した談話になっていると思われます。

（3）安倍政権のめざす大国とディレンマ

　――渡辺さんが行った安倍首相がめざす「大国」の、「三つの推進勢力」についての解明は目から鱗（うろこ）でした。

□三つの推進勢力とそのディレンマ

　安倍政権は、「グローバル競争大国」をめざすのに相応しい政治配置と推進勢力を持っています。
　安倍政権を支える主流は、グローバル大国派で、それを構成する一つめの勢力は、アメリカの戦争への全面的な加担によりアメリカに容認支援された大国をめざす外務・防衛官僚層です。この中心が谷内正太郎（やちしょうたろう）（元外務事務次官）です。彼が、2014年1月に発足した国家安全保障局の局長になって、国家安全保障会議の事務方をとりしきることになりました。このグループが戦争法案を全力で推進しています。
　グローバル大国派の二つめの勢力が、新自由主義改革を担当する官僚機構です。新自由主義の第一段階のときに、改革の花形になったのは財務省でした。財務省は安倍政権内でも財界の後押しを受けてきわめて強い力を持っていて、消費税値上げを貫徹させる態勢をつくったのは財務省です。同時に、新自由主義改革の第二段階に入った安倍政権では、大企業に対し国家の制度的、財政的な直接的支援に携わる経産省が前面に出ているのが特徴で、それを代表しているのが今井尚哉（いまいたかや）（1982年通産省入省、現在政務秘書官）です。
　「安倍談話」の直接の執筆者が、今井や外務官僚で官邸入りし戦争法案の作成に携わった兼原信克（かねはらのぶかつ）であったという事実は、安倍の進める「グローバル競争

大国」化を進める司令部が、この度の談話をつくったことを象徴しています。

それに対し安倍政権を支えるもう一つの勢力があります。この勢力は、いずれも日本会議のメンバーである衛藤晟一、萩生田光一ら側近と、高市早苗や稲田朋美といったお友だち閣僚や党幹部で、これら勢力はもっぱら、「国民的な合意、国民意識の改変」を分担しています。

この三つの勢力が大国化の構想実現に向け、ときに激しい対立を含みながら安倍政権を支えているといえます。

□歴史修正──国民意識、国際世論とのディレンマ

　──国民意識の改変は時代錯誤ですね。

大国化を支える国民意識をつくり出すために安倍首相が歴史の修正・改竄に固執せざるを得ないことが安倍大国化政治の大きな矛盾と弱点の一つです。

日本の軍事大国化を正当化するイデオロギーをめぐって、安倍内閣には二つの潮流があります。一つは、戦後西ドイツがとった道にならい過去の戦争責任について一定の反省と謝罪を行い、現代の日本は自由と民主主義を擁護するために、アメリカなど価値観を同じくする国々と協力して大国としての責任を果たすというイデオロギーです。これは、外務、防衛官僚をはじめとした安倍内閣主流が保持しているものです。たとえば戦後70年談話の作成に向けてつくられた「21世紀懇談会」で座長代理として報告のとりまとめに当たった北岡伸一（国際大学学長）などは、この立場であり、彼は70年談話に、植民地支配と侵略戦争の事実は明記すべきだと主張してきました。

安倍政権の安保・外交政策に強い影響力を持つ谷内正太郎なども、日本が日米同盟のなかで対等の役割を担っていくためにはアジアに進出しなければならないし、日本が道徳的にも支持されなければいけない。過去の戦争に対する反省は不可欠であり、日本国民にとっては戦後70年経って、戦争は遠い過去のものになっているといっても、中国の民衆にとっては「Only yesterday」であり、それを「忘れた」とか「もういいじゃないか」とはとても出来ない。だからきちんとした反省を行ったうえで、自由と民主主義、人権擁護の大国として中国や韓国にも対峙するべきだという考えをもっています。

それに対して、もう一つは、日本近代の見直し、歴史の修正・改竄によって「日本の誇り」を回復して、現代の大国化もこの延長線上でアジアの大国をめざすという、復古的なイデオロギーを掲げる潮流です。安倍政権内の衛藤晟一や萩生田などがこの旗頭です。

　安倍がめざす対米従属下の「グローバル競争大国」をめざすには前者のイデオロギーの方が適合的にみえますが、安倍自身はそういう方向をとっていない。歴史の修正改竄路線に執着してきました。それはなぜなのかという疑問が生じます。実はこの問いに答えることで、安倍大国化の矛盾に迫ることができると私は考えています。

　安倍自身が歴史修正主義の文化とサークルの出身者でありそれを母体に政治家になったということも一つの理由であることは言うまでもありません。

　しかし、一番大きな理由は、日本が軍事大国になるには戦後日本のとってきた非軍事の路線を否定しなければならないという日本独特の要因にあると思います。大国化を正当化するには、国民意識のなかにある「戦後」の日本を否定しなければならないということです。

　ドイツの場合にも、90年代以降に、NATO域外にドイツ軍を出すかどうかで大きな議論がありましたが、ドイツの大国化＝NATO域外への派兵は、戦後の西ドイツの路線を否定する必要はなく、かえってその正当性を確認し、その延長線上で正当化することができた。なぜなら戦後西ドイツ政治は、戦前のナチスとともに共産主義を否定して、「自由と民主主義」の破壊に対しては力を行使してでもたたかうという、「戦闘的民主主義」のイデオロギーで行われたからです。

　ところが日本は戦後、いっさいの戦争を放棄し戦力を持たない、ということを謳った憲法9条を掲げて出発し、国際紛争の解決に武力を使うことを否定することを国是として歩んできたのです。たとえ「自由と民主主義」という名目であっても、日本は海外に自衛隊を派兵することはしないという原則を堅持してきた。ここがドイツと違うところなのです。だから、軍事大国化を推進するには、この自民党政権でも堅持されてきた、「戦後」の国是を否定しなければならないのです。この日本独特の困難、戦後の平和主義を否定する武器として、かつて欧米列強の侵略と圧迫に対し国民が団結して立ち向かった日本近代に帰れ、というイデオロギーが持ち出されるのです。

しかも、戦後の平和主義を罵倒し、それに戦前日本の道を対置して戦後日本の「変革」を主張してきた勢力は、安倍や安倍の「お友達」も含めて、歴史修正主義者、靖国派しかいなかった。この勢力の「運動」や力に依拠しないと、「戦後」を否定できないのです。
　戦後日本の国民意識や思想を変えるには、大きな運動が不可欠です。育鵬社の教科書の採用を迫るにも、教科書検定を強化する圧力をかけるにも、いわんや明文改憲を実行するにも、改憲の国民投票に持ち込み勝利するため「九条の会」に匹敵する運動をやろうとしたときに、誰がやるのか。「戦後の日本は屈辱だった」と言っている、日本会議や安倍の「お友達」しかいない。この運動の担い手はタカ派しかいないのです。安倍政権が主流派勢力も含めて、靖国派を切るわけにはいかない理由はそこにあるのです。

□戦後日本の国民意識の強さを思い知る

　——そこにディレンマ、矛盾があるのですね。

　戦後の日本の民衆と、民主的な運動がつくり出した戦後日本の国民意識は非常に大きな力を依然として持っています。戦争法案にたいして政党と市民の共同がつくられ、これだけ強い反対運動が起こることは、安倍政権の想定外だったのではないでしょうか。「戦後70年談話」についても、植民地支配、侵略の削除の報道には強い反対が起こった。今回、改めて戦後の国民意識の強さを彼は思い知ったと思います。
　安倍首相が歴史の修正・改竄という無謀な試みに固執して、教科書の統制と、教科書の改竄に力を入れるのは、教育以外に国民の意識を大幅に変える方法はないとの思いからです。彼が総裁選挙の前から安倍70年談話によって「村山談話」「河野談話」を公式に否定することを公約しこだわったのも同じ思いからでした。
　ところが安倍首相は、その後二つの誤算に直面した。
　第一の誤算は、2013年12月26日の靖国神社参拝で、アメリカの怒りを買ったことです。オバマ政権の対中国政策は先に指摘したように二面性があって、グローバル大企業秩序の受益者としては中国と共同するが、中国が行おうとする

独自の覇権づくりに対しては規制と抑止をかける。安倍の靖国参拝は、中国との軋轢(あつれき)を高めることで前者の路線と衝突しますから強い怒りを買いました。その後、安倍首相は、くり返し「村山談話」は「全体として継承する」と言わざるを得なくなった。しかしこのとき安倍はまだ、「村山談話」を「全体として継承する」が個々の文言は繰り返さないということで、事実上侵略や植民地支配にふれずにすませられると考えていたと思います。

　ところが、戦争法案反対運動の昂揚が安倍首相に第二の誤算をもたらした。戦争法案への反対の声の強さ、内閣支持率の低下で、国民の戦後意識の強さを改めて確認せざるを得なかった。同時に、戦争法案を通すためには、アメリカの意向に一層忠実に対処しなければいけない。これが、安倍談話に植民地、侵略という言葉がちりばめられ「村山談話」の継承については「ゆるぎないものです」と言わざるを得なくなった要因でした。

（4）戦争法案反対の国民的な共同は「宝」

　——いま眼前でたたかわれている戦争法案を許さない運動をどう評価されますか。

　この雑誌が出るときには、戦争法案の帰結は明らかになっていますが、今回の戦争法案に反対するたたかいは、60年の安保闘争に匹敵する国民的共同の一大運動になっていると見ています。

　5月14日の戦争法案の閣議決定からたたかいの節目をふりかえると、6月4日の憲法審査会での法学者3人の違憲発言、7月15・16日の衆議院での委員会と本会議での強行採決と世論調査での内閣支持率の急落、7月27日以降の参院審議のなかで現れた8月11日の自衛隊内部文書暴露、8月30日国会12万人包囲、そして9月に入っての連日の行動……など運動を画するいくつかの節目があります。運動はこの節目のたびに大きな飛躍を遂げて発展をしてきました。各界各層、各世代、全国各地域から運動が広がり、自民党議員や創価学会員など与党勢力の間からも戦争法案反対の声が上がり、大きなうねりとなって安倍政権を包囲しています。

このように、60年安保闘争に匹敵する空前のたたかいへと昂揚した要因については本格的に検討しなければなりませんが、そのもっとも大きな要因として、長年努力しながらなかなか実現しなかった国民的共同が、二つの面で実現したことをあげることができます。

□実現した国民的共同——二つの共同

第一は、運動団体間における共同が実現したということです。60年の安保闘争における国民的規模での共同の闘いをつくったのは、「安保条約改定阻止国民会議」の共同でしたが、この共闘はその後紆余曲折を余儀なくされ、とくに、1980年の社公合意以来実現の展望がなくなりました。90年代の冷戦終焉後、自衛隊の海外派兵に反対する運動、改憲阻止の運動では、市民運動のイニシアティブで、共同を求めるさまざまな努力や芽が生まれました。憲法9条を守る一点での個人の幅広い共同をつくった「九条の会」はその象徴でした。しかし、持続的目標を掲げた運動団体間の共同はできなかったのです。

ところが今回戦争法案の危機を前に、2014年12月、「解釈で憲法9条を壊すな！実行委員会」「戦争させない1000人委員会」「憲法共同センター」の三つの運動組織がいっしょになって、「総がかり行動実行委員会」をつくるというかたちで、戦争法案反対という持続的な目標を掲げた共同が実現したのです。

5月3日、横浜のみなとみらい地区の臨港パークに集まった3万人の大集会で、民主、共産、社民、生活の各党代表が一堂に会したのは、久しく見られなかった光景です。そして、総がかり行動実行委員会が主催した5月12日の東京・日比谷野外音楽堂での集会以来、総がかりの呼びかけで継続的な運動が取り組まれました。7月15・16日の衆議院での強行採決に対しては、14～17日の4日間で、のべ21万人が国会を包囲しました。8月30日には総がかりの主催で国会包囲12万人、全国1000カ所以上で100万人をこえる大統一行動が行われました。

こうした共同が実現した理由は、二つあります。第一は運動団体の活動家たちの何としても統一をという努力です。戦争法案が、戦後70年の日本の進路を誤らせるという強い危機感が、政党でも労働団体でも市民団体の間でも、広く共有されたからだと思います。それが、イラクへの自衛隊派兵反対、反貧困の

闘い、3・11以降の反原発の闘いなどで培われてきた長年の共同への努力を実らせたと思います。

 第二は、国民の間に安倍政権への怒りが鬱積（うっせき）をしているという客観的状況です。新自由主義・構造改革のなかで、労働者の状態が悪化し、貧困と格差が拡大するもとで、戦争法案と同時に、労働者派遣法の改悪案が三度、国会に出されたわけですから、安倍政権への怒りが鬱積をしている。新自由主義改革の下で痛めつけられている地域からの怒りがすごい。こうした安倍政権への強い怒りが統一され、大きな熱意となって戦争法案反対の国民的共同をつくりあげたのだと思います。

 私は今回の「総がかり行動実行委員会」の共同は、三つの効果を生んだと思っています。

 一つめは国会内外での民主、共産党など野党の緊密な連携がつくられたことです。国会内では衆議院、参議院の特別委員会での審議でも衆議院本会議での議決への対応でも、野党の共同が維持・発展しました。さらに、国会外では野党の共同が市民を励まして国会をとりまくうねりをつくり、それが今度は野党を励まし強くしたのです。

 二つめは、各分野での共同を促進したことです。法律家の分野では法律家の諸団体の共同がつくられて政党間の共同の強化に貢献し、また日弁連や単位弁護士会が立ち上がり地域の共同を呼びかけました。

 また、宗教者の全国集会（8月24日）で私もお話をしたのですが、仏教系からキリスト教系、新興宗教までたくさんの宗派が戦争法案阻止の一点で集まって、東京の「星陵会館」が入り切れないほどの大盛会でした。注目されたのは、各宗派の立場を尊重しながら一致点で共同するということで、宗派ごとのお祈りをしてから集会を始めるのです。初めての体験でしたがここが大事なのだと思いました。学者・研究者の広範な共同も実現しました。

 三つめは、共同の文化が出来てきたことです。共同行動は一致点でやること、誹謗中傷暴力は行わないこと、そういうルールが確認され、定着し、相互信頼が醸成されています。

 第二の共同は、平和主義と立憲主義の共同です。まず「平和」のレベルでかつてない共同が生まれた。今回の戦争法案には、安保条約に反対し自衛隊は違憲だという考えの人々と安保条約や自衛隊を認める人々が、お互い意見の違い

はあるが自衛隊が海外で戦争する軍隊になることには反対という点で一致して行動しています。そしてもう一つが、立憲主義 蹂躙(じゅうりん)反対の点での共同です。戦争法案に反対する人々と、たとえ安保関連法案の必要性を認めたとしても、違憲であることが明確な法案を、一国会で決めてしまうのは、立憲主義の蹂躙だという人々が一致して立ち上がりました。

こうして、平和の願いと立憲主義擁護の声が大きく合流して、国民的共同が出来たのです。じつは60年安保闘争も、平和の声と民主主義の声が合流して大きなうねりをつくりました。60年安保では、1960年5月19日の国会での強行採決以降に、民主主義の声が急速に盛り上がったのですが、今回は、運動の早い段階から長期にわたり、集団的自衛権反対という平和の声と「立憲主義を守れ」の声の合流が実現しています。

こうした共同の前進が、新たな層の台頭を生み出しています。一つは、地域からの立ち上がりです。二つは、保守層の人々の中の声です。三つは、これまで弱いと言われていた若者、学生たちの立ち上がりです。SEALDs(シールズ)はこれまでにない新しい運動をつくり、それに呼応して130以上の大学有志の会がつくられ運動が広がっています。それは高校生や中学生にも広がっています。

四つは、女性たち、子どもを守るママたちの立ち上がりです。

□国民の闘いが国の針路を開く

こうして大きな国民的運動がうねりとなって、安倍政権を追い詰めています。仮に戦争法案が強行されることがあっても、この力は、今後に生きてきます。戦争法案反対の運動は、決してオール・オア・ナッシングではありません。

60年安保闘争も、安保条約改定強行を許しましたが、運動の力は日米軍事同盟の発動を遅らせ改憲を挫折に追い込みました。この力が、今日まで、自衛隊が海外で武力行使をすることを許さなかったし、日本を戦争する国にさせなかったのです。

戦争法案を廃案にするには、安倍政権を退陣に追い込むほかありません。しかし安倍政権が法案を強行しても運動が安倍政権を追いつめたことは決して無駄ではありません。法案反対運動は明らかに安倍を追いつめています。できるだけ早く安倍政権を倒すことが必要です。安倍政権の寿命は、国民の運動の盛

り上がりにかかっています。安倍政権の退陣が早ければ早いほど、戦争法案に制約がかかり、その発動に歯止めがかかります。安倍政権を倒せば、沖縄・辺野古新基地建設に大きなブレーキがかかります。安倍首相が次に狙っている明文改憲の動きにブレーキがかかります。

　戦争法案は、戦後70年の日本の針路を大転換するものですし、いま重大な岐路にあります。この闘いは、直接には安倍政権のねらう戦争する国づくりを許さないという「保守」的闘いですが、この闘いは、安保体制を打破し憲法の生きる日本をつくる闘いの第一歩となるものです。私たちはいま、戦争する国づくりを許さない闘いを通じて、戦後の安保体制を根本的に転換していくことが求められています。日米安保条約のない日本をつくる第一歩、武力によらない平和を実現する日本をつくる第一歩を踏み出す。戦争法案反対を通じて、憲法を生かす新しい日本を実現していくことが大事ではないかと思います。

　いま、日本国民の70年談話をつくるとすれば、それは戦争法案を廃止することだと思います。それこそ世界とアジアの人々に、「日本国民はこの国を戦争する国にはしない」というもっとも力強いメッセージになると思います。

　──力強いお話を、ありがとうございました。

〔追　記〕
　安保闘争以来の反対運動が示した声を踏みにじって、安倍政権は戦争法案を強行しました。けれども、反対運動は安倍政権を追い詰め、法の施行を参院選後に引き延ばさざるを得なくなりました。その前に発動でもすれば、さらなる怒りを買って安倍政権がどうなるか分からないからです。こうして日本の進路をめぐる攻防の決着は、今年2016年に引き延ばされた。今年が正念場となりました。

　戦争法反対運動は、強行採決後に新たな昂揚をみせました。安保闘争のときにも見られなかった事態です。総がかりは、10月30日、戦争法廃止の2000万署名を提起し、さらに広範な市民の立ち上がりを呼びかけました。2000万署名運動は全国津々浦々で大きなうねりをつくり出しています。さらに、12月20日には、総がかりやSEALDs、学者の会などが、市民連合を結成、戦争法廃止のた

めの野党と市民の共同を訴えるに至りました。こうした力が後押しして、2016年２月19日には戦争法廃止で５野党共闘が結成され、参院選での共闘を確認するに至ったのです。

　４月に行われた衆院北海道５区補選では、戦争法反対の政党と市民が共同して池田候補を担ぎ、自公の和田候補と闘い、僅差で敗れはしたものの大善戦しました。

　選挙における共同は、自治体の首長選での経験はありますが、国政選挙においては初めての経験です。戦争法反対運動の共同は、こうしていまだかつて経験したことのない、新たな地平に乗り出しています。

　本文でも書いたとおり、戦争法は二つの性格を持っています。ひとつは、これが日米の従属的軍事同盟である安保体制の徹底であるという性格、もうひとつはその下でも国民の力で守ってきた「戦争しない国」を覆すという性格です。言い換えれば、私たちが共同を堅持して戦争法を廃止することができれば、戦争しない国を維持できるだけでなく、日米の軍事同盟体制にも大きな打撃を与え、その転換を促し憲法の生きる日本への第一歩を踏み出すことになります。

　それだけに戦争法廃止の共同を強めこれを実現する闘いは生やさしいものではありません。戦争法廃止は15ガイドライン体制を実行不能にしますし、辺野古をはじめ沖縄基地の強化にも大きな打撃を与えるからです。自公政権だけでなく、アメリカも財界も必死でその妨害と破壊に乗りだしてくるでしょう。

　戦後日本の非戦の伝統を受けつぎ、それを大きく前進させる国民的大事業が始まろうとしています。

　　＊　2016年の１月に筆者はこの間の戦争法反対運動の最中に書いた論文をまとめて『現代史の中の安倍政権――憲法・戦争法をめぐる攻防』（かもがわ出版）を出しました。ご参照ください。

2 日本資本主義の発展をどうとらえるか

石川　康宏

　明治維新からおよそ150年、敗戦と戦後改革からおよそ70年が経過した。歴史の現時点に立って、日本資本主義の発展をどうとらえるべきか。以下では、日本資本主義における戦前・戦後の関係、また本格的に確立した日本資本主義の発展をとらえる方法などについて、それぞれ試論を述べてみたい。

（1）資本主義の発展についての「通説」的理解

□資本主義発展へのレーニンの理解に対する疑問

　マルクス主義・科学的社会主義の経済学は、資本主義発展の諸段階を、おおよそ次のようにとらえてきた。

　①先行する封建制社会の胎内で資本主義的生産関係が準備される本源的な蓄積の時期。マルクスは『資本論』の中でたびたび、封建制の内部における資本主義の部分的成立を16世紀からのことだと指摘した。
　②産業革命によって機械制大工業を成立させ、労働者を機械の付属品とすることで、労働に対する資本の経済的支配を確立した産業資本主義あるいは資本主義の自由競争段階。世界最初の産業革命はイギリスで1830年頃までに終了したが、それは世界最初の経済恐慌を1825年のイギリスに発生させたように、資本主義に特有な経済循環を開始させるものでもあった。

③少数の独占資本あるいは独占的産業資本と独占的銀行資本を融合・癒着させた金融資本による経済全体への支配が確立した、20世紀初頭からの独占資本主義の段階。レーニンはこれを資本主義の自由競争から独占へという資本間関係の変化を基調にとらえ、この段階を「死滅しつつある資本主義」と規定した。

　④第一次世界大戦（1914年から）での戦時統制経済や「大恐慌」（1929年から）からの脱出を求めた財政・金融政策、社会保障政策など、国家が経済に恒常的に介入するようになる国家独占資本主義の段階。戦時統制経済を分析したレーニンはこの段階を「社会主義の入口」と把握した。

　⑤その後およそ100年の時間の中で、ブレトンウッズ体制の形成と破綻、世界的な植民地体制の崩壊と植民地なき経済大国の形成、旧植民地・半植民地地域の急速な経済成長、北欧・西欧における一定の福祉国家の達成と新自由主義による世界的規模での格差の拡大、大規模な「経済の金融化」の進展など多くの巨大な変化が起こったが、これらは基本的に国家独占資本主義段階内部の変化ととらえられる。

　⑤の時期をのぞき、資本主義の発展に関する上のような理解の骨格を与えたのはレーニンである。その出発点にすえられたのは、資本主義から社会主義への変化の根本を「無政府性（自由競争）から計画性への変化」ととらえるエンゲルスの見解だった。

　資本主義は自由競争を本来の姿とするもので、独占の形成をつうじて自らの計画化を開始した独占資本主義は、すでに「死滅」の過程に入っている。国家による経済の統制は、国民経済の計画化をさらに推し進めた。その結果、次に来るのは資本主義的計画化から社会主義的計画化への転換のみで、国家独占資本主義は、社会主義とのあいだにどのような中間段階も必要としない「社会主義の入口」と位置づけられる。革命政権が目指す社会主義は、市場も貨幣も存在しない純然たる計画経済の社会である。

　少なくとも「戦時共産主義」の失敗と「新経済政策」（NEP）の探求（1921年から）に至る以前のレーニンは、おおよそこのように考えていた。市場の活用をつうじて社会主義をめざす「新経済政策」の探求は、論理的にはそれまでの資本主義発展に対する理解の再考を求めるものでもあったが、レーニンにはそれを行うゆとりは残されていなかった。

以上の問題については「資本主義の発展段階を考える」（『経済』2015年1月号）で、すでに検討しておいた。その結論の基本は、「無政府性から計画性へ」という理解を根底にすえた自由競争段階から独占資本主義へ、国家独占資本主義へという資本主義発展の三段階把握は、もはや見直すべきではないかというものだった。

□日本資本主義へのレーニン的理解の適応をめぐって

　次に、日本資本主義の発展についてだが、これも多くがレーニンの三段階理解にしたがっている。その内容の基本は、次のようにまとめることができる。

　①資本の本源的な蓄積は、徳川幕藩制社会の後期に開始され、欧米列強の「外圧」を受けて成立した明治政府（1868年）による「富国強兵」政策や土地所有制度の転換などによって急進展させられた。成立直後の明治政府の財政は、三井をはじめとする幕藩制下の特権商人・高利貸資本、および各地の寄生地主等に支えられ、自由民権運動に対抗して制定された大日本帝国憲法（1890年施行）は人民の人権や民主主義を一切認めぬもので、明治政府は天皇専制の権力として肥大化した。
　②民間資本による産業革命が、機械の輸入による大工業の「移植」によって、紡績・製糸業の主導の下に1910年までには達成される。これによって日本に資本主義が成立した。ただし、製鉄や兵器、インフラなど軍需関連部門については国家資本の比率が高く、半封建といわれた地主的土地所有や、資本主義以前の問屋制家内工業（在来産業）も広く残った。こうした「後進性」にもかかわらず1895年には台湾を、1910年には朝鮮を植民地化するなど、日本は「早熟的な帝国主義」の道を進んでいった。
　③第一次大戦をきっかけとして重化学工業化が進み、資本規模の巨大化、財閥のコンツェルン化と重要産業での独占組織の形成、財界団体（1917年に日本工業倶楽部、1922年に日本経済連盟会）の創設が進み、1920年代中に日本は独占資本主義の段階に入る。頻発する小作争議は地主的土地所有のゆるやかな後退を開始させ、他方で、天皇制権力は軍事力と官僚組織の強化をもとに、大資本や大地主からも相対的に自立した権力としての性質を強めていった。

④「満州事変」（1931年）以後の戦時統制の強化と、「大恐慌」（1929年から）と「昭和恐慌」（1930年から）の中での管理通貨制への移行、財政・金融を通じた経済介入の恒常化により、日本は戦時国家独占資本主義段階に移行する。労働者運動、農民運動はじめ、平和や植民地の解放、民主主義や人権を求めるあらゆる運動は弾圧され、1930年代半ばには全国的な組織活動を停止する。

　⑤敗戦後、日本全土を軍事占領した米軍の手で、天皇制の国家権力と帝国軍隊が、また農地改革によって地主的土地所有が解体された。日本国憲法（1947年施行）に象徴される戦後改革により、日本社会の前近代的性格は基本的に一掃されていった。しかし、1947～48年の占領政策の転換により、日本はアメリカへの国家的従属の下におかれ、そこから民主的改革の停滞、軍事力再建の「逆コース」が生じる。国内における国家権力の中心は大資本・財界に移行し、1955年からの高度経済成長の中で、日本は戦後型の国家独占資本主義として再編されることになる。

　上の個々の諸論点には、戦前来の膨大な研究の積み重ねがある。ここで指摘せずにおれないのは、それらの詳細についてではなく、レーニンに端を発する資本主義発展の三段階論を、このように日本社会に適応することの適否についてである。

　レーニンによれば、資本主義は自由競争を特質とする。そうであれば、日本における本来の資本主義は、産業革命直後の数年だけとなり、早くも第一次大戦後には「死滅しつつある資本主義」に、十五年戦争期には「社会主義の入口」にまで劇的に変化したということになる。こうした理解が、実際の歴史から大きく乖離していることについては、多くの説明は必要ない。

（２）戦前日本における資本主義の地位と天皇制国家

□国民経済の資本主義的な編成替えは行われたか

　戦前日本の社会はどのようにとらえられるべきか。あらためて産業革命をめ

ぐる議論をきっかけに考えたい。

　イギリスの産業革命を典型だとした上で、従来、日本の産業革命については、おおよそ次のような説明が行われてきた。

　(1)産業革命は、機械制大工業の成立をつうじ、国民経済全体を資本主義的に編成替えさせる社会変革の歴史的な画期である。典型は機械と機械制大工業を「発明」したイギリスでのものであり、大工業は綿工業など消費財生産部門で伝統的な手工業を駆逐し、生産手段の生産（工作機械）部門にまで広がっていった。これによって資本家は、それまでの熟練労働者の抵抗を抑え込み、女性や子どもをふくむ労働者階級全体への経済的支配を確立した。

　(2)日本での産業革命は、海外からの機械の輸入にもとづいて、19世紀終わりから20世紀最初の10年までの約20年間に、綿糸紡績・織布業、製糸業など繊維部門主導で達成された。これによって日本にも資本主義の一応の確立が見られた。

　(3)ここで一応と留保が付くのは、イギリスを基準に見た時、日本には次のような「後進性」（特殊性）が指摘されるからである。

　　──①民間資本による機械制大工業が及んだのは、上の繊維産業の他に、鉱山・石炭業、造船業など低賃金を国際競争上の有力な武器とする部門に限られた。

　　──②イギリスで産業革命の締めくくりとなった生産手段の生産、すなわち金属・工作機械部門の機械化は、民間資本によっては達成されず、国家資本にまかされた。

　　──③鉄道・道路・港湾・電信などの運輸・通信インフラも国家主導で整備され、総資本形成に占める各年の国家資本の割合は、1885年75％、90年30％、95年32％、90年52％ときわめて高いものとなった。

　　──④国家資本の財源は、地租（1885年で82.7％）や、間接消費税（1910年で54.9％）など圧倒的に大衆課税によっていた。さらに所得税は資本に軽く、地主に重くかけられたが、地主はこれを小作人に転嫁した。これらは国内消費の拡大を妨げる大きな要因となっていった。

　　──⑤産業革命を主導した紡績・織布、製糸業をふくむ広範な分野に、在来の問屋制家内工業や手工業が残存し、そのような「二重構造」が長期に渡

って継続した。
——⑥労働者の数も限られており、1909年時点での有業者合計2542万人中「農林業従事者」1603万人（63.1％）に対し、「在来的非農林業務雇用人口」は776万人（30.5％）、「近代的雇用人口」は164万人（6.5％）に止まった。
——⑦上の「在来的非農林業務雇用人口」は本来的な賃労働に達しない最下層の不安定就業者で、この時期の労働者は総体として下層貧民の一員であり、貧しい農村に停滞した相対的過剰人口と重なる者も少なくなかった。

　「後進性」については、他にも様々な指摘が行われるが、ここで注目したいのは、これら産業革命期の「後進性」の多くが、敗戦まで根本的な変化を見せなかった事実である。
　例えば第一次大戦をきっかけに、重化学工業が発展し、生産の集積が進んだ時期にも、農林水産業の就業者は50％を超えており、さらに工業部門の内部でも、農村から補充される不安定就業に依拠した紡績業が全体の半数を占めていた。十五年戦争の時期には、工場労働者の中心を重化学工業の男性労働者が担うに至るが、それは軍需産業以外を「不要不急」と切り捨てた労働統制の結果であり、日本で第二次産業の就業者が、第一次産業の就業者を超えるのは、戦後の1955年から65年にかけてのこととなる。
　他方、資本主義の未発達に対応した地主的土地所有も、戦後まで解体・再編されることはなかった。農政への資本の影響や小作争議の拡大により、地主的土地所有のゆるやかな後退は進んでいたが、大地主は帝国議会や政党に一定の勢力を維持し続け、天皇制権力が農村の社会統合や食糧増産に地主を必要としたことから、地主制解体は戦後改革の大きな焦点として残らざるを得なかった。
　イギリスでは、先に終了していた農業革命を土台にして、18世紀末から19世紀にかけての産業革命が、国民経済を資本主義的に編成替えする社会変革の大きな画期となった。しかし、上のような各種の「後進性」は、日本の脆弱な産業革命にそうした転換をただちに導く力がなかったことを意味するもので、日本でのそのような変革の達成は、敗戦による社会構造の大きな変化をまたねばならなかった。

□天皇制の権力と戦前日本の資本主義

　次に、戦前の国家権力と経済の関係についても見ておきたい。

　イギリスの産業革命には、王権神授説にもとづき国王大権を主張する絶対王政を打ち倒したピューリタン革命、名誉革命が先行した。地主と資本家の連合により18世紀半ばから後半にかけて行われた、いわゆる「ブルジョア革命」である。

　そして、産業革命後のイギリス政府は、1832年の第一次選挙法改正で、地主の他に資本家が議会に加わることを可能にし、普通選挙権を求めたチャーティスト運動の高揚をへて、1867年の第二次選挙法改正では労働者にまで選挙権を拡大する。マルクスが、議会の多数を得ての革命が可能な国として、アメリカとともにイギリスをあげたのは（『『社会主義者取締法にかんする帝国議会討論の概要』から」1878年）、こうした状況の変化を見てのことだった。

　では、産業革命に前後する日本の国家は、どのような特質をもっていただろう。これを端的に、かつ体系的に示したのが、権力自身によって制定された大日本帝国憲法だった。

　この憲法は、イギリスの「ブルジョア革命」で否定された「王権神授説」を、権力の正統性の最大の根拠とした。第一条「大日本帝国ハ万世一系ノ天皇之ヲ統治ス」は、天皇による「統治」の権限を「神」である天照大神（あまてらすおおみかみ）がその子孫に与えたと理解するもので、これは歴史の発展段階におけるイギリスとの決定的な落差を示すものだった。

　第三条の「神聖ニシテ侵スヘカラス」は、天皇にはどのような批判も許さないとしたもので、この後、民主主義や人権、平和を求めるあらゆる運動が「治安維持法」（1925年）によって野蛮に弾圧されることになる。

　立法、行政、司法の全権限は天皇にあり（第四・五条）、第一一～一四条には軍隊と戦争、外交と条約、戒厳令を敷くことなどについての天皇の独占的な権限＝「天皇大権」が定められていた。

　議会や政府はあくまで天皇による統治の補助機関とされ、大資本家も、大地主や軍人、政治家も、天皇への批判を一切許されることのない「臣民」すなわち天皇の家来と位置づけられた。

明治の権力が追求した日本の政治体制は、このように天皇による専制を最大の特徴としたが、それは実際の政治の中にも貫かれた。欧米列強への対抗と帝国領土拡大への強い野心から「富国強兵」を進めたこの権力は、それに必要な軍需工業と関連産業を国家資本によって育成し、民間資本に対しても、これにそった誘導と統制を図っていった。また国家資本による労働者の非人間的な扱いは、間接的に民間資本に、前近代的で過酷な労働条件を保障するものとなった。

　「日本経済連盟会」（1922年）など、日本にも経営者団体が成長し、1924年の加藤内閣からは「政党内閣」が続くことになった。政友会や憲政会は財閥と深い繋がりをもっていたが、そもそも政府には天皇を補助する以外の権限は与えられていなかった。それにもかかわらず五・一五事件（1932年）から二・二六事件（1936年）に至るテロやクーデターによって、政党政治は除去される。そして、財閥を頂点とした資本主義経済の構造全体が、「聖戦」への総動員体制に組み込まれていくことになる。

　結局、戦前の天皇制国家は、大資本や全近代的な地主階級と結びついてはいたが、軍事力と官僚機構、そして日本型「王権神授説」にもとづく復古思想を根拠に、両者から相対的な自立性をもって存在した。資本への依存は避けられないが、資本に従属するのでなく、逆に資本に「権力のための資本」であることを強要しつづけたのが、戦前国家の基本的な性格だった。

□封建制から資本主義への過渡期の社会

　このように、①経済構造全体における民間＝産業資本の支配の狭さや弱さと、②世界史的には「ブルジョア革命」以前といえる天皇専制国家の性質を直視すれば、戦前日本は資本主義としてすでに確立した社会としてではなく、資本主義的生産関係を生成、発展させながらも、総体としては封建制から資本主義への過渡期にとどまる社会ととらえるべきであろう。

　マルクスは『経済学批判』への「序言」の中で、「社会の経済的構造」を「生産諸関係の総体」としたが、そこには、現実の経済が支配的な一つの生産関係だけでなく、前資本主義的あるいは非資本主義的その他の生産関係と併存してあるという指摘が含まれた。レーニンがロシアにおける資本主義の発展や

資本主義から社会主義への移行の探求に際してウクラード論を展開したのは、これを具体化したものといえる。こうした視角は、日本社会の発展をとらえる上でも、資本主義発展の三段階論にとらわれるのでない、新しい分析への一つの重要な切り口になるものと思う。

　最後に、資本主義発展の未熟にもかかわらず帝国主義の侵略性を強く示した日本社会の性質（早熟的帝国主義の問題）について、レーニンは、①地主とブルジョアジーの支配に直接には帰着させることができないツァーリ君主制の検討、②ロシアと日本では金融資本の発展の遅れを、君主制権力が軍事力や領土や侵略による特別の便宜を独占することによって「代位」しているという帝国主義の分析、③最新の資本主義的帝国主義とともに「軍事的・封建的帝国主義」からなっているというロシアの侵略性の分析など、関連する、少なくない先駆的研究を残している。いずれも戦前日本社会の土台と上部構造の相互関係の検討にあたり、今なお重視されるべき成果といえる。

（3）戦後改革による資本主義社会の本格的な確立

　敗戦後の米軍による改革と支配により、日本社会は大きく姿を変えた。それは社会全体に占める資本主義の地位にも大きな変化をもたらすものだった。

　変化の第一は、天皇専制から国民主権への政治制度の転換である。独裁から民主への政治の転換により、国民ははじめてこの国の主権者となった。それは多数の合意にもとづき社会の進歩を実現する、制度的な保障がはじめて日本で生まれたということでもあった。

　同時に重要なことは、天皇制権力の崩壊が、大資本・財界に「資本のための権力」を生み出す道をひらくものでもあったことである。これによって大資本・財界は戦後日本の階級的な支配の中心に立ち、これと労働者・市民との対立が、初めて階級闘争の基本的な内容となるに至った。

　ただし天皇制権力の崩壊は、ただちに日本型「王権神授説」（復古主義の思想）を一掃させるものではなかった。天皇は「国民統合の象徴」としての地位を新たに得、アメリカによる占領政策の転換は、政界・財界・報道界に、戦前の多くの指導者を残存させた。

変化の第二は、地主的土地所有の解体である。直前には全農地の46％、水田の53％が小作地だったが、農地改革はその7割以上を小作農に売却し、多くの自作農を創出させた。その結果、49年の小作地はそれぞれ13％、14％に激減する。

農村での地主権力の崩壊は、日本社会の前近代的・半封建的性格の物的基盤を解体させる意味をもち、形成された自作農は資本主義の流通網に絡めとられ、農村にも資本主義が急速に浸透していった。

農民の生活改善は国内市場を拡大し、さらに、その後の自作農の急速な分解は、資本主義に大量の安価な労働力を供給した。1955年からの高度成長期には、農村から都市への莫大な労働力移動が起こっていく。

変化の第三は、アジアに植民地を保有した帝国主義の独立国から、アメリカに従属した国への日本の転換である。全面占領の終了（1952年）後も、アメリカによって日本は半永久的な前線基地と位置づけられ、自衛隊の創設（1954年）、高度経済成長の開始の後、新安保条約（1960年）を通じて日米共同作戦や日米経済協力を義務づけられる。

アメリカへの大量の商品輸出やアメリカからの経済「援助」は、大資本・財界の復活・強化を促進し、他方、財界の内部にも外交・軍事・経済戦略でのアメリカへの従属・追随の姿勢が大きくつくられた。

晩年のエンゲルスは、マルクス・エンゲルスの革命論の発展を振り返りながら、ヨーロッパにおける産業革命の社会的意義について次のように語った。

「まさにこの産業革命こそ、いたるところで階級関係をはじめてはっきりさせ、マニュファクチュア時代から、そして東ヨーロッパでは同職組合手工業時代からさえ、ひきついだ多くの中間的存在を除去して、ほんとうのブルジョアジーとほんとうの大工業プロレタリアートを生み出し、彼らを社会発達の前面へ押しだした」（マルクス『フランスにおける階級闘争』1895年版への序文）。

同じことが日本では、戦前から戦後への社会改革の中で実現した。古い時代から引き継がれた「中間的存在」（半ば封建的な地主制度や天皇制の権力）は、ここでようやく姿を消し、大資本・財界と労働者との階級対立がはじめて社会の「前面」に押し出される。

ここでのエンゲルスの見解は、戦前日本を封建制から資本主義への過渡期ととらえ、戦後日本を、初めて自分の足で立った本格的な資本主義の社会ととら

える見方につながっている。

（4）確立した資本主義社会の発展をとらえる方法

□生産力と生産関係の両面から

　次に、こうして確立した資本主義の発展をとらえる方法についてである。私は「『資本主義の限界』を考える」（『経済』2009年1月号）では、次のように述べておいた。
　「生産力や内政・外交両面での民主主義、平和を実現しようとする力の成熟など、社会発展の度合いをはかる基準は様々に設定できますが——そして、もちろん生産力については、どれだけの生産物をつくることができるかという単純な量的指標によってではなく、地球環境の維持を可能とする生産力であるかという質的な評価が不可欠ですが——、これらはいずれも、むきだしの資本の論理を、社会全体の安心や安定、平和や豊かさを求めるその国の労働者・国民がどこまで制御し、管理することに成功しているかという問題に帰着します。つまり、資本主義の歴史的発展の度合いをもっとも骨太くはかる尺度は、国民による資本主義の民主的な管理がどこまで達成されているかという点におかれるように思うのです」。
　また「資本主義の発展段階を考える」（前掲）では、「生産の無政府性から計画性へ」というエンゲルス、レーニンの見解と対比させて、マルクスの論理についてこう述べた。
　「マルクスは『無政府性』の克服ではなく、剰余価値生産という生産の『目的』を転換するための最大の要素となる労働者たちの社会的な結合と、新しい社会の実現に向けて闘う力の成長を、未来社会への接近をはかる最も重要な条件と考えました。労働者たちの結合は『資本主義的生産過程の機構』の発展、つまり生産手段の共同的生産手段への転化に基礎づけられるとして、マルクスは、資本主義社会から社会主義社会への転換の瞬間を、『生産手段の集中と労働の社会化とは、それらの資本主義的外被とは調和しえなくなる一点に達す

る』(『資本論』新日本新書版、第4分冊、1306ページ)と書きました」。そして「この『一点』にいたる資本主義の発展を、マルクスは、資本による労働者の結合と結合された労働者による闘いの前進、つまり剰余価値生産への一定の制限の形成と、この制限を乗り越えようとする生産力の発展との相互関係の内に描いています」。

　このように資本主義の発展をとらえるには、生産力と生産関係の両方の変化に注目することが必要である。生産力は、何をどれだけつくるかという量の側面だけでなく、どのような方法で、誰のためにつくるのかという質の側面からもとらえられねばならない。「どのような方法で」は、人間と自然の物質代謝のあり方に関する問題で、現代的な例をあげれば「原発か、再生可能エネルギーか」といった問題であり、他方、「誰のために」は生産の成果をどのように分配するかにかかわる問題で、例えば「貧困と格差の是正」にかかわる問題となる。

　これらはいずれも「資本の生産力」をどこまで「社会の生産力」に引きつけることができ、どこまで制御できるかという民主的規制の問題であり、その規制の力の強弱は資本を制御する社会の力の強弱によるものとなる。それは同じ資本主義的生産関係の枠内で、どこまでの搾取が許容され、どこまでの経済的支配が許されるのかという、労資の力関係あるいは資本と社会の力関係の問題であり、生産関係のより具体的な歴史的形態の改革をめぐる問題ともなっていく。労働者の「社会的結合」をめぐる問題も、まずは資本による社会的結合を、どこまで社会のための結合に引き寄せて制御することができるかという職場の民主化、およびそれを支える法的規制の充実の問題となる。

　こうして「資本の生産力」を担う労働者が、社会の利益に引きつけてそれを発展させる力を養うことは、個別資本の利潤追求を原動力とする資本主義の経済を、互いに共同し合い万人の豊かさを追求する社会主義の経済に転換していく意思と能力を育てることにもつながっていく。

□マルクスによる労働者階級の発達論

　マルクスが『資本論』第一部の完成稿で探求を深めた、資本主義における労働者階級の発達の問題も、これに深くかかわっている。

そこでマルクスが指摘した視角の第一は、資本による際限のない剰余価値の追求に直面して、労働者は自身と家族の肉体と生命を守る抵抗を余儀なくされ、その闘争に必要な能力を鍛えていくということである。工場立法の制定をめぐるイギリスの「内乱」を例にとり、労働者は「社会」による強制を通じて資本を制御するなどの議論が展開されるのはこの脈絡においてのことである。
　第二は、そうした闘争の積み重ねと資本主義の構造と歴史に対する理解の深まりから、労働者は資本主義の歴史的制約を越え、新しい社会の建設に向かわざるを得なくなるということである。産業予備軍の形成など資本に翻弄される「労働者階級の運命」を描いたかに見える第23章「資本主義的蓄積の一般的法則」は、実は、搾取関係を廃棄することで自らを解放する道に進まざるを得ない労働者たちの改革者としての「運命」を描いたものであった。
　第三は、資本によって剰余価値生産のために結合された労働者は、それを通じて、未来社会の建設に必要となる自覚的で共同的な結合の力を備えていくということである。単純協業からマニュファクチュア、機械制大工業にいたる生産様式の発展に、労働者たちの「全体労働者」としての成長や、「部分」に固定されない能力の多面的な発達、生産を指揮する機能の労働者への部分的な移行などを見い出す議論などがこれに当たる。
　そして、第24章7節「資本主義的蓄積の歴史的傾向」で、資本主義の発展過程での「新しい社会の形成要素」と「古い社会の変革契機」の成熟をあらためて総括したマルクスは、その結果として「資本主義的私的所有の弔鐘が鳴る。収奪者が収奪される」と述べていく。
　それは、資本主義の歴史的な発展を、肯定的理解（資本による剰余価値生産の拡大）のうちに必然的没落の理解（資本主義を乗り越える客観的・主体的条件の形成）を含むものとしてとらえるマルクスの弁証法的な研究の一面を示すものであり、同時に、こうした労働者階級の発達は、資本主義社会の発展をとらえる重要な尺度にもなっている。

（5）日本における労働者・市民の発達

□戦前社会の実態から日本国憲法への大飛躍

　では、こうした社会の力や労働者階級の発達は、日本資本主義の具体的な歴史の中にどのように現れているものか。

　明治維新直後の日本にも自由民権運動など、国民の自由権を求め、憲法制定や国会の開設を求める運動があった。天皇大権を定めた大日本帝国憲法と、天皇専制の補助機関としての帝国議会（1890年）の開設は、これへの国家権力からの政治的回答をなすものだった。

　その後、大正デモクラシーが「政党内閣」を実現させ、労働運動、農民運動、社会主義運動（日本共産党の創立は1922年）など、各種の改革運動が展開される。

　1925年には、いよいよ25歳以上の男性に衆議院の選挙権が与えられた（それまでは高額納税者のみによる制限選挙）。しかし、それは天皇制と私有財産制度への一切の批判を許さぬ「治安維持法」との引き換えによるもので、その後とりわけ共産党への徹底的な弾圧が行われる。さらに五・一五事件（1932年）をきっかけに、帝国議会は天皇制の軍部や政府の提案を承認するだけの翼賛議会に堕落を深め、民主主義や平和を求める各種の運動も、1930年代半ばには組織的な活動の停止を余儀なくされた。

　この状況に大きな変化をもたらしたのが、敗戦とこれをきっかけとした諸改革だった。

　日本全土を軍事占領したアメリカ軍は、特高警察の廃止と政治囚の釈放、労働組合の結成奨励、女性の解放と男女共通の普通選挙権、政治権力に左右されない教育の実施、少数の財閥・大企業に支配されてきた資本主義経済の民主化などを推し進め、さらに1947年には日本国憲法を施行させた。草案は占領軍が下書きしたが、男女共通の普通選挙にもとづく衆議院選挙後の憲法制定議会（46年6〜10月）での修正の後、天皇による裁可も得て公布されたものだった。

　日本国憲法の条文は、①国民の基本的人権を「侵すことのできない永久の権

利」だと繰り返し（第11条、第97条）、②幸福追求権（第13条）をはじめ、大日本帝国憲法には事実上何も含まれなかった各種の自由権を認め、さらに、③国民の社会権（第25条・生存権、第26条・教育権、第27条・労働条件の法定主義、第28条・労働三権）や、④経済活動の制限（第29条・財産権に対する「公共の福祉」による制限）、⑤男女平等の選挙権（第15条）、⑥「戦争の放棄」（前文・第9条）などを列記するもので、世界史的に見ても最先端の内容となっていた。

　フランス人権宣言やアメリカ独立宣言に代表される「近代憲法」が定めた人権は、国家権力を含む他者によって身体や行動や思想を制約されないことなどの自由権を中心としたが、日本国憲法は一足飛びに、パリ・コミューン（1871年）やワイマール憲法（1919年）にはじまる社会権、すなわち国民が国家に対して人間らしい生活の保障を求める権利を含んだ「現代憲法」となっていた。国民の自由権を保障せず「近代憲法」としての資格さえ欠いた大日本帝国憲法から、最先端の「現代憲法」である日本国憲法への大飛躍である。

　その結果、多くの国民に「平和主義」は熱烈に歓迎するが、憲法全体については十分な理解をもたない状況が生み出された。そして、アメリカの占領政策の転換をへて、憲法をめぐる戦後政治は、①きわめて優れた憲法があるにもかかわらず、②政府はこれを政治の指針とする意思をもたず、逆に解釈改憲や明文改憲の提案を繰り返し、③アメリカからも第9条の「改正」が求められる中で、④憲法への理解を次第に深め、これを守ろうとする市民運動がこれに対峙するという構図になった。

　その具体的な歴史的展開については、①憲法制定直後からのアメリカ軍主導での「逆コース」の推進、②片面講和と新安保条約の強行に対する全面講和、原水禁、安保改定反対などを掲げた平和運動の高まりと革新自治体の広がり、③1970年代半ばからの「戦後第二の反動攻勢」と革新統一の分断、初めての日米ガイドライン（1978年）の制定、④ソ連・東欧崩壊後のアメリカによる「構造改革」路線の押し付けと日米安保のグローバル化、⑤2000年代に入っての政府による明文改憲の動きと市民による護憲運動の衝突などが、主な画期となっていく。

□「平和」を入口に憲法の全面的な実施へ向けて

　その中で、戦争法反対をきっかけとした2015年からの「市民革命的な闘い」が、運動の幅を国民の基本的人権の保障にまで広げてきたことは画期的である。
　「保育園落ちた　日本死ね」というブログ記事をきっかけに、待機児童の解消を求める声が全国に広まり、奨学金制度の改善や最低賃金1500円を求める運動も広がっている。そこには、憲法で保障された権利の実現を政治に求める、主権者としての国民の成長が含まれている。
　2015年末に発足した「安保法制の廃止と立憲主義の回復を求める市民連合」は、安全保障関連法（戦争法）の廃止、立憲主義の回復に加え、個人の尊厳を擁護する政治の実現を課題に掲げた。国民の、自由権にとどまらず、社会権の本格的な実現を国家に求める運動である。
　社会権を自ら勝ち取った西欧と、そのための国民的運動を経験しなかった日本では、定められた権利の具体化を図る運動の力にも落差があり、それが社会保障、教育、労働の諸制度をめぐる両者の格差を生み出してきた。政府や財界が「勝ち組・負け組」論、「自己責任」論の大キャンペーンをはじめた瞬間に、「社会権を忘れるな」「国家には国民の生活を守る義務がある」と、ただちに正面からの反撃を行うことができなかったのは同じ弱みの現れだった。
　今日の運動は、そうした歴史的制約を超える大きな可能性を秘めている。鍵は、社会権を「国家による施し」ではなく「全国民・市民の権利」と得心していくことである。運動は、憲法９条の枠を越え、その全面実施をめざす攻勢的な社会建設の取り組みに向かっている。

□社会的な力関係の変化と戦後日本資本主義

　この運動は、日本資本主義の構造を、より健全で、より「社会的」なものにつくり変える力にもなっている。EU諸国との格差としても指摘される日本経済の脆弱性は、主に次のような諸点に現われてきた。
　①長時間・過密・低賃金、一方的な解雇、非正規雇用の拡大、女性差別など労働条件の劣悪さ。

②労働者や消費者、中小企業や地域経済などに対する大資本の社会的責任の不明確さ。
　③食糧やエネルギーの自給率の低さ。
　④市民生活の土台となるはずの社会保障の貧弱さ。
　⑤市民に冷たく、大資本にやさしい「逆立ち」した税財政。
　⑥「トリクルダウン」「構造改革」など、アメリカ型経済モデルの強引な導入。

　ブラック企業・ブラックバイトへの怒り、政治を堕落させる企業献金への批判、TPP反対、原発ゼロへの願い、「99％の貧困」に対する憤り、アベノミクスへの不信、奨学金や保育所の充実を求める声など、今日の「市民革命的な闘い」は、およそこれらすべての点に渡っている。

　私は、『「おこぼれ経済」という神話』（新日本出版社、2014年）の中で、高度成長期以後の日本経済の発展を、資本と労働あるいは資本と市民の社会的な力関係に注目し、その結果としての生産と消費のバランスという角度から次のように整理しておいた。

　第一段階、高度成長と「賃金爆発」の共存の時期。
　第二段階、「低成長」下でのリストラの開始とそれによる国内消費（中心は個人消費）の萎縮のはじまり。
　第三段階、「失われた二十数年」における経済の二極化、大資本による利益のため込みと賃金の低下の同時進行。

　これを、先に述べた憲法の実現をめぐる政治的対抗の時期と結んでおけば、第一段階は、平和運動、革新自治体運動の前進の時期、第二段階はそれが逆転させられる「戦後第二の反動攻勢」の開始の時期、そして第三段階は、アメリカによる経済グローバリゼーション戦略の押し付けを、日本政府と財界が「構造改革」の名で飲み込んでいく時期に重なっている。

　「戦後第二の反動攻勢」には、1973年の「賃金爆発」（年率30％の賃上げ）を直接のきっかけとした財界による「春闘つぶし」や、労働組合運動の分断と右寄り再編の企てが含まれており、より直接的な政治の面では、革新自治体つぶしのための社会党の右傾化が課題とされた。実際にも労働組合運動は、1989年に連合・全労連・全労協の三者にわかれ、社会党は革新自治体から急速に離れることになる。

そうした社会的力関係での後退が、1997年をピークとした労働者・市民の賃金・家計所得の絶対額での低下につながり、それによる国内消費の萎縮が、日本経済に「失われた二十数年」をもたらす大きな要因となってきた。

　戦後日本の資本主義にとって、1970年代は、政治面でも経済面でも、きわめて大きな方向転換の時期だった。今日の「市民革命的な闘い」は、その時に後ろ向きに切られた社会の舵を、再び前に向けなおそうとする歴史的な役割を担っている。労働者・市民の一層の政治的成熟を必要とするこの取り組みの前進は、日本資本主義の発展に、政治面でも経済面でも、新たな活路を開くものとなるだろう。

　日本における資本主義社会の現在は、そうした歴史の分岐点に立っている。

　　参考文献
　　金子貞吉『資本主義発展の基本理論——マルクスの資本主義発展像の再構成』青木書店、1980年
　　暉峻衆三編『日本の農業150年——1850〜2000年』有斐閣、2003年
　　不破哲三『マルクス『資本論』——発掘・追跡・探究』新日本出版社、2015年

3 戦後日本の再生産構造――その特質と矛盾

藤田　実

はじめに

　戦後70年、日本は政治・経済の両面で歴史的転換期を迎えようとしている。政治の面ではアジア地域で2000万人以上の犠牲者を出した侵略戦争への反省に立った平和主義から、集団的自衛権で世界のどこでもアメリカに付き従い戦争をする体制へ向かおうとしている。経済の面では、グローバル展開で過去最高の収益を上げる企業が相次ぐ一方で、国民生活では貧困と格差が拡大している。日本は企業が成長しても国民生活の豊かさに結びつかない、グローバル企業と国民経済とが矛盾する時代に入っており、国民経済にとっては危機の時代に突入したということができる。

　政治的にも経済的にも歴史的な転換期にある現在、現段階の日本資本主義の構造を分析し、危機の根源を明らかにすることが経済学の課題である。

　本章は、日本資本主義の構造的危機を再生産構造の視点から分析しようとするものである。再生産構造の視点とは、周知のようにマルクスの再生産表式に依拠して、資本蓄積に伴う第一部門（生産手段生産部門）と第二部門（消費手段生産部門）との絡み合いを分析することで、一国の経済循環の構造を明らかにしようとするものである。再生産構造分析はある段階の経済循環の構造と矛盾を明らかにするが、その矛盾の拡大は再生産構造の機能不全を招来し、構造的危機を生じさせる。構造的危機のなかで、イノベーションや構造改革を通じて、新たな再生産構造が形成されれば、新しい構造の下で資本蓄積が進行していく。しかし新たな再生産構造が構築されなければ、構造的危機として発現すると考えることができる。

表3-1 戦後重化学工業の成立と分解

		1965	構成比	1970	増加率	1975	1980	1985
製造業計	事業所数	558,106	100	652,931	17.0	735,970	734,623	749,366
	従業者数	9,921,002	100	11,679,680	17.7	11,296,209	10,932,041	11,542,574
	出荷額	29,488,905	100	69,034,785	134.1	127,432,872	214,699,798	268,476,276
	付加価値額	9,665,412	100	24,571,911	154.2	42,345,079	71,247,703	92,317,262
	付加価値生産性	1.0		2.1		3.7	6.5	8.0
(1)軽工業	事業所数	379,182	67.9	415,312	9.5	443,739	429,178	420,942
	従業者数	4,983,027	50.2	5,294,799	6.3	5,099,968	4,784,483	4,695,203
	出荷額	11,832,978	40.1	23,586,854	99.3	44,609,219	67,812,218	78,619,229
	付加価値額	3,827,784	39.6	8,376,422	118.8	15,877,094	24,442,056	29,112,508
	付加価値生産性	0.8		1.6		3.1	5.1	6.2
(2)重化学工業 (素材工業+ 機械工業)	事業所数	133,963	24.0	185,491	38.5	230,538	242,521	262,055
	従業者数	4,456,675	44.9	5,789,556	29.9	5,580,777	5,524,205	6,144,106
	出荷額	16,680,380	56.6	42,982,885	157.7	77,763,299	138,100,175	177,472,034
	付加価値額	5,480,589	56.7	15,247,189	178.2	24,539,295	43,592,648	58,469,617
	付加価値生産性	1.2		2.6		4.4	7.9	9.5
(3)重化学工業 (素材工業)	事業所数	66,514	11.9	88,201	32.6	108,820	109,922	112,143
	従業者数	1,844,857	18.6	2,147,471	16.4	2,078,800	1,904,174	1,865,081
	出荷額	8,848,364	30.0	20,678,485	133.7	39,798,270	69,837,042	71,275,900
	付加価値額	2,609,209	27.0	6,700,014	156.8	10,569,212	19,287,020	21,605,193
	付加価値生産性	1.4		3.1		5.1	10.1	11.6
鉄鋼業	事業所数	6,169	1.1	7,499	21.6	8,486	8,950	8,794
	従業者数	479,501	4.8	552,383	15.2	506,395	432,712	392,522
	出荷額	2,691,114	9.1	6,564,793	143.9	11,306,270	17,895,562	17,790,438
	付加価値額	636,958	6.6	1,693,432	165.9	2,520,953	5,245,146	5,204,187
	付加価値生産性	1.3		3.1		5.0	12.1	13.3
化学・石油工業	事業所数	7,825	1.4	6,870	-12.2	6,739	6,695	7,253
	従業者数	535,947	5.4	534,728	-0.2	508,235	455,090	435,539
	出荷額	3,618,892	12.3	7,331,322	102.6	18,010,152	33,176,321	33,566,536
	付加価値額	1,167,626	12.1	2,757,267	136.1	4,335,967	7,584,572	9,046,849
	付加価値生産性	2.2		5.2		8.5	16.7	20.8
(4)機械工業	事業所数	67,449	12.1	97,290	44.2	121,718	132,599	149,912
	従業者数	2,611,818	26.3	3,642,085	39.4	3,501,977	3,620,031	4,279,025
	出荷額	7,832,016	26.6	22,304,400	184.8	37,965,029	68,263,133	106,196,134
	付加価値額	2,871,380	29.7	8,547,175	197.7	13,970,083	24,305,628	36,864,424
	付加価値生産性	1.1		2.3		4.0	6.7	8.6
一般機械	事業所数	33,159	5.9	46,116	39.1	58,755	63,450	72,572
	従業者数	903,144	9.1	1,179,332	30.6	1,103,331	1,082,077	1,187,163
	出荷額	2,294,465	7.8	6,806,330	196.6	10,621,111	17,817,261	24,572,598
	付加価値額	929,266	9.6	2,901,923	212.3	4,720,266	7,493,329	10,253,760
	付加価値生産性	1.0		2.5		4.3	6.9	8.6
電気機械	事業所数	14,285	2.6	23,978	67.9	30,356	34,411	42,274
	従業者数	851,454	8.6	1,341,072	57.5	1,214,082	1,357,669	1,843,419
	出荷額	2,300,947	7.8	7,330,536	218.6	10,821,261	22,234,606	40,948,676
	付加価値額	880,944	9.1	2,924,972	232.0	4,144,336	8,719,701	14,926,898
	付加価値生産性	1.0		2.2		3.4	6.4	8.1
輸送機械	事業所数	13,137	2.4	17,899	36.2	21,388	22,251	22,614
	従業者数	663,956	6.7	880,933	32.7	945,491	904,314	976,773
	出荷額	2,853,858	9.7	7,275,821	154.9	14,793,547	24,953,581	36,247,255
	付加価値額	901,059	9.3	2,332,074	158.8	4,328,456	6,699,706	9,819,540
	付加価値生産性	1.4		2.6		4.6	7.4	10.1
精密機械	事業所数	6,868	1.2	9,297	35.4	11,219	12,487	12,452
	従業者数	193,264	1.9	240,748	24.6	239,073	275,971	271,670
	出荷額	2,853,858	9.7	891,713	-68.8	1,729,110	3,457,685	4,427,605
	付加価値額	901,059	9.3	388,206	-56.9	777,025	1,392,892	1,864,226
	付加価値生産性	4.7		1.6		3.3	5.0	6.9

(注) 1. 統計は全事業所の数字。単位は100万円
2. 2000年までと2003年以降は、産業分類が変更されており、数値は接続されていない
3. 重化学工業（素材工業）は、鉄鋼業、化学工業、石油・石炭製品、非鉄金属、金属製品の合計

1990	増加率(90年比)	構成比	1995	2000	2003	2008	2013	構成比	90年~13年
728,853	−0.8	100	654,436	589,713	504,530	442,562	410,802	100	−43.6%
11,788,019	7.8	100	10,880,240	9,700,039	8,658,392	8,726,479	7,805,224	100	−33.8%
327,093,093	52.3	100	309,436,902	303,582,415	276,230,156	337,863,997	293,937,124	100	−10.1%
121,243,164	70.2	100	119,269,344	112,111,839	100,114,254	102,547,146			
10.3	9.0		11.0	11.6	11.6	11.8			
397,158	−7.5	54.5	344,709	299,979	250,781	209,520	192,014	46.7	−51.7%
4,724,314	−1.3	40.1	4,301,218	3,703,134	3,219,925	2,978,218	2,708,649	34.7	−42.7%
93,099,208	37.3	28.5	89,577,643	82,064,265	69,080,270	71,802,262	65,920,567	22.4	−29.2%
37,158,556	52.0	30.6	37,524,239	37,232,857	27,925,071	25,834,741			
7.9			8.7	10.1	8.7	8.7			
265,960	9.7	36.5	246,350	229,846	201,279	184,900	172,342	42.0	−35.2%
6,315,857	14.3	53.6	5,843,537	5,312,230	4,786,340	5,071,004	4,488,859	57.5	−28.9%
233,313,460	68.9	71.3	203,994,275	206,013,098	192,634,230	249,034,709	212,841,994	72.4	−8.8%
77,765,717	78.4	64.1	75,213,218	71,351,037	66,269,015	70,725,209			
12.3			12.9	13.4	13.8	13.9	0.0		
111,025	1.0	15.2	103,210	96,076	84,671	78,157	74,807	18.2	−32.6%
1,877,425	−1.4	15.9	1,783,651	1,573,055	1,433,316	1,477,607	1,360,211	17.4	−27.5%
92,387,380	32.3	28.2	69,831,344	67,024,872	64,502,045	92,581,842	85,290,935	29.0	−7.7%
28,789,486	49.3	23.7	28,598,705	25,407,367	23,950,530	24,805,781			
15.3			16.0	16.2	16.7	16.8			
8,123	−9.2	1.1	7,598	6,905	6,353	6,773	7,479	1.8	−7.9%
341,383	−21.1	2.9	300,723	240,270	210,714	239,089	222,470	2.9	−34.8%
18,313,116	2.3	5.6	14,111,264	11,962,966	11,935,509	24,372,808	17,949,007	6.1	−2.0%
6,229,639	18.8	5.1	4,989,714	4,247,882	4,279,975	5,769,370			
18.2			16.6	17.7	20.3	24.1			
7,283	8.8	1.0	7,064	7,255	6,805	6,722	6,786	1.7	−6.8%
436,307	−4.1	3.7	427,305	395,069	371,613	376,069	366,692	4.7	−16.0%
31,869,284	−3.9	9.7	31,071,249	33,256,193	33,304,233	42,198,600	45,195,148	15.4	41.8%
12,037,179	58.7	9.9	13,354,772	12,223,852	11,914,987	10,889,161			
27.6			31.3	30.9	32.1	29.0			
154,935	16.8	21.3	143,140	133,770	116,608	106,743	97,535	23.7	−37.0%
4,438,432	22.6	37.7	4,059,886	3,739,175	3,353,024	3,593,397	3,128,648	40.1	−29.5%
140,926,080	106.4	43.1	134,162,931	138,988,226	128,132,185	156,452,867	127,551,059	43.4	−9.5%
48,976,231	101.5	40.4	46,614,513	45,943,670	42,318,485	45,919,428			
11.0			11.5	12.3	12.6	12.8			
76,649	20.8	10.5	72,121	69,063	60,892	63,032	57,713	14.0	−24.7%
1,263,072	16.7	10.7	1,156,345	1,104,272	989,310	1,268,191	1,115,588	14.3	−11.7%
34,125,255	93.7	10.4	30,745,311	30,840,247	26,430,626	40,631,581	32,382,159	11.0	−5.1%
14,106,094	88.2	11.6	12,620,621	12,044,806	10,625,936	15,034,026			
11.2			10.9	10.9	10.7	11.9			
44,497	29.3	6.1	40,042	35,732	59,350	26,185	23,147	5.6	−48.0%
1,958,281	44.2	16.6	1,769,250	1,591,953	1,314,227	1,285,331	1,034,179	13.2	−47.2%
54,666,784	145.9	16.7	54,963,486	59,581,672	48,118,624	51,986,165	36,906,496	12.6	−32.5%
20,169,956	131.3	16.6	19,727,028	20,226,210	15,795,173	15,189,207			
10.3			11.1	12.7	12.0	11.8			
22,444	0.9	3.1	21,368	19,696	18,388	17,526	16,675	4.1	−25.7%
987,590	5.9	8.1	928,232	863,043	889,267	1,039,875	978,881	12.5	2.2%
46,949,699	88.1	14.4	44,301,836	44,447,438	48,954,952	63,835,121	58,262,404	19.8	24.1%
12,643,796	88.7	10.4	12,553,552	11,869,936	14,314,075	15,696,195			
13.2			13.5	13.8	16.1	15.1			
11,345	−9.1	1.6	9,609	9,279	7,978				
259,489	−6.0	2.2	206,059	179,907	160,156				
5,184,342	49.9	1.6	4,152,298	44,447,438	3,627,983				
2,056,385	47.6	1.7	1,704,312	1,802,718	1,583,301				
7.9			8.3	10.0	9.9				

4. 20003年以降の一般機械は、はんよう機械、生産用機械、業務用機械の合計
5. 2003年以降の電気機械は、電子部品・デバイス・電子回路製造、電気機械器具製造、情報通信機械器具製造の合計
(出所) 経済産業省「工業統計表」

本章では、高度成長期以後の日本の再生産構造を、大きく三つの画期に分けて考察する。高度成長期は戦後重化学工業を基軸とする再生産構造であり、それは1970年代の経済停滞を経て分解し、1980年代のME技術革新による電機産業と自動車産業を中心とする再生産構造が成立する。この再生産構造は、1980年代後半にはバブル経済を招来し、その崩壊により構造的危機に陥る。バブル崩壊後は、1990年代後半からICT（情報通信）革命とグローバル化の段階に入るが、日本資本主義は生産と消費を軸とした再生産構造が形成できず、経済停滞が長期化し、国民経済解体の危機に陥っている。以上のような歴史的な段階規定に基づき、戦後日本の再生産構造の特質と矛盾を分析したい。
　その際、分析の力点を基軸産業である重化学工業とそれを支えた生産現場で形成された労使関係に置く。これにより、現段階の危機が高度成長期の構造にあることが理解できるはずである。

（１）戦後重化学工業段階の再生産構造——その特質と矛盾

□輸出——設備投資主導の成長構造の成立

　日本の工業構造の変化を見れば、1965年には出荷額でも付加価値額でも重化学工業が軽工業を上回り、この時期に日本の工業は重化学工業中心の構造に移行したことがわかる（表3-1）。重化学工業を鉄鋼、化学工業などの素材工業と機械工業に分けてみれば、1965年段階で鉄鋼業と化学工業が出荷額では機械工業を上回っており、工業の基軸となっている。その後1970年までの5年間をみると、重化学工業は従業者数でも事業所数でも大幅に増加したが、とくに出荷額では2.6倍に増加し、急拡大を続けた。こうして戦後の日本は1960年代半ばには重化学工業中心の経済構造を構築したのである。いわゆる戦後重化学工業段階である[1]。
　戦後重化学工業は戦中・戦後に開発された新鋭技術を米国から導入し、太平洋沿岸部に鉄鋼と石油化学工業の巨大な工場群を新設することによって成立した[2]。1960年代には重化学工業の工場新設が相次いだことによって、設備投

資主導の経済成長を実現した。それは、高度成長期に民間設備投資は13.8ポイント増加したのに対し、個人消費支出は13.6ポイント減少したことからも明らかである（表3-2）。高度成長期の経済が設備投資主導であったことは、再生産構造からもわかる。高度成長期の再生産構造は鉄鋼を主軸に、鉄鋼——金属、鉄鋼——一般機械・電気機械・輸送機械という循環構造のもと、鉄鋼や非鉄金属では総生産額のほとんどが、金属製品でも約8割、電機でも5割が中間需要に組み込まれている（表3-3）。重化学工業製品の多くが内部循環し、重化学工業内部で機械設備や装置に組み込まれている。

表3-2 国民総支出の構成

項目	構成比 1955年	構成比 1970年	増減	年平均伸び率
個人消費支出	62.5	48.9	-13.6	8.5
民間設備投資	9.1	22.9	13.8	17.3
民間住宅建設	3.2	6.2	3.0	15.1
政府経常支出	14.0	7.0	-7.0	5.3
政府固定資本形成	5.7	8.5	2.8	13.5
在庫	4.0	5.1	1.1	12.1
輸出等	7.8	13.7	5.9	14.5
輸入等（控除）	6.3	12.2	5.9	15.3
国民総支出	100.0	100.0	0.0	10.3

（出所）日本興業銀行『日本産業読本第4版』東洋経済新報社、1984年

　設備投資主導で成立した戦後重化学工業は、工場が完成し本格的に生産が始まれば、拡大した供給能力を発揮するので、国内で吸収する基盤がなければ、過剰生産が顕在化する。それが過剰生産恐慌として発現した1965年の不況であり、この時期に設備投資は12.9%（国民計算年報）も減少している。

　1965年過剰生産恐慌は、アメリカなどへの輸出の急拡大によって短期で克服される。すなわち1965年から70年までのいざなぎ景気時に輸出額は102.8%（国民計算年報）も増加している。1955年から70年までの輸出をみると、国民総支

表3-3 戦後重化学工業の循環構造（1960年）

（単位10億円）

	中間需要								総生産額(C)	指標	
	重化学工業部門の内部循環							内部循環計(A)	中間需要計(B)		A／B	B／C
	鉄鋼	非鉄金属	金属製品	一般機械	電気機械	輸送機械	化学					
鉄鋼	1,745		162	358	106	130	1	2,502	2,845	2,796	87.9	101.8
非鉄金属	17	69	68	53	148	19	11	385	513	419	75.0	122.4
金属製品	4	1	20	28	11	19	9	92	458	583	20.1	78.6
一般機械	18	3	4	28	43	7	7	110	904	1,857	12.2	48.7
電気機械	12	1	3	41	370	57	6	490	750	1,427	65.3	52.6
輸送機械	1	1		7	5	203		217	465	1,362	46.7	34.1
化学	16	5	5	5	25	16	468	540	1,394	1,531	38.7	91.1

（出所）「産業連関表」

出に占める比率を5.9ポイント高め、年平均14.5％増加しており（表3-2）、設備投資と並んで輸出が経済成長の起動力となったことは明らかである。設備投資の急拡大により供給能力は拡大するが、それは国内で吸収することはできないという意味で、「過剰」生産となる。「過剰」生産分は輸出にまわり、それが国内の設備投資を刺激する。戦後重化学工業は、重化学工業生産が設備投資を増加させ、それが雇用増と賃金増を通じて家計最終消費を拡大させるという経済循環ではなく、輸出増加が重化学工業の生産を増加させ、それがまた設備投資を増加させるという構造として1960年代後半に成立し、それが現在まで続く日本経済の成長構造となっているのである。重化学工業の輸出—設備投資主導の再生産構造が成立すると、輸出競争力を維持するために低コスト生産が必要条件となる。それを実現するテコとなったのが、労働者を企業内に包摂する現場主義と格差構造を基本とする日本型労使関係である。

□現場主義、格差構造と日本型労使関係の成立

　高度成長期に導入された技術は、在来的な技術とは断絶しているがゆえに、労働者に求められる能力や知識も経験を基にした熟練から一定の科学的知識、機械の構造に対する工学的知識が必要とされるものに変化した。求められる能力の変化に合わせて、採用された労働者も一定の科学的知識を受容できる工業高校卒など若年労働者が中心となった。そして、資本はこれら若年労働者を労働と管理の標準化、企業内教育や職務給-職能給によって、企業内に包摂していった。

　高度成長期には新鋭技術の導入だけでなく、アメリカから生産管理システムを日本的に変容させる形で導入し、生産現場で品質を作り込み、歩留まり率（良品率）を高める努力をしていった。1956年に鉄鋼連盟は鉄鋼生産性視察団をアメリカに派遣し、アメリカで行われていたIE（Industrial Engineering）手法を学び、それを日本に導入しようとした。アメリカでIEを導入したのは、生産の標準化を通じて品質保証を科学的な手法で確立しようとしたものであった。しかし日本では、IEの手法は合理化、要員管理、設備リストラの手法に活用するもので、アメリカでの活用とは異なっていた。

　同様に、アメリカでは工学技術の専門家による統計的品質管理手法を意味し

ていた QC 活動は、日本では「労働者参加型」の全社的品質管理活動として行われるようになった。労働者は生産現場で品質を高めたり、生産性を高めたりする改善活動を通じて、あたかも生産現場を支える「主体」という意識を持つようになっていった。生産現場こそ、高品質と生産性向上を達成する場であるという現場主義は、新鋭技術の導入と相まって、高度成長をもたらした一つの要因であった。

同時に、資本は労働者を企業内に包摂するために、労働運動を労使協調的なものに変質させていった。例えば、新鋭の工場建設にあたって既存の工場からの配置転換では左派系労働者を排除し、労使協調的な労働者と新卒の労働者を基幹的な労働力とすることで、技術だけでなく、労働力においても在来の製鉄所とは異なる構成にした[3]。これにより、新鋭の重化学工業の工場では、「会社派」と形容される労働者を中心とする労使協調的な労働組合と資本による労働者統轄と支配構造が完成した。現在にいたる労使協調的な企業別組合の成立である。

また重化学工業の工場で労働組合対策として共通に採用されたのは、企業内に様々なインフォーマル組織（企業主導で作られた非公然の労務管理組織）を形成し、労働組合の変質を図るという手法である。労働組合変質のためのインフォーマル組織の形態には、様々なタイプがあり、労働組合内部の右派と左派の主導権争いとして形成されたものもあるが、会社の人事労務担当部門が介在して形成されたものも少なくない[4]。これにより戦後重化学工業の大企業労働組合はほとんどが労使協調的な労働組合に変質させられていった。

労使協調的な労働組合は、合理化に反対せず、合理化による生産性向上の成果を春闘を通じて配分するという途を選択した。労働組合が合理化に反対しなかったのは、高度成長期の技術導入が旧型技術の置き換えという点では労働者の削減を伴う合理化であったが、事業規模が拡大していったので、全体としては雇用も増大し、企業内の配置転換も年功的秩序の下で昇進昇格を伴うものであったからである。そのため、労働組合も合理化に抵抗するというよりは、労働条件を「改善」させたり、従来の労働条件を「維持」させたりすることを条件に、事前協議で受け入れていったのである[5]。

こうして大企業労働者は、労使協調的な労働組合の下で生産性向上に協力する代わりに、その成果配分として査定付きであれ、一定の幅での定期昇給と春闘

のベアを通じて、年功的な賃金を獲得していった。日本型労使関係の特徴である年功賃金体系の成立である。

さらに大企業では、企業成長を背景に、終身雇用も労使間の暗黙の合意として成立した。企業にとっても、景気循環に応じて労働者を採用したり解雇したりすると、労働力不足の状況では採用費用がかさむことから、一時的な景気後退ではなるべく企業内に労働者を留め置こうとするのは「合理的」だったからである。また企業内教育や OJT（オン・ザ・ジョブ・トレーニング）で形成された企業特殊的熟練は、その担い手である労働者をいったん企業外に排出してしまうと、新たに採用した社員の教育が必要となるので、教育訓練費用がかさむという事情もあった。したがって、経済成長と企業成長が続くのを前提すると、終身雇用もまた企業にとって「合理的」な選択であった。

こうして大企業労働者には、企業成長が続く限りではあるが、年功賃金、終身雇用が「適用」されることになり、労使協調的な企業別組合とともに日本型労使関係が確立された。

日本型労使関係は大企業労働者にのみ適用されたとはいえ、春闘による成果配分は、大企業の組織労働者だけでなく、とくに高度成長期には企業成長を背景に公務労働者や中小企業労働者、未組織労働者などにも波及し、多くの労働者の賃金引き上げに寄与した。中小企業労働者も含めて、高度成長期には、労働者は経済成長と企業成長の下で勤労を通じての一定の生活を「保障」された。

同時に、新技術導入による生産性向上を実現させた労働力要因としては、新鋭の労働者だけではなく、労働力の階層化にも注目しなければならない。例えば、戦後重化学工業の主軸であった鉄鋼業における自動化・連続化工程を担う本工労働者と副次的な工程を担う社外工労働者、電機産業における生産技術職としての男子正規労働者に対して、若年退職を期待されている肉体酷使的な女子現場労働者や単純労働を担う主婦パート労働者というように階層化が進んだ[6]。

男子正規労働者は教育訓練の対象となり、企業特殊的熟練を身につけ、生産性の「高い」工程を担うがゆえに、相対的に高賃金となる。これに対して、労働集約的な工程を担う社外工や下請け労働者、単純工程を担う若年女子労働者や主婦パート労働者は生産性が「低い」工程を担うがゆえに、低賃金となる。逆に言い換えれば、男子正規労働者は相対的に高賃金であるために、企業内教育を行い、高生産性の工程を担当させるが、社外工、下請け労働者、女性労働

表3-4 規模別生産性格差の推移

	1963年			1970年			1980年		
	企業数	付加価値生産性	資本装備率	企業数	付加価値生産性	資本装備率	企業数	付加価値生産性	資本装備率
4〜19人	251,514	33.5	8.4	311,300	38.2	12.0			
20〜29人	29,604	43.2	19.8	24,223	49.6	29.6	34,712	45.7	28.9
30〜49人	21,669	45.9	22.0	21,463	49.8	29.8	18,454	46.0	32.2
50〜299人	22,880	53.7	31.1	26,825	56.6	37.2	25,192	51.8	37.3
300〜999人	2,263	72.0	57.6	2,875	72.0	59.0	2,487	72.1	61.3
1000人以上	722	100.0	100.0	866	100.0	100.0	691	100.0	100.0
	1990年			2000年			2010年		
	企業数	付加価値生産性	資本装備率	企業数	付加価値生産性	資本装備率	企業数	付加価値生産性	資本装備率
4〜19人				236,995	25.6	12.2	14,977	24.3	
20〜29人	41,235	36.0	33.5	30,230	31.8	32.1	22,526	30.4	
30〜49人	19,189	36.8	36.6	16,933	34.7	37.2	13,326	34.8	33.6
50〜299人	28,269	43.7	41.6	24,939	44.0	44.5	20,838	45.5	43.7
300〜999人	2,710	63.5	62.8	2,516	64.4	67.0	2,492	65.0	64.3
1000人以上	716	100.0	100.0	638	100.0	100.0	622	100.0	100.0

(出所)「工業統計表〔企業編〕」

者は低賃金であるために、低生産性の工程を担当させてもみあうことになる。大企業男子正規労働者─中小企業男子正規労働者─女子労働者─パート労働者という、生産性格差＝賃金格差という階層序列が形成される。こうした階層序列は、中小企業は資本装備率を高めることができず、それが付加価値生産性の格差となって現れていることからも裏付けられる（表3-4）。

　こうして大企業および大企業労働者と中小企業および中小企業労働者との間の規模別格差構造、男性労働者と女性労働者との間の性別格差構造が成立した。規模別賃金格差は、高度成長期には労働力不足や経済成長による成果配分で一定程度縮小したのは事実であるが、それも経済成長の終焉とともに、格差縮小は停滞し、現在にいたっている（図3-1）。

　このように戦後重化学工業は、設備投資と

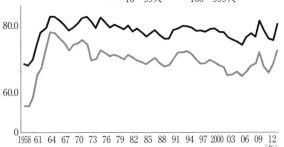

図3-1 製造業規模別賃金格差推移

(決まって支給する給与額、1000人以上=100平均値)

(出所) 厚生労働省「賃金構造基本調査」

輸出主導で短期間で一挙的に構築されたが、それは格差構造を利用しながら、生産性を高める過程でもあった。格差構造は経済が成長し続ける限り隠されているが、経済成長が停滞すると顕在化し、労働者全体の賃金低下圧力となるものであった。それは、周知のように2000年代に露わになる。

（２）1980年代 ME 技術革新段階の再生産構造
　　――その特質と矛盾

□ ME 技術革新段階の再生産構造

　高度成長を実現した戦後重化学工業は、周知のように1971年の金ドル交換停止によるブレトン・ウッズ体制の崩壊、1973年のオイルショックによるエネルギー価格の高騰により、構造分解の時期に入る。この時期は、雇用・労働関係にとっても一つの転機となる。オイルショックに伴うハイパーインフレを背景にした74年春闘で32.9％という大幅な賃上げを獲得した後、労働組合は日本型所得政策とでもいうべき「経済整合性論」に基づいて要求を自粛し、10％を超えるような大幅賃上げはなくなった（図3-2）。

　1970年代のスタグフレーション（不況とインフレの併存）のなかで、戦後重化学工業は構造的危機に陥り、設備削減と要員合理化を柱とするリストラを行った。それは1970年比で75年には多くの産業で従業者数が減少していることからもわか

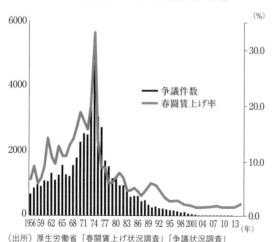

図3-2　春闘賃上げ率と争議件数の推移

（出所）厚生労働省「春闘賃上げ状況調査」「争議状況調査」

る（表3-1）。

　1970年代のスタグフレーションを日本型所得政策や減量経営で乗り切ったあと、日本は産業用ロボットの導入やFMS（Flexible Manufacturing System）、FA（Factory Auto-mation）などの生産ラインや工場の自動化を実現するME（Micro Electronics）技術革新により、多品種生産を低コストで実現できるようになり、とくにエレクトロニクス製品と自動車で世界市場を席巻し、経済停滞が続く欧米諸国を尻目に「経済大国」にのし上がっていった。

　1980年代で注目すべきは、戦後重化学工業が分解し、素材型の鉄鋼業や化学・石油工業が停滞していく一方で、一般機械、電気機械、輸送機械などの機械工業が躍進していくことである。とくにME技術革新をリードする電機産業は、事業所数でも従業者数でも、出荷額でも付加価値額でも大幅に拡大していった（表3-1）。

　1980年代の再生産＝循環構造を見ると、素材型の鉄鋼業は、生産額は停滞しながらも、一般機械、輸送機械（自動車）への販路を拡大させている。これは、80年代の基軸産業の一つとなった自動車工業への自動車用鋼板の供給拡大を意味している。そして自動車産業はこの時期国内販売だけでなく、輸出も増加させていたことから、国内外の自動車販売の増加が鉄鋼業の生産拡大をもたらしたということができる。また鉄鋼業―金属製品―建設という流れも確認できる。とくに80年代後半はバブル期でリゾートや建設ブームで土木建設が拡大したからである。こうして鉄鋼業は、鉄鋼―金属製品―建設、鉄鋼―輸出、鉄鋼―自動車―輸出という流れで国内生産は遅滞しながらも、一定の地位を維持している（表3-5）。また鉄鋼業は1978年の第一次合理化から86年の第三次合理化までリストラを続け、高炉や圧延ラインの休止など設備合理化と大幅人員削減（70年の55万2300人から90年の34万1300人へ）によって、付加価値生産性を大幅に増加させている（表3-1）。

　ME技術革新によって、マイコンなどの電子部品が様々な機器に装備されたことで、電機産業の内部循環は拡大しているほか、VTRなどのエレクトロニクス機器の普及を受けて、民間消費も大幅に増大している（表3-5）。また日本の半導体やテレビ、VTRなどのエレクトロニクス製品の輸出も大幅に増加している。同様に自動車も民間消費支出と輸出が大幅に拡大し、それが国内生産を大幅に増加させた。

表3-5　戦後重化学工業の再生産構造

		重化学工業内部循環	建設部門	サービス部門	対事業所サービス	内生部門計	民間消費支出
鉄鋼	1985年	17,071,388	1,444,016	48,151	5,529	18,971,555	−45,741
	1990年	18,855,632	1,862,254	39,967	6,970	21,308,835	−23,928
	1995年	17,193,615	1,600,241	32,045	6,032	19,276,930	−20,185
	2000年	14,412,299	1,294,556	26,736	6,544	16,208,644	−11,987
	2005年	21,639,899	1,458,233	27,538	7,778	23,490,064	−32,731
	2011年	26,675,654	1,345,032	26,369	9,846	28,325,469	−43,608
電気機械	1985年	8,831,817	656,836	890,054	690,960	10,734,627	2,189,002
	1990年	14,990,554	1,076,733	1,495,942	859,906	18,092,864	4,779,024
	1995年	17,673,688	1,020,618	1,517,388	855,182	20,723,738	6,862,944
	2000年	19,616,869	836,462	1,673,630	1,129,986	22,694,966	7,583,653
	2005年	16,796,422	613,169	1,841,864	1,267,178	20,073,207	6,756,167
	2011年	14,011,105	512,932	1,944,695	1,393,701	16,554,733	7,229,475
自動車	1985年	11,090,714	10,845	983,329	929,328	12,195,262	2,350,101
	1990年	17,351,342	510	1,545,751	1,523,529	18,910,382	5,386,305
	1995年	17,187,427	588	1,729,142	1,698,877	18,917,678	6,024,089
	2000年	17,249,344	0	1,751,199	1,725,531	19,000,543	4,823,203
	2005年	23,401,386	0	1,804,501	1,768,869	25,205,887	5,467,022
	2011年	18,393,207	0	1,807,654	1,790,436	20,209,361	5,152,670

（出所）「85年-90年-95年接続産業連関表」「2000年-2005年-20011年接続産業連関表」

　こうした分析から、1980年代の再生産＝循環構造は、設備投資（内部循環）、建設、個人消費、輸出で販路を拡大しながら、合理化やME技術で生産性を高めていったということができる。生産性向上は、大企業だけでなく、ME技術革新の広がりを受けて、中小企業でも産業用ロボットの導入が進むなど、資本装備率を高め、付加価値生産性を増大させていった（表3-4）。

□日本型労使関係における職場規制力の喪失

　ME技術革新の下で、日本型労使関係はより一層労使協調化がすすみ、労働組合と資本による労働者支配という様相を呈していった。
　電機産業では、ME技術の導入によって、労働内容が情報投入やプログラミングなど技術的労働に変化するとともに、職務範囲も拡大したことで、仕事量も増加していった。こうしたME技術革新が労働過程にもたらす変化に対し

					(100万円)
固定資本 (公的)	固定資本 (民間)	国内最終 需要計	国内需要合計	輸出	国内生産額
−31,856	−130,966	−108,468	18,863,087	2,413,273	20,963,880
−16,069	−104,662	3,011,053	24,319,888	1,487,920	22,189,191
−19,250	−99,720	−112,949	19,163,981	1,527,889	20,093,290
−9,760	−58,623	−89,429	16,119,215	1,429,059	17,159,538
−26,571	−159,596	790	23,490,854	2,658,079	25,314,030
−35,365	−212,421	−60,856	28,264,613	3,342,282	30,487,216
1,392,484	6,918,864	10,922,419	21,657,046	6,750,484	27,565,732
2,202,064	10,461,091	23,927,892	42,020,756	10,090,843	44,102,155
2,159,611	11,890,408	21,588,911	42,312,649	12,923,858	50,385,454
2,262,982	12,231,671	23,508,619	46,203,585	15,653,829	53,402,802
609,981	8,922,064	17,627,506	37,700,713	15,369,871	43,055,469
1,316,337	8,567,425	17,905,317	34,460,050	12,555,330	36,353,459
69,961	3,104,203	5,708,392	17,903,654	8,775,359	26,436,527
140,379	5,279,272	11,358,652	30,466,399	9,548,554	39,015,479
111,622	5,287,632	11,529,045	30,446,723	7,629,693	36,964,027
116,336	4,971,735	9,798,937	28,799,480	9,468,711	36,777,568
57,365	5,021,402	10,688,494	35,894,381	12,778,290	47,366,009
71,644	3,590,557	8,811,959	29,021,320	11,535,320	38,944,347

て、電機連合は1984年に、ME化による雇用の減少や労働条件の悪化に反対するとともに、成果配分を求めるという「MEガイドライン」を策定した。しかし電機各社の企業別労働組合は、ME導入について事前協議を行うものの、要員規制では交渉できず、そのため休日出勤や有休取得の困難、時短の困難を招き、結果的には過密労働になっていた側面もある。電機における労働生産性の向上は、ME技術導入に伴う労働強化の側面もある。

鉄鋼業では、1970年代から続く合理化に対して、次々と「譲歩」を余儀なくされ、労使関係の変質がより一層進んだ。例えば、木村［2004］によれば、新日鐵労組は「会社の提案をスムーズに実施する」ために「情報の共有化を最重点課題とする『団交』方式へと変えていった」（7ページ）。これにより新日鐵労組は、業務の外注化や転籍、出向、フレキシブルな要員配置の承認など職場規制力を喪失していったのである。職場規制力の喪失や団交の変質（会社の考えを拝聴し、共有する方向へ転換）は、鉄鋼業界だけでなく、他の大企業労組に

も共通する。

こうして80年代のME技術革新の下で、労働組合は労使協調をよりすすめ、労使一体的な状況を作り出した。その結果、労働組合は要員規制など職場規制力を喪失し、要員削減が進む一方で、職務範囲の拡大など労働強化が進んでいった。1980年代に過労死が問題になるのは、労働組合の職場規制力の喪失が背景にある。そして、それは経済成長が続くもとで争議件数（半日以上）が激減し、春闘賃上げ率が低下を続けたことにも象徴的に現れている（図3-2）。

労働組合が職場規制力を喪失したことで、生産現場で品質を作り込むとともに生産コストを削減するという現場主義が、日本の「経済大国化」「電子立国」に大きく寄与することになった。トヨタ生産方式は1970年代にはほぼ完成形になったが、ジャスト・イン・タイム方式で徹底的にムダを排除し、標準作業の設定で労働者に余裕を与えず、機械を多台持ちさせるためには、労働者に会社との一体感を持たせる必要がある。そのために、QCサークルを組織し、改善提案を奨励するなど、現場労働者の「自発」性を引き出すようにした。全社的な改善活動は、半導体工場でも行われ、歩留まり率の向上に大いに寄与した。ブルース・R・スコット［1987］は、1980年代の日米の半導体コストの比較では、原材料費や設備コストなどではアメリカの方が優位であるが、最終製品のコストでは製品歩留まりの差で日本が優位となることを明らかにしている（第1部、392～393ページ）。日本の高い歩留まり率の理由の一つは、不良品の要因となる微細な塵をクリーンルームに持ち込ませない労働規律を徹底したことによるが、これは職場規制力を会社側が把握したことで、可能になったのである。

（3）長期不況下の内的矛盾の成熟と構造的危機

□製造業の生産性の停滞と再生産構造

ME技術革新は「ジャパン・アズ・ナンバーワン」とも称された「経済大国」をもたらしたが、80年代の後半はバブル経済に突入し、91年のバブル崩壊後は現在まで長期にわたる停滞状況が続いている。バブル崩壊後の実質経済成

長率は、平均すると1％未満であり、家計消費支出も民間設備投資も停滞している（図3-3）。

長期停滞状況のなかで、現在、製造業は自動車産業を除くほぼ全ての産業で、事業所数も従業員数も、出荷額も付加価値額も90年比で大幅に減少させている（表3-1）。とく

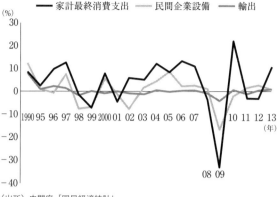

図3-3　輸出、設備投資、消費の推移（対前年比）

（出所）内閣府「国民経済統計」

に電機の2013年の出荷額は36兆9064億円、90年比で32.5％も減少している。80年代の「電子立国」が2000年代には「電子崩壊」に激変したのである[7]。

同時に付加価値生産性（1人当たり付加価値額）はどの産業においても大幅に増加しなくなっていることに注意しなければならない。製造業全体では90年の10.3（百万円）が2008年でも11.8と停滞している。素材工業も15.3が16.8に、機械工業も11.0が12.8へ停滞している。個別産業では、鉄鋼業が18.2から24.1へ大きく増加させているが、これは鉄鋼業で大幅な人減らしを行ったこと、高付加価値の自動車用鋼板に集中したことによるものと思われる[8]。付加価値生産性の上昇率が鈍化していることは、高付加価値製品をつくり出せなくなったということであり、価格競争にまきこまれ、高利潤を上げられなくなったということでもある。

また、製造業における生産性停滞は、設備投資の停滞によってもたらされた。民間設備投資が停滞した結果、日本企業の国内の設備年齢は「10年以上が6割を占め、5年未満の設備台数が2割に満たない」（経済産業省「生産設備保有期間等に関するアンケート調査」2013年5月）というように、生産性を決定する要因である機械設備が古くなっている。海外展開が進んだ90年代から、企業は最新設備を海外工場に導入する一方で、国内工場は設備投資を怠ってきたことが、国内の生産性を停滞させた要因である。

規模別で見れば、小規模零細企業（4〜19人）で付加価値生産性が停滞して

いるが、それは資本生産性が低下しているからである（表3-4）。小規模零細企業では、この間の大企業の発注政策の変更で、発注先の絞り込みが行われた結果、設備投資をする余裕がなくなったと思われる。また表掲外であるが、1000人以上の大規模事業所も付加価値生産性は停滞しており、規模に関係なく90年代以降停滞している。

　2000年代の再生産＝循環構造も、90年代とは異なる様相を呈している。鉄鋼―金属製品―建設という循環は公共事業など土木建設事業の縮小により減少しているが、なお大きな関連を維持している。鉄鋼―輸送機械は自動車部門の好調に支えられ、大幅に拡大している。電機は組み込み電子部品の増加などで一般機械や輸送機械（自動車）などへの投入は増加しているが、それ以外の内部循環は停滞している。また最終需要先である民間消費支出も停滞している。1980年代には世界市場の7〜8割を占めていたエレクトロニクス製品も競争力の低下により、輸出も減少傾向にある。こうして電機は販路構成を見る限り、行き詰まりの状態にある。これに対して、自動車は内部循環も民間消費支出も、輸出も安定しているが、リーマンショック前の2005年の水準には達せず、大きく増加する傾向にはない。これは、自動車産業は海外展開が進んでいて、以前のように輸出を梃子に国内生産が拡大する状況にはないことを意味している。

　このように2000年代の再生産構造は、高度成長期のように輸出拡大が国内設備投資を拡大させ、産業連関を通じて素材型重化学工業と機械工業の国内生産を拡大させるという関連は薄れている。また建設需要の停滞によって鉄鋼や金属製品の需要を拡大するという関連も弱まっている。なお内生部門ではサービス部門が需要を創出しているが、対事業所サービスは企業内部の生産活動に付随していたサービスが外部化されたことによることに注意すべきである。

□本格的投資立国化と国民経済の危機

　設備投資が停滞した結果、製造業の生産性も停滞しているだけでなく、家計消費支出も低下する一方、2011年の東日本大震災後は輸出も停滞し、貿易収支は2011年から赤字に転落している（図3-4）。

　他方で、直接投資や証券投資の収益である所得収支は2005年から貿易収支と逆転し、2014年には貿易収支が10兆3637億円の赤字であるのに対し、所得収支

は18兆712億円の黒字になっている。貿易収支の赤字を所得収支で補っているのである。

所得収支の拡大は直接投資の拡大による。日本の対外直接投資は2004年頃から急増し、リーマンショックで一時減少した後、2011年から増加し、前年比11.3％減少した2014年でも1197億ドルにのぼる。残高で見れば、2011年で9646億5100万ドルに、2014年末で1兆2015億600万ドルに達している。

直接投資が増加しているということは、海外設備投資が増加しているということでもある（図3-5）。海外設備投資が増加する一方、国内の設備投資は減少傾向にある。国内設備投資を減少させながら、海外設備投資を増加させているのだから、設備投資が生み出す需要は海外に流出している

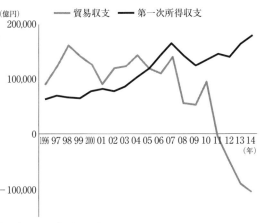

図3-4　貿易収支と所得収支の逆転

（出所）財務省「国際収支統計」

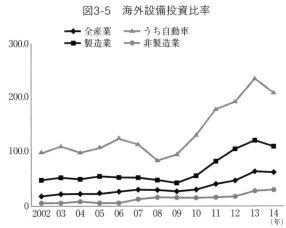

図3-5　海外設備投資比率

（注）海外設備投資比率は（連結海外設備投資÷単体国内設備投資）×100
（出所）日本政策投資銀行「設備投資計画調査」

ということができる。他方で、海外から日本への直接投資は圧倒的に少ないので、設備投資を起点として、経済成長するという流れは弱まっている。

こうした日本経済のマクロ的状況を見れば、日本は貿易立国から「投資立国」へ変化したということができる。それは、日本が投資立国としてグローバ

ル経済の新たな段階に入ったことを意味している。貿易立国の場合は、外需依存という不安定さはあるものの、輸出が増えれば、国内生産が増加し、投資も消費も増加するので、その限りで「安定的な」経済循環を構築することができる。

しかし投資立国では、グローバル企業は海外投資によって収益を確保しても、それを国内生産の増大を通じて国民に還元するインセンティブは少ないのである。国内生産増大―輸出増大という連関がない投資立国では、国内が収益源ではなくなるからである。本格的投資立国化が進む一方で、投資も消費も停滞し、その結果生産性も停滞していることを考えると、現在の日本では成長の起動因が失われているということができる。

□ICT革命とグローバル化による日本的生産システムの強みの喪失
　――現場主義と日本型労使関係の限界の露呈

日本の製造業の強みは、すでに述べたように、全労働者参加で品質管理を行う現場主義にあった。しかし産業ごとに相違はあるが、ICT革命とグローバル化が進んだ2000年代になると、日本的生産システムの象徴である現場主義の限界が露わになってきた。とくに、エレクトロニクス産業で、顕著になった。それは、次の理由による。

エレクトロニクス製品がデジタル化・モジュール化（部品を統合し、ひとまとまりの機能にまとめること）され、部品間のインターフェース（接続）が標準化された結果、微妙な調整をしなくても、製品としての機能を果たすことができるようになった。さらに、現場で部品を個別に調達しなくても、複数の部品を統合したモジュール品を組み込めば、完成品を製造できるようになっている。したがって生産過程で微妙な調整をして品質を作り込んだり、現場労働者の様々な工夫で生産コストを下げたりする必要性が減じてきた。

また1990年代後半から半導体の生産システムでは、「完全自動化システム」や工場全体の柔軟性を高める新しいシステムが導入されるようになり、歩留まり率を左右する異常発生の原因が生産過程でのヒト要因ではなく、システム要因（パターン設計や装置特性に由来するもの）に変化したことで、技能と技術の補完性が低減した。つまり、生産過程の改善活動など技能のレベルで歩留まり

率を高めることが困難になったことで、現場主義の意味が薄れてきたのである。また技能と技術の補完性が低減したことで、それまで生産現場を熟知していた組長などの現場のリーダー層と生産技術者との間の一体性が減少してきた[9]とも言われている。

　さらに、エレクトロニクス製品がデジタル化・モジュール化されたことで、企画・設計と製造との分離、水平分業が成立し、その分業はグローバルな枠組みで形成されている。ICT 革命によって形成されたネットワークが世界大に散開する企業を結びつけることができるようになり、工程分割が容易になったからである。つまり本国で研究開発と製品企画、基本設計を行えば、詳細設計を含めて EMS（Electronics Manufacturing Service）企業に製造を委託できるようになったのである。世界大のネットワークと加工・製造技術を有する EMS 企業により、分業の利益を低コストで活用できるようになったことで、開発から部品調達、製造まで一社内で行う垂直統合型の日本企業の優位性が失われてきた。

　垂直統合型の生産システムと現場主義の意味が薄れてくると、従来のように経験に基づくノウハウを身につけた現場労働者を中心に生産システムを構築する必要性が少なくなる。そのため、エレクトロニクス製品では、請負労働者や派遣労働者などの非正規労働者が生産現場の主力労働者になってきた。そうなると、資本は生産現場では長期雇用に基づいて、経験的熟練やノウハウを身につけて「年功的処遇」を受ける正規労働者の対象範囲を縮小していった。これが、非正規労働者が1000万人を超えるようなった、一つの理由である。

　また電機産業の度重なる大規模なリストラの横行や人員削減、コスト削減に示されているように、正規労働者といえども、希望退職の募集や賃金削減の対象になったり、残業代を支払わずに長時間労働を強制する名ばかり管理職が出現するなど、正規労働者の不安定化と労働条件の悪化が進んでいった。こうして経済成長の停滞とともに、年功賃金や終身雇用で正規労働者を統轄し、生産性を高めるという日本型労使関係の限界が明らかになってきたのである。

おわりに——構造的危機打開の展望

　高度成長期に形作られた戦後日本資本主義の再生産構造は、重化学工業を基軸に内部循環と設備投資、そして輸出を起動因にして成立したものである。そしてそれは1980年代のME技術革新でさらに強化され、アメリカとの激しい貿易摩擦を招くほど輸出拡大で「経済大国」化を実現した。

　ところが、グローバル化によって海外生産がすすむとともに、国内の設備投資が停滞したことで、生産性も停滞するようになった。海外生産が進み、輸出も停滞するようになると、輸出を起動因として設備投資が進行し、生産性を高めるという設備投資主導の戦後再生産構造は、機能しなくなった。雇用者報酬の停滞もあり、家計消費支出も停滞するようになると、消費拡大を軸に設備投資も増大するという関係も弱まる。輸出と消費の拡大で国内設備投資を起動させるという関係が機能しなくなり、経済成長の起動因が失われてきた。これが90年代の長期停滞の基本的要因である。

　同時にICT革命によって工程分割も容易になり、EMS企業に製造を委託するようになると、生産現場で品質を作り込み、コストを削減するという現場主義の意味も失われてきた。生産システムの面からも、戦後日本の強みが失われてきたのである。

　では、こうした日本経済の危機を根本的に打開するためには、何が必要か。一つは製造業の復活であり、新しい産業の構築である。もう一つは、国民の労働と生活を安定させることである。これにより、企業成長や海外投資による収益拡大を目的とする企業大国から消費と設備投資を対応させる内部応答的な生活大国へ転換できるであろう[10]。

参考文献

青島矢一、武石彰、マイケル・A・クスマノ編著［2010］『メイド・イン・ジャパンは終わるのか——「奇跡」と「終焉」の先にあるもの』東洋経済新報社

井村喜代子［2000］『現代日本経済論——戦後復興、「経済大国」、90年代大不況』有斐閣

木村保茂［2004］「鉄鋼業の合理化と労使関係」『北海道大学大学院教育学研究科紀要』

94号
藤田実［2015a］「電機産業　『電子立国』から『電子』崩壊へ」『経済』4月号、新日本出版社
藤田実［2015b］「国民経済を重視した産業構造への転換を」『経済』4月号、新日本出版社
藤田実［2014］『日本経済の構造的危機を読み解く』新日本出版社
ブルース・R・スコット［1987］『日本の脅威、アメリカの選択』光文社
道又健治郎編著［1978］『現代日本の鉄鋼労働問題』北海道大学出版会
村上研一［2013］『現代日本再生産構造分析』日本経済評論社
涌井秀行［2010］『戦後日本資本主義の根本問題』大月書店

註
（1）戦後重化学工業の成立過程や特質については、マルクス経済学の立場からも多数の研究文献があるが、比較的入手しやすいものとしては、藤田［2014］、井村［2000］、涌井［2010］、村上［2013］がある。
（2）戦後重化学工業の構築にあたって、対米従属は、技術導入から原燃料確保、輸出先としても決定的な重要性を有しているが、本稿では、重化学工業を軸とした再生産構造を国内体制を中心に分析するため、取り扱わない。
（3）鉄鋼業の労使協調的な労使関係の形成については、道又［1978］、木村［2004］を参照のこと。
（4）代表的なものとして、公安警察官出身の労務担当社員を中心に結成された東芝の「扇会」がある。「扇会」は、社員教育から組合の役員選挙まで介入し、労働組合を労使協調に変えていった。
（5）もちろん高度成長期の合理化に対して、炭労などを中心に根強く合理化反対の運動が繰り広げられたことも事実である。石炭産業ではエネルギー革命による炭鉱の閉山や大幅な人員削減を伴うことで、合理化反対運動が激烈に展開された。しかし多くの民間企業の労働組合は、協調主義的行動のもとに、新技術の導入や能力主義管理などの合理化施策を受け入れていった。
（6）例えば、電機のトランジスタ工場では、工業高校卒の労働者は主として生産技術者として育成される一方、中学や高校卒の女子労働者は主として流れ作業方式で単調な組立労働や検査工程での顕微鏡作業などに従事していった。これらの地方出身の女子労働者は構内の女子寮で私生活も管理されながら、単調で肉体消磨的な労働に従事していたため、勤続年数は2～3年と短かったという。
（7）「電子立国」から「電子崩壊」への道筋は、藤田［2014］を参照のこと。
（8）しかし鉄鋼業の人減らしは、作業の外注化も含めて安全衛生をおろそかにした面もあり、それが近年の大きな労働災害につながっていることにも目を向けなければならない。
（9）この点については、青島、武石、マイケル・A・クスマノ［2010］第5章「増大する複雑性と苦闘するサイエンス型産業」を参照のこと。
（10）この点については、藤田［2014］［2015b］を参照のこと。

4 「経済の金融化」とは何か
——日本における金融化の現状と特徴

鳥畑　与一

はじめに

　現代資本主義の特徴に「経済の金融化（フィナンシャリゼーション）」が挙げられる。1980年代以降に顕著になった「金融化」に注目した現代資本主義分析が、現在活発に行われているが、その定義は確定しておらず、論者によって多様であるとされる。
　一般的には、日本経済新聞社の用語解説のように「モノを媒介とする従来型の産業や経済がカネを取引する金融市場の影響を大きく受けるようになる現象」を指すものとして使用されている。例えば大槻久志氏は[1]、「モノ作りはおろそかにして、お金をあっちこっちに動かして、それで儲けようと夢中になっている。難しく言うと経済が金融化した国になってしまった」として、いわゆるマネー資本主義を指す概念として使われている。
　一方で、「金融化」をより科学的に定義しようという試みが行われている。「金融化」論の代表的論者であり、その定義の基本を提示しているとされるG・エプスタインによれば、「金融化とは、国内経済および国際経済の運営において、金融的動機、金融市場、金融的アクター、および金融機関の役割が増大していることを意味する」とされる[2]。
　「金融化」とは、いわば現実資本主体から貨幣資本主体の経済活動への資本主義的蓄積の構造的変貌を表現する概念であり、「現代資本主義を歴史的・構造的に特徴付け、その態様と運動を全体的に分析することを試みる政治経済学の新しいアプローチである[3]」とされる。

高田太久吉氏が最も包括的な金融化の定義としてあげるE・ストックハンマーが、「金融セクターの規制緩和と新しい金融商品の急増、国際資本取引の自由化と外国為替市場の不安定性の増大、市場ベースの金融システムへの転換、金融市場におけるメジャープレーヤーとしての機関投資家の登場と資産市場におけるバブルと崩壊、非金融企業の株主価値志向とコーポレイトガバナンスの変化、従来銀行信用へのアクセスを制限されていたグループのアクセス機会の増大と実質金利水準の変化、である。金融化は、また、心理的変化とイデオロギー構造を浮き彫りにするためにも利用されてきた。このリストはさらに簡単に拡張することができる」とするように、現時点では発展途上の研究領域とも言える。

　ところでG・エプスタインによれば、金融化を推進力として新自由主義的な規制緩和と経済のグローバル化が一体となって進んできたとされる。その象徴が、実体経済を上回る金融資産の膨張であり、金融資産運用を担う機関投資家などのファンドの影響力拡大であり、経済的利益の金融部門への集中などである。

　また、この金融化の結果、現実資本の蓄積の停滞が一層促進され、ファンドからの収益率向上の要求に応えるための株主重視の経営の支配と、労働コスト削減による貧困化が進行したとされる。

　「新自由主義のパラドックス」と言われるように、現実資本の競争激化による収益率の低下が、一層の投資収益率上昇を求める貨幣資本の要求を高めるという矛盾のなかで、金融化を進めるための新自由主義的規制緩和が、実体経済の停滞と金融危機の深刻化を相乗的に進行させている。この金融化が、典型的に進んでいる国が米国とされるが、米国以外の諸国でも金融化が普遍的に進んでいるとされる。

　本章では、金融化という視点から日本経済の分析を行うことで、「デフレ不況」と呼ばれる長期不況と貧困格差の拡大の構造を明らかにし、その対米従属的な金融化の克服の重要性を明らかにすることを課題としている。

表4-1　世界GDPと金融市場の規模

		2001年末	2002年末	2003年末	2004年末	2005年末	2006年末	2007年末	2008年末
世界	株式	288,751	228,096	312,023	371,684	419,666	508,266	651,056	335,131
	債券	417,922	435,702	513,047	578,429	596,907	692,009	798,219	832,687
	銀行	794,018	400,632	478,343	573,158	634,732	744,352	847,845	1,047,123
世界合計		1,500,691	1,064,430	1,303,413	1,523,271	1,651,304	1,944,627	2,297,120	2,214,940
世界GDP		309,950	321,974	363,197	412,547	445,950	484,344	545,451	612,187
金融資産／GDP(%)		484.2	330.6	358.9	369.2	370.3	401.5	421.1	361.8
米国		544,883	359,943	408,169	471,267	503,981	568,220	609,957	563,137
GDP比	(%)	540.4	344.6	370.9	401.6	404.6	430.6	445.0	389.9
EU		515,462	362,025	467,911	565,243	592,286	739,837	860,985	873,548
GDP比	(%)	651.9	418.4	444.3	457.8	459.9	541.7	580.7	509.8
日本		216,276	152,222	202,323	214,325	228,347	201,095	217,206	250,826
GDP比	(%)	519.3	381.9	470.6	467.2	501.1	459.4	546.6	513.3
新興市場国		143,567	120,793	150,908	182,587	220,665	309,844	470,052	288,965
GDP比	(%)	242.7	162.8	178.4	178.7	183.7	217.2	272.2	152.6

（資料）IMF, Global Financial Stability Report各号より

（1）国際的な金融化の進行の確認

□「金融化」の定義

　「金融化」の定義は多義的であり、著者によってどの部分を強調するかは異なっているとされる。例えば小倉将史郎氏によれば、「金融部門の深化、家計・企業・政府の三部門の金融化という経済全体におよぶその構造変化を意味する」とされる。すなわち、①金融部門の深化――仕組み金融などの発展による複雑な金融取引による収益追求、②家計の金融化――家計による金融投資や金融負債の拡大や家計の金融所得依存、③企業の金融化――利潤における金融的利益の増大、株主価値経営の増大による支配の金融化、④政府の金融化――政府に対する金融部門の影響の拡大である[4]。

　また高田太久吉氏によれば、「金融化」の基準として共通に挙げられるもの

(単位:億ドル)

2009年末	2010年末	2011年末	2012年末	2013年末
471,889	545,622	470,892	528,485	625,520
913,203	945,639	983,881	989,739	972,886
1,037,551	1,077,747	1,137,352	1,219,465	1,267,441
2,422,643	2,569,009	2,592,125	2,737,689	2,865,847
579,203	630,749	702,206	721,058	754,709
418.3	407.3	369.1	379.7	379.7
608,870	640,000	639,765	668,699	726,955
431.2	440.6	424.4	411.6	433.5
892,720	865,574	835,434	872,387	913,264
580.8	570.5	509.1	562.3	546.7
263,590	294,257	324,070	305,554	283,597
523.7	536.1	549.5	514.6	576.5
369,368	442,060	455,375	524,433	563,841
204.4	204.3	178.9	195.4	193.7

は、①金融資産の増大——貨幣資本が実体経済に比べて急速に増加する傾向、②金融イノベーションの加速——証券化やデリバティブ（金融派生商品）取引などの金融資産取引の増大、③機関投資家の重要性の増大——ファンドや投資管理ビジネスの金融仲介における影響力の拡大、④金融業の肥大化——企業全体に占める広義の金融業（金融・保険・不動産）の割合が顕著に増加する、⑤金融自由化と金融グローバル化政策の推進、⑥金融市場におけるカオス現象の増大——経済全体における金融活動によって引き起こされる甚大な混乱の増大、を挙げている[5]。

□「金融化」の実態

このような金融化の基準から世界経済を見れば、まず顕著に進んでいるのが世界経済に対する金融市場の比重の増大であり、国境を越えた金融活動の巨大化である。

例えば、実体経済の規模を示す国内総生産（GDP）に対する国際的な金融資産の規模を表4-1で確認する。70年代にはGDPとほぼ同じ規模であったとされる金融資産は、現在ではGDPの4倍前後の規模にまで増大している。新興市場国では2倍前後だが、先進国とりわけEUや日本では大きく5倍を超えている。EUの中でも国際金融センターとしての役割を果たしている英国（7.5倍）やアイルランド（10.3倍）、ルクセンブルク（31.6倍）、デンマーク（7.1倍）では、まさに金融産業の命運が一国経済を左右するまでになっている。

また、金融市場の規模がGDPを大きく凌駕したばかりではなく、その国境を越えた活動が大きく増大している。例えば、外国為替取引の規模は、1998

年の1日平均1.5兆ドルから2013年には5.3兆ドルに増大している。これは、同年の世界貿易額18兆ドル（ジェトロ推計）に必要な外国為替取引が4日の取引日で終了する規模である。実体経済の活動である貿易取引やそれに関わるリスクヘッジなどに必要な外国為替取引を、はるかに上回る外国為替取引が、国際的な資本取引や投機的な金融活動のために行われていることを示している。

□「金融化」の担い手

さらに、このような国際的な金融活動はますます少数の巨大金融機関（金融コングロマリット）に集中する一方で、機関投資家やヘッジファンドなどの巨大ファンドの影響力が増大している。年金基金（33.9兆ドル）や投資信託（26.5兆ドル）、保険基金（26.8兆ドル）など、機関投資家が運用する資産規模は90兆ドルを超えているとされる[6]。

表4-2-1　アップルの株式保有構造

株式時価総額(100万ドル)	285,295	
機関投資家保有数(株)	563,825,088	
投資家数	2,036	
比率	62.06%	
上位投資家		
Vanguard Group	44,504,335	投資運用会社
State Street	37,297,366	投資運用会社
FMRLLC	31,023,222	投資運用会社
Barclays Global Investors UK	25,378,225	BlackRock傘下
Northern Trust	13,976,334	投資運用会社
Bank of NY Mellon	12,372,947	金融機関
Invesco LTD	12,349,486	投資運用会社
Goldman Sachs Group	10,518,358	金融機関
JP Morgan Chase	9,914,780	金融機関
BlackRock Fund Advisors	9,014,941	投資運用会社
上位10投資家(株)	206,349,994	
比率	36.60%	

（注）時価総額は、NASDAQの2013年6月末の価格506ドルで計算

表4-2-2　Vanguard Group Incの投資先

(100万ドル)

総投資先数	3,815
運用資産額	996,301
主要投資先	
アップル	22,526
エクソン・モービル	19,557
シェブロン	12,199
ジョンソン&ジョンソン	11,610
グーグル	11,387
ゼネラル・エレクトリック	11,381
マイクロソフト	11,331
プロクター&ギャンブル	10,955
インターナショナル・ビジネス・マシン	10,102
ウェルズ・ファーゴ	10,057
上位10投資先運用額	131,105
比率	13.16%

（資料）NASDAQより

また、ヘッジファンドや政府ファンドなどの代替的投資ファンドも11兆ドルを超えている。
　この巨大な資産を実際に運用する投資会社の規模も、ブラックロック（3.6兆ドル）など上位10社が、いずれも１兆ドル以上の資産運用を行うなど巨大化している。
　表4-2に見るように、グローバル企業の主要株主として名前を連ねるのが、このようなファンド運用会社であり、発言する株主として株主資本収益率の向上等を通じた株価で見た企業価値向上に向けて経営者に対して大きな影響力を行使しているのである。
　さらに、ヘッジファンドやプライベート・エクイティ・ファンドなどの代替的投資ファンドは、外国為替市場や原材料市場などへの投機活動や、企業そのものを売買することで利益を追求するM&A（合併・買収）業務を活発化させ、繰り返される金融危機の影の主役として常に指摘されるほどの影響力を持つに至っている。
　このような巨大金融機関やファンドが、様々なロビー活動ばかりか、現実に政策決定過程に関与することで、こうした金融活動を促進し支援する様々な政策形成や規制緩和などの推進力となっている。そして、「金融化」がもっとも進んでいるのがアメリカであり、全産業利潤に占める金融機関のシェアはピーク時には35％にまで達したという。金融機関自身が証券化ビジネスやデリバティブ取引等などの金融活動を通じて高収益をあげるばかりか、企業や家計もまた、金融投資と金融資産保有に基づく金利・配当・キャピタルゲイン（資本利得）の収入への依存を高めているとされる。

　このように、カジノ資本主義とも呼ばれる「金融化」の進行が世界経済の大きな特徴となっているが、各国における金融化の進行は一様ではない。
　機関投資家の半分近くが米系ファンドであるように、基軸通貨ドルを基盤として、米系金融機関やファンドが金融的覇権を有する米国経済の金融化は、各国経済の金融的収奪によって支えられている。米系金融機関は、英国などの金融市場を拠点にして金融的利益の極大化を追求しているのであり、その意味でグローバルな金融化は、米国とその他の国との間で非対称的に進んできたと言える。

長年「貿易立国」を経済政策の基本としてきた日本もまた、84年の日米円ドル委員会協議や90年代の日米構造協議、そして96年の金融ビッグバン構想に見るように、米国による金融自由化とグローバル化の圧力のもとで、米国主導の「金融化」に組み込まれる形で進んできたと言える。

（２）日本の金融化の進展

☐日米円ドル委員会からバブル経済まで

　70年代の日本経済の国際化に伴う日本の金融機関の対外進出を内発的要因としつつ、主には米国金融機関による対日進出と円の国際化を焦点に外発的な金融化として進められたのが、84年の日米円ドル委員会合意による金融自由化の推進であった。
　基軸通貨ドルの補完としての円の国際化を追い風にしつつ、日本企業の海外での金融的サポートを行うため、日本の金融機関の対外進出が進んだ。国際金融市場における日本の金融機関の量的地位が高まり、日本の金融市場の対外開放が進められ、多くの外国金融機関が日本に進出してきた。大企業の自己金融化の進行と財テクの活発化による資産バブルの発生、日本の金融機関の積極的な貸出拡大とそれを支援する低金利政策は、空前のバブル経済を創出することになった。金融的利益の追求に狂奔したこの時期は、日本の金融化の独特の発現の過程であったとも言える。

表4-3　株式時価総額の推移

(兆円)

年	1980	1985	1986	1987	1988	1989	1990	1995	2000	2005	2010	2014
時価総額	77.1	190.1	285.5	336.7	476.8	611.2	379.2	365.7	360.6	539.7	310.5	624.5
名目GDP	245.4	328.6	344.6	358.2	384.9	414.8	446.8	504.6	510.8	505.3	480.2	487.6
GDP比	31.4%	57.9%	82.8%	94.0%	123.9%	147.3%	84.9%	72.5%	70.6%	106.8%	64.7%	128.1%

（資料）東京証券取引所「株式時価総額」、内閣府「国民経済計算」より

表4-3に見るように、この時期の株価上昇等による金融市場の膨張は、実体経済を大きく凌駕する水準にまで進行している。1980年には77.1兆円とGDPの3分の1にも満たなかった東京株式市場時価総額は、88年にはGDPを超え、89年のピーク時には611兆円とGDPの1.5倍にまで達する。この時期は、財テクによって企業収益における金融収益の比率は上昇し、また金融機関そのものも巨額の収益を謳歌したのであった。

□バブル崩壊後の金融化の状況

　しかし対米従属的な枠組みでの外発的な金融化は、バブル経済の暴走とその破綻という形で頓挫(とんざ)することになる。株価崩落などによって金融市場の規模が大きく縮小したばかりか、土地価格の暴落は金融機関の不良債権の膨張と顕在化という形で現れ、地域金融機関が破綻、大手金融機関も深刻な経営危機のもとでの再編成を余儀なくされた。
　その後の「失われた20年」とも言われるデフレ経済の長期停滞のなかで、東京市場の三大国際金融市場化をスローガンにした金融ビッグバン構想は頓挫し、日本の金融機関の国際的競争力は大きく低下するなど、日本の金融化は停滞を余儀なくされてきたと言える。
　高度経済成長の終焉(しゅうえん)以降の日本経済は、円の国際化や日本の金融機関の国際化などに見るように、日本経済の金融化の政策的推進が大きな柱になってきたと言える。しかし、対米従属的な金融化は、バブル経済の破綻、円の国際化の頓挫、そして不良債権問題の深刻化による日本の金融機関のドラスティックな再編の進行によって、日本の金融機関と国際金融市場の競争力の低下を余儀なくしてきた。
　東京は、「グローバル金融センターインデックス」などの国際金融市場の競争力ランキングでは、NYやロンドンはおろか、香港やシンガポールの後塵(こうじん)を拝するリージョナルな金融市場としてしか評価されない存在となっている。
　小泉構造改革は、不良債権問題を克服し、あらためて日本の金融機関の国際競争力の復活と東京金融市場の国際金融市場化によって、金融産業そのものを成長産業化させる試みへの再挑戦であったと言える。この過程で、貿易立国に代わる「金融立国」への転換が提唱されるようになっている。

例えば、金融機関の国際競争力復活や東京国際金融市場の地位向上が、金融庁の金融・資本市場活性化有識者会合報告書「金融・資本市場活性化に向けての提言」（2013年5月）以降にめざされ、「日本再興戦略」にも盛られている。とはいえ、欧米金融機関に対する劣位は隠しがたい状況である。「再興戦略」では、「海外市場に伍して東京市場が国際金融センターとしての地位を確立・向上していくため」には、金融商品取引所における各種ファンドやデリバティブ商品の多様化を図るとともに、公的・準公的資金の運用見直しを提起するに留まっている。

　内閣府「国際金融センター、金融に関する現状等について」（2014年4月）によれば、金融専門誌による金融機関のブランド価値評価では、日本最上位の三菱東京UFJ銀行でようやく11位に入るに留まる。また、投資銀行業務での手数料収入に見る競争力ランキングでは、野村HDがようやく14位である。ファンド運用業務ばかりか投資銀行業務やデリバティブ取引などを活用した仕組み金融などの金融ビジネスにおいて、日本の金融機関は大きく後れを取っている現状なのである。

　このように東京金融市場の活性化策では、家計金融資産などの豊富な金融資源の活用が強調されるが、その運用を担うのは欧米金融機関であり、ファンド支配を通じて日本経済の果実を得るのは欧米ファンドという構図となっている。このような下での金融化の政策的推進は、日本の家計金融資産などの金融資源の米欧金融資本による収奪と、欧米系株主の支配のもとでの日本の勤労者の収奪の強化を通じた貧困化を一層推進することになっている。

（3）現代日本経済の構造的特質
──経済の金融化の視点から

　先の高田・小倉の「金融化」の基準から日本の金融化の現状を検証した場合、実体経済に比した金融資産の膨張や経済的利益の金融部門への集中は、バブル期における金融資産膨張や財テク時の水準には及ばない。しかし、その破綻後の長期的経済停滞のなかで金融資産の膨張は短期的な変動を伴いながらも緩やかに進行してきているとは言える。

表4-4　国民資産における金融資産の増大

(年末、兆円)

年	1995	2000	2005	2008	2009	2010	2011	2012	2013	95→13
総資産	8,352.5	8,704.5	8,981.4	8,510.5	8,459.6	8,490.7	8,448.3	8,668.6	9,294.6	942.1
金融資産	5,094.6	5,644.0	6,202.6	5,590.1	5,651.3	5,724.1	5,714.5	5,977.8	6,570.9	1,476.3
家計	1,230.9	1,421.9	1,599.0	1,476.0	1,501.2	1,514.7	1,501.9	1,554.6	1,655.5	424.6
比率　金融資産(%)	61.0	64.8	69.1	65.7	66.8	67.4	67.6	69.0	70.7	9.7
家計(%)	14.7	16.3	17.8	17.3	17.7	17.8	17.8	17.9	17.8	3.1
土地資産額	1,870.0	1,570.4	1,249.0	1,286.8	1,226.5	1,191.7	1,157.6	1,132.9	1,120.8	−749.2
株式資産額	455.7	420.7	729.7	347.8	375.3	403.8	345.3	421.7	666.3	210.6

(資料)　内閣府「国民経済計算確報（ストック編）」
(注)　金融資産とは、現金・預金、貸出、株式等証券等である。ちなみに非金融資産は、生産資本（在庫と固定資産）と有形非生産資本（土地、地下資源等）となる

　例えば表4-4に見るように、国民資産の増大は停滞気味であった。近年の株価上昇等の効果はあるとはいえ、そのなかで金融資産の比率は95年の61.0％から2013年には70.7％にまで増大している。これは非金融資産のなかの土地資産額の下落が大きかったと言える。

　そのなかで家計金融資産は表4-5に見るように95年の1230兆円から13年には1655兆円にまで増大している。その中心は現金・貯金と保険・年金準備金であり、株式等の比重は増大していない。家計資産における金融資産の比重は95年45.7％から13年61.6％にまで増大しているが、ここでも土地価格の下落の家計へのダメージが大きい。

　企業部門の金融化はどうであろうか。内閣府「国民経済計算」によれば、GDPにおける金融・保険業の比率は、94年の5.2％から03年に6.2％になった後に13年には4.5％に減少している。

　財務省「法人企業統計調査」が銀行・保険業のデータの公表を始めた2008年以降を表4-6で見ると、銀行・保険業は、リーマン・ショック後の赤字以降、収益を順調に回復させている。銀行・保険業の経常利益の全法人に占める比率は、この3年、18％前後で推移している。大企業（資本金10億円以上）で見ると、金融・保険業の比率は25％前後となるが、大きく伸びているわけではない。

　長期のデフレ経済のもとで金融機関が大きく収益を集中させているわけではないが、その利益の構成に大きな変化が生じている。すなわち、貸出（預貸率）の停滞と貸出金利の低下が進む下で、貸出金利収入の比重低下の一方、資

表4-5　家計の資産・負債構成の推移

(年末、兆円)

年	1995	2000	2005	2008	2009	2010	2011	2012	2013	増減95→13
資産	2,693.4	2,766.3	2,725.8	2,619.6	2,596.8	2,586.9	2,548.0	2,584.0	2,686.9	−6.5
非金融資産	1,462.4	1,344.4	1,126.7	1,143.6	1,095.6	1,072.2	1,046.1	1,029.4	1,031.3	−431.1
土地	1,102.8	971.5	758.7	765.1	734.1	715.1	695.0	683.4	676.2	−426.6
金融資産	1,230.9	1,421.9	1,599.0	1,476.0	1,501.2	1,514.7	1,501.9	1,554.6	1,655.5	424.6
現金・預金	625.1	764.0	786.8	797.5	809.4	820.8	837.2	853.9	873.6	248.5
株式	123.3	121.0	221.4	93.6	93.3	98.9	86.7	103.9	156.9	33.6
保険・年金準備金	312.6	375.5	420.2	421.1	423.9	419.4	418.5	428.9	439.1	126.5
負債	398.9	407.7	389.0	372.8	367.5	366.4	357.1	353.5	358.5	−40.4
借入	330.0	351.2	330.2	313.7	305.7	301.8	298.5	299.2	302.7	−27.3
正味資産	2,294.5	2,358.5	2,336.8	2,246.8	2,229.3	2,220.4	2,190.9	2,230.6	2,328.3	33.8
比率　金融資産(%)	45.7	51.4	58.7	56.3	57.8	58.6	58.9	60.2	61.6	
現金・預金(%)	23.2	27.6	28.9	30.4	31.2	31.7	32.9	33.0	32.5	
株式(%)	4.6	4.4	8.1	3.6	3.6	3.8	3.4	4.0	5.8	
保険・年金準備金(%)	11.6	13.6	15.4	16.1	16.3	16.2	16.4	16.6	16.3	

(資料)　内閣府「国民経済計算確報（ストック編）」
(注)　金融資産とは、現金・預金、貸出、株式等証券等である。ちなみに非金融資産は、生産資本（在庫と固定資産）と有形非生産資本（土地、地下資源等）となる

表4-6　経常利益の産業別構成

(億円)

年	2008	2009	2010	2011	2012	2013	2014
全産業:経常利益	318,788	380,365	507,745	540,268	592,233	727,280	785,794
非金融業	354,623	321,188	437,275	452,748	484,611	596,381	645,861
製造業	101,844	91,102	158,083	148,508	156,960	216,728	236,987
非製造業	252,779	230,086	279,192	304,239	327,651	379,654	408,874
銀行・保険業	−35,835	59,178	70,469	87,521	107,623	130,899	139,933
銀行保険業の比率(%)	−11.2	15.6	13.9	16.2	18.2	18.0	17.8
大企業経常利益	155,588	236,267	325,282	321,400	359,409	467,624	502,898
金融保険業	−38,714	57,288	65,937	81,576	99,700	119,441	128,694
比率(%)	−24.9	24.2	20.3	25.4	27.7	25.5	25.6

(資料)　財務省法人企業統計調査
(注)　大企業とは資本金10億円以上の企業。銀行保険業の数値は2008年より発表

産運用業務や仕組み金融を含めた投資銀行業務の収益が増大しているのである。この傾向は、とりわけ大手金融グループに顕著である。

では非金融部門における金融化はどうであろうか。ここで注目されるのは、安定株主による相互持ち合いの後退と外国人投資家の比重増大による「株主価値志向」の企業経営の高まりである。法人企業の売上高経常利益率は、90年代の1％台から2000年代は2％台に上昇した後、14年には4.5％まで増大している。

　売上高が減少するなかで収益率を高めているが、その収益分配における配当金優先が顕著となっている。表4-7に見るように、減益の場合でも内部留保を取り崩して高水準の配当金を維持しており、その額は2014年には過去最高の16兆8833億円に達している。高株価誘導のための自社株買戻も含めたいわゆる株主還元率はより高水準となっている。

表4-7　配当性向の推移

(億円)

年	1980	1990	2000	2005	2010	2011	2012	2013	2014
当期純利益(非金融)	92,152	175,704	84,173	231,569	186,864	191,389	238,343	375,880	413,101
配当金	23,734	42,270	48,316	125,286	103,574	119,005	139,574	144,002	168,833
内部留保	62,944	124,487	27,793	91,058	83,290	72,384	98,769	231,878	244,268
配当比率(％)	25.8	24.1	57.4	54.1	55.4	62.2	58.6	38.3	40.9

(資料) 財務省法人企業統計調査

表4-8　法人の資産・負債の変化

(億円、％)

年	2005	2010	2011	2012	2013	増減05→13	大企業	比率
総資産	13,435,565	14,460,336	14,706,580	14,371,432	15,273,391	1,837,826	7,634,799	50.0
流動資産	5,955,573	6,264,487	6,372,383	6,363,291	6,669,724	714,151	2,880,936	43.2
有価証券	135,477	218,225	225,787	217,347	263,229	127,752	160,281	60.9
固定資産	7,449,144	8,175,466	8,313,193	7,975,032	8,579,586	1,130,442	4,748,609	55.3
投資有価証券	1,638,072	2,118,200	2,242,326	2,361,957	2,582,202	944,130	2,064,997	80.0
有価証券比率(％)	13.2	16.2	16.8	17.9	18.6	5.4	29.1	
短期借入金	1,799,672	1,640,782	1,633,388	1,623,264	1,680,329	−119,343	678,237	40.4
長期借入金	2,499,726	2,847,190	2,964,639	2,674,336	2,874,095	374,369	1030354	35.8
社債	506,834	573,965	550,504	518,902	575,531	68,697	478,802	83.2
資本金	898,539	1,063,047	1,057,568	1,056,258	1,048,985	150,446	751,194	71.6
資本剰余金	940,771	1,200,240	1,306,087	1,278,213	1,336,320	395,549	955,859	71.5
利益剰余金	2,022,403	2,938,808	2,817,494	3,044,828	3,279,557	1,257,154	1,572,385	47.9
自己株式	−82,760	−150,140	−143,865	−158,410	−150,942	−68,182	−114,468	75.8

(資料) 財務省法人企業統計季報

もう一つの特徴は、内部留保の増大が顕著であり、それが有価証券等の運用に振り向けられていることである。表4-8に見るように、利益剰余金は2013年には328兆円に達しているが、設備投資の停滞の一方、有価証券が285兆円と、総資産に占める比率が18.6％にまで増大している。企業経営の目標として長期的な成長（およびそのための実物投資）よりも、「株主価値」を満たすために、短期的な利潤や資本効率を意識した経営指標が重視されるようになっていることが確認される。

　問題は、このような株主重視の経営が、賃金の抑制による利益拡大という形で進んでいることである。表4-9に見るように、国民所得全体が95年の371兆円から13年の362兆円に減少するなかで、とりわけ雇用者報酬が270兆円から248兆円に大きく減少している。

　労働生産性が大きく伸びているにもかかわらず賃金を抑制して高収益を確保し、高株価政策を進めながら内部留保を厚くしている。その結果、企業所得は64兆円から91兆円へ大きく増大している。財産所得そのものは低金利のなかで減少しており、日本における金融化は株主重視の経営に偏重した形で進んでいると言える。

表4-9　国民所得の構成推移

(兆円)

年		1995	2000	2005	2008	2009	2010	2011	2012	2013	増減95→13
国民所得		370.8	375.2	374.1	355.0	344.4	352.7	349.6	352.0	362.1	−8.7
雇用者報酬		270.2	269.2	254.1	254.3	243.0	244.0	245.6	245.9	248.3	−21.9
財産所得		36.5	24.5	24.4	23.1	21.5	20.2	20.7	21.5	23.1	−13.4
企業所得		64.1	81.5	95.6	77.7	79.9	88.6	83.3	84.6	90.7	26.6
比率	雇用者(%)	72.9	71.7	67.9	71.6	70.6	69.2	70.3	69.9	68.6	
	財産(%)	9.8	6.5	6.5	6.5	6.2	5.7	5.9	6.1	6.4	
	企業(%)	17.3	21.7	25.6	21.9	23.2	25.1	23.8	24.0	25.0	

（資料）内閣府「国民経済計算確報（ストック編）」
（注）金融資産とは、現金・預金、貸出、株式等証券等である。ちなみに非金融資産は、生産資本（在庫と固定資産）と有形非生産資本（土地、地下資源等）となる

（4）日本の金融化をどうみるか

　高田太久吉氏は「経済の金融化が突出して観察できるのはアメリカ経済である」としつつ、「金融化の進展が世界各国の経済をアメリカ型に収斂させるという〈収斂論〉」に対して、批判的な見解を出されている[7]。その理由は、非金融業が本業を疎（おろそ）かにして金融・財務活動に過度に注力することは長期的な競争力を阻害するからであり、金融化のもとでの金融産業の利益の源泉や持続性が明確ではないからとされる[8]。

　実際、日本における金融化を検証した場合、法人部門や家計における金融資産の比重は次第に高まっているが、金融化の進展とは単純に結論できない状況である。なぜならば、その金融資産の中心は、法人部門においては公社債であり、家計部門においては預金・貯金が中心だからである。

　とりわけ家計部門においては、「貯蓄から投資へ」の政策的推進にもかかわらず、リスク資産への運用は停滞している。少額貯蓄投資（NISA）などの創設による、家計の投資への誘導も期待されたほどに進んでいない。また、法人部門もバブル時期の財テクやリーマン・ショック時の投資被害を踏まえ、ハイリスクな資産運用を活発に行っているわけではない。日本の金融機関もまた、不良債権問題の克服に時間がかかり、証券化ビジネスやデリバティブ取引で欧米銀の後塵を拝しているのが実情である。

　96年の金融ビッグバン構想以来、日本の金融産業それ自体を成長産業として追求する、いわゆる「金融立国」論が政策的に追求されてきた。実体経済を金融的に支え得る金融機能の発揮に加えて、金融活動それ自体において高収益を確保するというものである。しかしながら、バブル経済崩壊後の不良債権問題の処理に時間がかかり、かつデフレ経済の長期化のなかでゼロ金利政策が継続しているなかで、内発的な金融立国は停滞を余儀なくされてきたと言える。

　安倍政権における「日本復興戦略」においても、東京国際金融市場をロンドン市場とNY市場と並んだ三大金融市場にするという目標から大きく後退して、アジアにおいてすら香港市場や上海市場に劣位している現状を踏まえ、アジアのトップ市場を目指すという目標に後退している。

結局、金融立国の最大のセールスポイントは、日本の家計金融資産などの金融資源の活用策でしかなく、ファンドなどの資産運用会社の東京市場への誘致策でしかない。日本における金融化は、日本の金融機関や企業による投機的金融利益の追求という内発型ではなく、欧米金融機関とりわけ米系金融機関に主導された外発的な金融化と言える。

おわりに

　ピケティの『21世紀の資本』が実証的に明らかにしたように、勤労所得よりも大きく増大する資本所得の高収益が法則的に資産階級と無資産階級の間の経済的格差を拡大させてきた。このことは現実的資本の蓄積（収益率）を貨幣資本の蓄積（収益率）が法則的に上回ることを示している。G・エプスタイン等が指摘するように、現実資本の収益率の停滞のもとで、ますます高収益率の貨幣資本への資本の転換が進んできたと言える。
　この貨幣資本の高収益の秘密は、インカムゲインとキャピタルゲインの関係を示すとわかりやすい。一定のインカムゲイン（キャッシュフロー）を期待収益率で資本還元することで求められる擬制資本の価格（キャピタルゲイン）は、インカムゲインの数倍の大きさで増大するのであり、株価重視の経営は株主に株式配当を大きく上回る利益をもたらすのである。
　ところで「金融化」による金融収益の源泉は何かということが問題とされてきた。マネーゲームによる巨額の金融収益に継続性はあるのかという問いかけである。ここでインカムゲインに示される金融的利益とは何かということが確認されなければならない。たとえ、株価が急速に上昇したとしても、その株を保有しているだけでは現実の利益とはならない。その株を売却することによって現実の利益となるのであり、その利益は買い手からもたらされる。
　株・債券等の金融商品は、そのキャッシュフローを資本還元する形での時価という価格を獲得するが、その売買において買い手は、その購入価格以上で新たな買い手を見いださなければ損失を被ることになる。株式市場における株の売買は、売り手と買い手との間の所得移転でしかなく、新たな価値を生み出さない経済的行為で、ゼロサムゲームと言われるゆえんである。ただ、名目上の

金融資産として保有している場合を除き、新たなキャピタルゲインの獲得を狙った買い手からの資金提供（流動性の供給）なくして、資本市場でのキャピタルゲインは現実の利益として実現できないのである。

結局、資本市場での擬制資本価格の上昇は、市場への流動性供給としての新たな投資資金の絶えざる流入によって支えられる。企業や家計、そして機関投資家等のファンドによる投資の増加が必要になるのであり、そして中央銀行による量的緩和政策という形での流動性供給が必要なのである。とりわけリーマン・ショック以降は、先進国中央銀行の大量の資金供給によって株価などの資産価格が維持され、キャピタルゲインの実現を支えている。

このような金融化における金融収益の維持は、一方で、株主重視の経営の名のもとでの人件費抑制や、長期的な設備投資の抑制による現実の価値の収奪を結果することになる。この価値収奪は、貧困・格差拡大による需要減少と投資減退等による生産性低下を通じた実体経済の停滞を生み出すことになっている。

他方、中央銀行による量的緩和政策による維持は、財政規律の弛緩とともに中央銀行のバランスシートの膨張や公的部門の債務増大による新たなリスクを生み出している。金融化は、貧困・格差の拡大によって持続的な成長をますます困難にさせながら、中央銀行に金融リスクを転嫁させながら暴走を続けていると言える。

日本の金融化の「歪み」は、国際収支にも現れている。2014年末の対外純資産は367兆円とこの10年間だけでも倍増し、対外証券投資の黒字10兆9702億円だけで貿易サービス収支の赤字10兆3637億円を上回るようになっている。その原動力は410兆円にまで膨張した対外証券投資である。それは一見して「金融立国」への前進であるかに見えるが、賃金等を犠牲にした大企業の内部留保が、生産的投資に向かうことなく証券投資に向かっていることの反映でもある。かつ、タックスヘイブンであるケイマン諸島だけで約63兆円の証券投資残高となっているように、相当額の証券投資が課税を免れる形で保有されている。ケイマン諸島だけで500を超える実体のない租税回避目的のペーパーカンパニーが作られ、2兆8760億円の投資収益中、課税対象となっているのはわずか1755億円だけとされる。金融化は、国家の租税基盤を浸食しつつ、短期的で非生産的な経済活動を促進することで実体経済の成長性を奪っているのである。

註
（1）大槻久志『金融化の災い――みんなのための経済の話』（新日本出版社、2008年）、5ページ。
（2）Gerald A. Epstein 他、*Financialization and the World Economy*、2005年、p.3。
（3）高田太久吉『マルクス経済学と金融化論――金融資本主義をどう分析するか』（新日本出版社、2015年）、2ページ。この金融化アプローチからの膨大な研究蓄積の理論的整理とそのマルクス経済学からの評価に関しては本書を参照されたい。
（4）小倉将志郎「経済の金融化と金融機関行動」、一橋大学大学院経済学研究科学位請求論文、2014年7月。
（5）高田前掲、49～50ページ。
（6）The City UK, "Fund Management" September 2013.
（7）高田前掲、35ページ。
（8）高田氏は「マルクスの架空資本に関する記述を継承しながら、架空資本の価値を『虚の価値』『幻想上の価値』あるいは『架空の価値』と呼ぶことで、架空資本の運動と価値法則の作用との関連を事実上問題にしない考え方を批判的に検討し、架空資本に価値を形成する『資本還元』が、価値法則と矛盾しない、資本の運動原理の一つであり、むしろ『商品としての資本』の価値を規定する価値法則であることを明らかに」しようとされている。

5 世界経済の構造変化をどうみるか
——戦後70年の日米経済関係を基軸に

萩原　伸次郎

はじめに

　第二次世界大戦終結後70年がたった。2015年の世界経済を眺めると、リーマンショック後7年たった米国経済が着実に経済成長を維持しているが、今まで急速な経済成長を持続させてきた中国が、低成長に転換しつつある。また、ヨーロッパ経済は、EUの緊縮政策によって、リーマンショック以降の経済停滞が継続している[1]。日本経済は、安倍政権の成立と同時にアベノミクスと称する新自由主義的経済政策が実施され、円安・株高によって富裕層と大企業には、富が蓄積されつつあるが、14年4月実施の消費増税以来、個人消費が伸び悩み、実質GDP成長率の低迷が継続している。

　本章は、戦後70年の世界経済の変化を、日米経済関係を基軸に歴史的に明らかにすることを目的とする。その場合とりわけ本章では、世界経済の構造変化をまず、ケインズ的世界経済の興隆と没落、第二に、ソ連邦の消滅による世界経済の構造変化の二つにおいている。そうした世界経済の構造変化の中でわが国日本が米国との関係でどのような歴史的展開を経験したのかを明らかにしてみたい。

（1）戦後の経済復興と日米関係

　1945年8月15日、日本は連合国に無条件降伏し、敗戦を迎えた。連合国複数

による占領となったドイツに対して日本は、米国を中心とする連合国による占領となった。ニューディーラーが主導権を握った初期占領政策は、財閥解体、農地改革、労働法規の民主的改革が、日本国憲法の制定とともに実施された。こうした米国による対日政策は、ニューディール期から戦後にかけての米国の世界経済戦略が反映したものとすることができるだろう。

　しかし、米ソ冷戦が激化するにつれ占領政策は大きく転換し、日本経済を「反共の砦(とりで)」として復興させる政策へと舵(かじ)が切られていく。1948年12月、連合国軍最高司令官マッカーサーを通じて日本側に命じられた「経済安定9原則」の実施が、その後の日本経済復興の基本路線となったことは間違いない。「経済安定9原則」とは、①総予算の均衡、②徴税計画の促進強化、③信用拡張の厳重制限、④賃金安定の実現、⑤物価統制の強化、⑥外国為替統制の強化、⑦資材割当配給制度の活用による輸出促進、⑧国産原料と製品の増産、⑨効果的な食料集荷計画の九つの原則である。この9原則は、翌年の49年には、ドッジ・ラインとして実施された。

　この時期の米国の対日政策は、超均衡予算によって、デフレを引き起こし、国内の弱小企業を整理淘汰し、大規模な人員整理によって活発化する労働組合運動の弱体化を狙ったものだった。それを象徴する事態がこの時期、日本国有鉄道をめぐって展開された大量の人員整理であり、それに対する反対闘争だった。国鉄経営者側は、大量の解雇通告を国鉄労働者に出した。それに反対する闘争は盛り上がりを見せたが、下山事件、三鷹事件、松川事件という49年に連続して起こされた、いずれも国鉄にかかわる謀略事件の発生は、労働組合の弾圧に利用され、その後、米国の敷いた路線に従って日本経済の復興が実現していくこととなった。

　米国の日本経済を「反共の砦」とする復興作戦は、49年成立の「外国為替及び外国貿易管理法」（通称「外為法」）と50年制定の「外資に関する法律」（通称「外資法」）を使った政府の強力な産業政策によって実行されていった。外為法は、国家が貿易を統制し、外貨を政策的に振り分ける手段として役立ったし、外資法は、1年以上の長期にわたる技術契約の導入に使われた[2]。

　49年のドッジ・ラインによって、戦闘的な日本の労働組合を潰(つぶ)し、50年のレッドパージによって左派勢力を一掃し、反共政治勢力を政治の表舞台に出させるという米国の政治戦略は一応功を奏したといえるだろう。

52年4月28日には、サンフランシスコ講和条約が発効し、同時に米軍を日本に駐留させるために日米安全保障条約が締結された。54年、日本民主党、鳩山一郎が政権を吉田茂から奪取した。そして翌年、鳩山は対米一辺倒の吉田を批判し、自由党と民主党の合併によって、自由民主党のもと、56年に、日ソ国交回復を実現することになる。

　日本経済は、戦後復興を成功させ、「神武景気」（55年下期～57年2月）、「岩戸景気」（58年秋～61年中頃）を経験し、日本の貿易自由化、すなわち、為替制限、貿易制限の撤廃を求める声が、経団連や経済同友会からも聞かれるようになった。

　日本の高度成長は、1955年に始まる。この時期から61年までは、外国とりわけ米国からの新技術が続々と取り入れられ、旧財閥系企業を再編した企業集団が形成されるようになった(3)。しかも、この戦前の財閥を基盤にした企業集団は、「系列」を形成し、六大企業集団が株式の相互持ち合いによって結束を図り、外からの株式買収による企業乗っ取りを防ぎ、さらには外国企業の株式取得による対日企業進出を防ごうとした。

　のちに米国は、日本経済の閉鎖性のひとつとして株式の相互持ち合いから生じる「系列」を批判し、その禁止を要求することとなる。この時期の米国は、日本の外資導入の制限に寛容であり、管理貿易下での日本経済の復興に新技術の提供によって応えた。この時期の米国企業の海外進出のターゲットは、ヨーロッパにあったことがその大きな要因であったといえるだろう(4)。

（2）日米安保条約の改定とケインズ的世界経済

□日米安保条約の改定

　こうした日本の経済復興は、おのずと日米安保条約の改定という要求に収斂していった。なぜなら、1952年に発効した日米安全保障条約は、あまりにも不平等性が強く、保守勢力にも改定を主張する動きがあったからだ。しかし、それにもまして、戦後の片面講和により、アジア諸国との講和が無視されたこ

とや、米国のビキニ水爆実験によって第五福竜丸が被曝することに端を発する原水爆禁止運動、また、石川県の内灘、富士山麓、東京・砂川町（現・立川市）などで激しく展開された米軍基地反対闘争が、従属的軍事条約として日米安全保障条約の廃棄を展望させたことが改定の動きに拍車をかけたといっていいだろう。

いうまでもなく、日米安全保障条約の改定は、A級戦犯容疑者で、東条内閣で商工大臣を務めた自由民主党岸信介（きしのぶすけ）政権のもとで行われた。改定された条約と旧条約を比較して、少なくとも二つの点で大きな違いがあった。第一は、軍事条約一辺倒の旧条約にはない、日米経済協力が第2条で謳（うた）われたことだ。第二の違いは、旧条約にはない第10条において、この条約の廃棄の仕方が明確に書かれたことだ。すなわち「この条約が十年間効力を存続した後は、いずれの締約国も、他方の締約国に対しこの条約を終了させる意思を通告することができ、その場合には、この条約は、そのような通告が行なわれた後一年で終了する」とある。

廃棄条項は、まさしく、日米安全保障条約の廃棄を展望した、米軍基地反対闘争が生み出した賜物といえそうだが、第2条に謳われている経済協力条項は、どのように理解したらいいのだろうか。第2条は次のようにいう。

「締約国は、その自由な諸制度を強化することにより、……並びに安定及び福祉の条件を助長することによって、平和的かつ友好的な国際関係の一層の発展に貢献する。締約国は、その国際経済政策におけるくい違いを除くことに努め、また、両国間の経済的協力を促進する」。

この時期の米国は、共和党アイゼンハワー政権の末期だったが、60年11月の大統領選挙では、民主党候補ジョン・F・ケネディが共和党候補リチャード・ニクソンを破り当選した。この政権は、アイゼンハワー政権の経済政策とは異なり、ケインズ主義的経済政策を実行することになる。

□ケインズ主義的貿易システムの形成

この時期の米国の日本への要求は、為替管理に縛られた国際貿易システムを自由化にもっていき、日本をIMF（国際通貨基金）8条国、GATT（関税及び貿易に関する一般協定）11条国へ移行させることだった。なぜなら、戦後IMF・

GATT体制では、世界各国が経常勘定取引の自由化を実現し、国際貿易を活発にすることで経済成長を図ることが目指されていたからだ。米国は、この時期、世界各国に貿易自由化を迫り、輸出を軸に着実な経済成長を目的としていた。日本にいつまでもIMF14条国、GATT12条国として、経常勘定取引の為替管理、管理貿易を許すわけにはゆかなかった。米国を基軸とするIMF・GATT体制の実現のためには、日本のIMF8条国、GATT11条国への移行はぜひとも成し遂げなければならない課題だった。

　すでに日本政府は、1960年6月、岸内閣時に、「貿易・為替自由化計画大綱」を決定し、品目ベースで貿易自由化率3年後の80％を目標としたが、池田内閣時にさらにそれを早め、61年9月には、62年10月の自由化率目標を90％と決定した。こうして、60年4月、41％だった日本の自由化率は、64年10月には93％と急ピッチで上昇し、65年10月には、ついに完成乗用車の輸入も自由化されることとなった。65年には、対米貿易が戦後初めて黒字となる転換の年となった。日本の貿易自由化は、日米安全保障条約第2条の経済協力条項が大きく働いていたことを忘れてはならない。

　日本の貿易自由化は、IMF8条国への移行、GATT11条国への移行をともなった。日本のIMF加盟は、1952年8月、GATT加盟国会承認は55年7月だったが、いずれも国際収支上の理由で為替制限と輸入制限が可能であり、また実際に制限を実施した。しかし、IMF8条国への移行は、国際収支が悪化した場合でも、原則として為替制限をしてはならず、GATT11条国も国際収支の悪化を理由に輸入制限を行うことはできない。わが国は、IMF8条国、GATT11条国へ、64年4月1日をもって移行したのである。これによって、日本は貿易サービスなどの経常勘定取引を制限することはできなくなり、当然のことながら、1949年の外為法によって設立された、外貨予算制度と外貨割当制度は廃止された。経常収支の支払いは、自由になり、対外送金規制が撤廃されたため、結果として、対外送金を禁止されていた外国企業、すなわち「円ベース企業」もなくなった。したがって、これ以降、外国企業の日本への直接投資は、すべて日本政府の認可が必要となった。

　さらに、日本は、64年4月27日、経済協力開発機構（OECD）に加盟することにより、直接投資を基軸に資本勘定取引の自由化が、日米貿易経済合同委員会や日米財界人会議で要求されるようになった[5]。64年のIMF8条国への移

行、OECDへの加盟は、いわゆる「開放体制」へと日本経済を押し上げた。

（3）ケインズ的世界経済はいかにして崩壊したか
　　――国際的資本取引の自由化と変動相場制

□金・ドル交換停止と変動相場制への移行

　戦後世界の構造変化でまず指摘すべきは、米国を基軸に築かれたケインズ的世界経済が1970年代に崩壊したということだ。もちろん、戦後米国が築いたケインズ的世界経済とはいっても、地理的に言えば、北半球の東側諸国であるソ連・東欧を除く、ヨーロッパ、米国、日本の西側諸国のことだから、グローバルな規模とは言えない。しかしながら、この地域のケインズ的世界経済が崩壊した後、出現した新自由主義的世界経済は、ソ連・東欧などの北半球の東側諸国を巻き込み、さらには、植民地体制を脱した南の途上国をも引き込んで展開しつつあるから、ケインズ的世界経済の崩壊を論じることを避けて通るわけにはいかない。

　戦後、米国が主導し築かれたケインズ的世界経済は、米国自らの手によって壊されていく。1971年8月15日、米国大統領ニクソンによって金とドルとの交換停止が発表されたからだ。世界経済に衝撃を与えた、この金ドル交換停止は、なぜ実施されたのだろうか。それは、米国の国際収支赤字が一向に改善されず、金保有額が減少を続けていたからだ。もちろんこの赤字は、現在における米国の国際収支赤字とは意味が違う。当時、米国の経常収支は黒字だったからだ。問題は、その黒字を大幅に超えて、米国は外国に資本輸出を行っていたのだ。その結果、諸外国には米国に対する対外短期債権が蓄積され、それが金との交換を要求され米国の金保有額が減少したというわけだ。1949年に米国の金保有額は、245億6300万ドルあった。しかし、1971年には、101億3200万ドルという水準に落ち込んだ。1961年末、米国の金保有額は、外国の短期債権額を下回り、金1オンス35ドルの金交換が危ぶまれ、自由金市場での金価格上昇が起こっていた。だから、早晩金とドルとの交換が停止されるか、ドル価値の減価が引き

起こされるだろうことは、予想できた。

　71年8月15日のニクソン大統領による金ドル交換停止は、ドルの切り下げを見込んでいた。また、この年の12月には、IMF10カ国グループによるスミソニアン協定によって、ドルの金量引き下げとドイツ・マルクの13.58％ならびに日本円の16.88％の切り上げなどが決定された。これはまだ、固定相場制をあきらめず、各国のファンダメンタルズを反映した為替調整措置によって、戦後形成されたケインズ主義的な国際通貨システムの継続を図ろうとする努力を示しているといえる。しかし、73年になるとイタリア、スイスに次いで2月14日に日本が為替フロート（変動為替相場制）に移行する。また、3月11日には、EEC（欧州経済共同体）6カ国が共同フロートを宣言し、世界は固定相場制から変動相場制へと移行して行くこととなった。

□レーガン政権の対日金融自由化要求

　世界の為替システムは、固定相場制から変動相場制へと雪崩を打って変化していった。また、国際通貨ドルの信認問題があれほど議論されたにもかかわらず、ドルが依然として国際通貨システムの中心に居座り、その力を発揮し続けることになった。変動相場制への移行とともに、米国の対外投資規制が全面的に撤廃され、資本の投機的移転や資本逃避に道を開く国際資本取引の自由化が急速に進展し始めたことが、新自由主義的経済政策の特徴だった。

　この動きは、日米関係では、1980年代になって、レーガン政権による対日金融自由化要求となって具体化する。日本は、既述のように東京オリンピックの開催された1964年に、IMF8条国になった。海外旅行が自由化された年でもある。そして、日本は、1973年以降世界の為替システムが変動相場制になり国際資本取引の自由化や資本の投機的取引が進展し始めたにもかかわらず、あくまで、為替取引の実需原則を維持した。つまり、経常収支取引において、実体のない純然たる投機を目的とする先物為替取引を禁止し続けたのだ。また、海外からの投機的資金の国内流入を阻止するため、円転換規制といって、銀行がドルなど外貨を取り入れ、これを円に転換するのを規制した。

　しかし、米国の金融機関などの要求からこれら規制の撤廃が行われた。1983年、レーガン大統領の訪日を機に、84年4月1日、先物為替取引の実需原則が

撤廃された。さらに、同じ年の6月1日には、円転換規制が撤廃された。資本を国際的に動かし収益をあげる金融機関にとっては、これら規制は許されざる規制だったということになる。

（4）ソ連消滅と「米国一極覇権」の形成

□ソ連邦消滅の世界史的意味

　いうまでもなく、ソ連邦が消滅したのは、1991年12月だった。歴史の大きな流れからみるとソ連邦の消滅は、1930年代以降世界史の大きな流れとなった「集産主義」（collectivism[6]）の一応の終焉と見ることもできよう。
　市場社会の形成と崩壊を『大転換』として骨太に描き切った経済人類学者カール・ポランニーによれば、イギリスを中心として生み出され19世紀に絶頂を迎える自由主義市場経済は、20世紀に入り、トランスフォーメーション（変容）を経験し、二度の世界大戦の中から、世界は「集産主義」の傾向に大転換していくことになった。彼は次のようにいう。
　「ロシアは、独裁的形態のもとで社会主義へと転じた。自由主義的資本主義は、ドイツ、日本、イタリアのような戦争準備をしていた国々や、米国、イギリスといった国々——前者ほどではないが——においても姿を消した。しかし、ファッシズム、社会主義、ニューディールという勃興しつつあった体制は、自由放任の原理を放棄している点に限っては相似していたのである[7]」。
　ここで興味深いのは、1930年代から40年代にかけての危機の時代を経て、世界の国々は、様々な政治経済的形態をとってそれに対応したと思われるのだが、19世紀に全盛を極めた自由放任の原理からいうとこれらのいずれのシステムも、一様にその自由放任を否定しているという似た面があったという指摘だ。しかも、ポランニーは、「市場経済の消滅は、先例をみないほどの自由の時代の幕開けになりうる。法律上の自由と現実の自由はかつてないほど拡大され、普遍的なものになりうる[8]」といった。こうしたことからわかるようにポランニーは、「集産主義」的社会の将来をかなり楽観的に見ていたのだ。

『大転換』は次の言葉で終わっている。

「あらゆる人々に対して、より豊かな自由をつくり出す任務に誠実であるかぎり、権力あるいは計画化が、それらの築きつつある自由を意図に反して破壊するであろうなどと恐れる必要はない。これが、複合社会における自由の意味である。そしてそれは、われわれの必要とするあらゆる確信を与えてくれるのである[9]」。

しかしながら、残念なことにこうしたポランニーの楽観的見方は、歴史の現実が裏切ることになる。第二次世界大戦後展開されたロシアにおける「権力あるいは計画化」は、より豊かな自由を創り出すことに「誠実」ではなく、1991年のソ連邦消滅をもって終焉した。この点、不破哲三氏は、近著で次のように述べた。

「しかし、旧ソ連というのは、たしかに『社会主義』を自称した大国でしたが、スターリン時代に出発当初の理想を裏切って、社会主義とも社会主義への過渡期とも無縁な、われわれは覇権主義・専制主義といっているのですが、そういうものが支配する体制、人間抑圧型の社会に変質していました。そのことはすでに明らかな事実で、われわれが以前から詳しく指摘してきたとおりです[10]」。

□クリントン政権はソ連消滅後の世界経済をどうみたか

1992年1月28日、ブッシュ大統領は、上下両院合同会議で恒例の一般教書演説を行い、米国が冷戦に勝利したことを国民に告げた。前年末のソ連邦自己崩壊を受け、「私の生涯において生じた最大の出来事は、神の恩寵によって米国が冷戦に勝利したことにある[11]」と述べた。1947年3月12日、トルーマン大統領によって表明された「共産主義への闘争宣言」を内実とする「冷戦」の宣戦布告以来45年、約半世紀を経て、米帝国主義は、「帝国主義的共産主義[12]」に勝利したのだ。

不破哲三氏の指摘にある通り、専制主義的・覇権主義的「社会主義」が自己崩壊するのは当然だとしても、はたして、資本主義が勝利したと胸を張って言い切るほど米国資本主義は国民に満足のいく生活を実現してきたのだろうか。構造的失業、飢餓、医療保険制度の崩壊、ホームレス、教育の荒廃、麻薬、エ

イズなど様々な社会経済問題が発生し、深刻化したのが、1980年代から90年代はじめのレーガン・ブッシュの12年だった。米国民は、だから、冷戦に勝利した大統領ブッシュを再選せず、「チェンジ」を訴えた民主党大統領候補ビル・クリントンを1992年11月の大統領選挙で選出した。

　クリントン政権は、ソ連消滅後の世界経済をどのように見たのだろうか。まずここで指摘しなければならないのは、ソ連邦消滅後の世界経済における米国の覇権維持にかける執念だ。これを「米国一極覇権」の構築といいかえてもいい。大統領就任後間もない93年2月26日のアメリカン・ユニヴァーシティでのクリントン演説と、それを受けた米通商代表ミッキー・カンターによる陳述がそれを示している。

　この演説でクリントンは、「眼前に広がる新しい世界経済において米国が発揮しなければならない経済的リーダーシップに焦点を当てる[13]」と明言する。クリントン大統領をしてこうした世界経済でのリーダーシップの確立を力説させたその背景には、いうまでもなく米国経済の急速な国際化と世界経済での企業の国際競争戦の激化がある。

　クリントンは認識する。現在、米国で製造された製品のほぼ4分の3は外国製造業者および製品供給業者との熾烈な競争関係に立たされている。アメリカ人の日常生活は好むと好まざるとを問わず、国境を越えてくる商品の波に洗われている。商品ばかりではない。今日では、明確に資本も国際化し、必要資金の獲得は、24時間態勢でロンドン、東京、ニューヨーク、シンガポールと広がっている。一つの製品をとっても、たとえばアメリカ車だとはいっても、かなりの部分は台湾製でデザインはドイツ人で、イギリス生まれの広告とともに売られているという時代なのだ。サービス、情報も国際化している。技術革新によって製品の寿命が著しく短くなるという事態も発生している。クリントン大統領によれば、歴代の大統領は、こうした急激な変化に的確に対処せず、米国経済の国際化を米国民の利益に結び付けることに成功してこなかったというのだ。

　かくして、クリントンは宣言する。「開かれた競争的な貿易は、米国民全体を豊かにするものでなければならない[14]」。したがって、その目的を達成するには、米国の輸出が国家的な目標として重要視されなければならないのだ。そのためには、政治を前面に立てた経済覇権主義に依存せざるを得ないのである。

つまり、その貿易政策は、戦略的にならざるを得ないのだ。クリントンはいう。
「われわれは、外国製品そしてサービスをわが国に受け入れることを歓迎する。しかし、同時にわれわれは、わが国の製品そしてサービスが同じ条件で外国市場に受け入れられることを主張する[15]」。
　また直接投資に関してクリントンは、「われわれが、外国の直接投資を歓迎するように、わが国の投資家が他国で同じように歓迎されるべきことを主張する[16]」。したがって、この考えは、言葉上では自由主義を謳ってはいるが、相手が市場を閉ざせば米国も同様に市場を閉ざすというローラ・タイソンが主張する「選択的相互主義[17]」へ道を開くものだった。
　さて、アメリカン・ユニヴァーシティでのクリントン演説を受けて、米国通商代表に任命されたミッキー・カンターは、クリントン政権の通商政策について注目すべき陳述をしている。すなわち、彼はソ連邦消滅後の世界経済において、米国はいささかも内にこもった政策をとるつもりはないと明言したのだ。
「われわれならびにその他諸国は共産主義の崩壊後の新しい事態に直面しているが、米国は、内にこもることなく国際的に最大限のかかわりを展開するつもりである。……貿易政策について言えば、米国は、開かれた市場、拡大された貿易のチャンピオンであり続けるが、われわれは、同時に他国市場がわれわれの製品そしてサービスに開かれていることを強く主張したい。大統領も言及したように、われわれは競争を挑むが決して退却することはないであろう[18]」。
　こうした主張は、米国の貿易赤字は、他国市場の保護主義的障壁にも一因があり、それらを力ずくでも打ち砕くのが米国の貿易政策であると主張する覇権主義的通商政策に他ならない。
　ところで、この米国政府の覇権主義的通商政策への劇的転換は、ソ連邦消滅後の世界経済が、なさしめたと言える事実がある。というのはこうである。
　第二次世界大戦後、米国はIMF・GATT体制によって資本主義的世界市場に自由・無差別・多角のケインズ主義的貿易システムの形成を図った。また、それと同時にソ連邦をはじめ米国に敵対する政治経済諸国にたいしては、徹底的な封じ込め政策をとった。したがって、米国と政治的同盟関係を持ちながら戦後世界経済の中で徐々に経済力をつけ、米国企業に脅威と映るまで発展した諸国企業に対して、米国政府がたとえば、経済制裁をして反米感情を煽る行動に出るのは、対ソ封じ込め政策をとる同盟関係を維持する立場からいえば得策

ではないことは明らかだろう。1980年代のレーガン政権時代における議会の対日本などへの保護主義的な動きに対して、大統領が、拒否権を行使して自由貿易を守ろうとした行動の背景には、以上のような米帝国主義の対ソ戦略があったのだ。

だがしかし、ソ連邦は消滅した。世界経済では、アジアにおける日本、ドイツを中軸とするEU諸国が大きな役割をはたしはじめ、米国は財政赤字と貿易赤字の積年の結果、債務国化の道を転落し続けている。「過去の政権は、外交政策、防衛問題を理由に米国の経済的・貿易利益を無視し続けてきた。われわれがそのように振る舞えたのはもう過去のことである。ポスト冷戦の時代では、われわれの国家的安全保障はわれわれの経済的力にかかっている[19]」とカンターは力説した。その主張は、ソ連邦亡き後の世界経済において、日本、ドイツに後れを取った米国の経済的力量を、国家的力によって取り戻そうとする米帝国主義の経済覇権主義宣言ととることができるだろう。

カンターは、レーガン批判を展開する。

「1981〜82年の深刻な不況は、米国製造業に破壊的な損害を与えた。しかも、経済がその後強力に回復したときにおいても過大評価されたドルは、米国輸出業者に極めて不利な競争条件を負わせた。日本の貿易・産業政策の現実に直面して、レーガン政権がとった主要な対応は、レッセ・フェール、1985年のプラザ合意のドル切り下げでしかなかった」。多くの企業は激烈な競争への対応に後れをとったのだが、「米国政府の政策が、あらゆる負担を米国企業に課したのだ。資本への高いコスト、増加するヘルスケア・コスト、またわれわれに最も関連することである貿易政策については、長年にわたってわれわれのルールを内外の市場に強制することに失敗してきたのだ[20]」。

□世界の構造変化と日米関係

ケインズ的世界経済の崩壊とソ連邦消滅という世界の構造変化は、1990年代以降の日米関係に決定的影響を与えたといえる。一言でいえば、米国による日本経済の新自由主義的改革を日本の財界を味方につけながら、強力に推し進めてきていることだ。

日米貿易摩擦は、いうまでもなく、戦後1950年代ケインズ的世界経済の形成

期以降、継続的に展開してきた。繊維に始まり、鉄鋼、自動車、半導体と、年を追うごとに摩擦の度合いと産業の高度化が進展してきたが、米国がケインズ的世界経済システムを追求していた時代は、基本的には、日本の通産省を使った行政指導による輸出自主規制によって、摩擦の回避を図ってきた。しかし、米国に新自由主義的経済政策が導入されて以降、米国の経済政策は、多国籍企業と巨大金融機関の世界市場制覇という利害の下に推し進められることとなった。しかしそれでも、ソ連が存在し、米国の対ソ封じ込め戦略が対外政治軍事路線の基軸にあったレーガン・ブッシュの共和党時代は、あからさまな対日批判は避けてきたということが言えよう。

　しかし、ソ連邦が消滅し、「米国一極覇権」の時代を迎えると、なりふり構わぬ対日要求となり、ジャパン・バッシング（日本タタキ）が強力に推し進められることとなった。それが何より証拠には、クリントン政権樹立後初めての1994年2月14日に発表された大統領経済諮問委員会年次報告において、まさに異例ともいうべきスペースを割いて、「日本異質論」が展開され、ジャパン・バッシングが開始されたのだ。

　この報告では、二国間、地域的及び多国間の貿易協定を通じて外国市場の開放に努めるというクリントン政権の通商イニシャティブの基本的観点を確認した後、二国間交渉のトップで日米包括経済協議（United States-Japan Framework）について論じた。「日本は、米国に次ぐ世界第二の経済大国である。また、アメリカにとってカナダに次ぐ第二の貿易相手国である。また、アメリカが二国間で最大の貿易不均衡を保っているのは、対日においてである。すなわち、赤字は92年で496億ドルであった。日本の多額の対米黒字は、その全世界での多額の経常収支黒字——92年で1180億ドルに達する——の重要な一部をなしている[21]」という指摘は、ソ連邦消滅以後、世界の経済における米国の最大のライバルが日本であるという事実の率直な確認といえるだろう。

　そして、さらに、報告は、「日本異質論」を展開し、日本経済「改造」計画に着手し始めるのだ。「日本のある特定の貿易パターンは、他の主要工業国のパターンとは違っているように見える。日本は、国内消費における製品輸入のシェアが異常に低く、産業内貿易のシェアが異常に低く、外国からの直接投資ストックが異常に少なく、国内販売額の外国人所有企業分のシェアが異常に小さく、外国に拠点のある企業よりも日本企業によって圧倒的に支配されている

企業内貿易のシェアが異常に高い[22]」と報告は指摘する。つまり、日本は、米国、ドイツ、イギリス、フランス、イタリア諸国と比較し、製品輸入の比率が低く、資本も外国に開かれておらず、国内企業の独占的関係が極めて強く、外国資本の入るスキのない国であるという「日本異質論」が確認されたのだ。

　この報告によれば、日本経済の持つ明らかな異質性は、通商産業政策による介入と日本経済の構造的特徴そのものによって形成されたとする。まず、国内産業支援政策には、生産者および研究開発コンソーシア（共同事業体）に対する補助金、優遇税制、信用の優先的配分、優先的政府調達、生産者カルテルの確立、甘い反独占政策があげられる。対外政策として問題視されるのは、貿易障壁、外国からの直接投資に対する制限措置、ハイテク貿易への統制があげられる。そしてまた、輸入を阻止する疑いのある構造障壁として、製品の安全性を保証する官僚統制への依存、国内カルテル、系列による差別的慣行、競争政策実施の弱さ、不十分な知的財産権保護、国内供給業者に有利な政府調達手続き、外国資本参入を妨げる不完全な資本市場、輸入製品の配給チャンネルに対する障壁、これらが具体的に指摘されたのだ。

　もちろん指摘されただけではない。クリントン政権は、年次改革要望書方式という新たな二国間交渉方式をあみだし、日本政府による新自由主義的構造改革を指揮し始めるのだ。年次改革要望書は、すでに93年7月の宮澤・クリントン首脳会談で決定されており、第1回が94年11月15日に提出された。この要望書の正式タイトルは、「日本における規制緩和と行政改革に関する日本政府に対する米国政府の要望書」となっている。しかもこの要望書は、毎年秋に恒例のように提出され、日本政府に実施を求め続けることになる。96年11月15日に提出された「要望書」では、その継続性について、次のように述べている。

　「本要望書は、1994年11月15日日本政府に提出した最初の要望リスト、95年4月21日に提出した日本の規制緩和推進計画に対するコメント、そして95年11月21日に提出した改訂版の要望リストをもとに、米国政府の提言の広範なリストとして作成されたものである。規制緩和、行政改革、競争政策に関する、94年および95年の米国政府の要望内容の多くは、引き続き効力を持つ。本要望書は、日本の規制緩和、行政改革、競争政策に関し、米国政府の懸念事項や関心事項を網羅したものではない。経済・行政システムの規制緩和と自由化は継続的なプロセスであるため、米国は今後も折に触れ追加的な提言や日本政府に提

出することがあり得る⁽²³⁾」。

　これら米国からの要望書による要求を忠実に実行したのが、96年11月29日、橋本龍太郎首相による第139回国会の所信表明演説で明らかにされた「五つの改革」だった。それが何より証拠には、その翌年97年11月7日に提出された「要望書」は、「規制緩和を支持する橋本首相及びその内閣の力強い発言に力づけられている」と橋本政権にエールを送り、励ましているからだ。

　米国の政策を率先して日本の政府が実施するという体制、言うまでもなく、日米安全保障条約第2条の経済協力条項によるものだが、かつてのケインズ的経済政策と異なり、新自由主義的経済政策は、日本の様々な制度に対する構造改革要求となっていることに注目しなければならない。そして、日本の財界も米国の要求と利害を共にし、日本の新自由主義的構造改革を政府に要求するというパターンが形成されていくことになる。これは、小泉政権になって一層露骨に進められることになるのだが、その歴史的起点を求めるとすれば、この橋本改革にあるといえるだろう。

　米国政府はいう。「強化されたイニシャティブの下で、規制緩和、競争政策、透明性その他の政府慣行について、日本政府と対話を続けることを期待している。クリントン大統領と橋本首相が1997年6月に確認したように、消費者の関心に応え、外国企業及び外国製品・サービスの市場アクセスを改善することを目指して、規制緩和を進めるべきである。こうした目標を意図しつつ、本要望書を提出する⁽²⁴⁾」としている⁽²⁵⁾。

まとめにかえて――「米国一極覇権」とアジアの台頭

　現在、米国オバマ政権は、リバランス政策として、アジア重視を打ち出している。石油を産出する中東をターゲットに「湾岸戦争」（1991年）、「イラク侵略戦争」（2003年）を展開したブッシュ父子共和党政権に対し、オバマ民主党政権は、経済成長著しい東アジアに注目し、環太平洋パートナーシップ（TPP : Trans-Pacific Partnership Agreement）からアジア太平洋自由貿易圏（FTAAP : Free Trade Area of Asia Pacific）を形成すべく、日本を巻き込み、さらには、中国、アセアン諸国を引き入れ、米国を基軸とするドル体制の維持を射程に入れ

ている。この政治経済路線は、ソ連消滅後、クリントン政権が目指した路線でもあったという歴史的事実を確認することで本稿のまとめとしたい。

　クリントン政権が東アジア重視路線をとったのはなぜか。それはいうまでもなく東アジアの経済成長にあり、東アジアへ米国の輸出を増加させることが「米国一極覇権」を形成する鍵とにらんでいたからだ。94年7月、クリントン政権は、米国議会に対して将来にわたる自由貿易地域との諸交渉について報告を提出した。この報告は、もちろん、GATTウルグアイ・ラウンド合意の実施法案の審議を進める米議会に法案採択を促進することを目的としたものだった。そのなかでアジア・太平洋地域の経済的重要性についてとりわけ強調されている事実には注目すべきだろう。

　「過去30年間において、世界の国内総生産に占めるアジアのシェアは8％から25％を超えるまでに成長した。これら地域の経済は、既存の工業諸国のほぼ3倍の成長率で成長を続けている。米国のこれら諸国への輸出は、過去5年間で少なくとも50％は成長してきた。アジアへのわれわれの輸出は、米国に250万の雇用を作りだしている。西暦2000年までに、東アジア諸国経済は、西ヨーロッパ、北アメリカを越えて、世界最大の市場になることが予想できる[26]」。

　しかも、クリントンにとって無視できなかったのは、これら諸国が地域内貿易を活発化させ、彼ら自身の内部で投資を積極的に進める政策に動き出したことだった。具体的に言うと、それは、オーストラリア―ニュージーランド緊密経済関係協定（CER）、そして、アセアン自由貿易協定（AFTA）であり、地域内でのサブ・リージョナル（地域限定）化の進行だ。したがって、米国の政策は、これらアジア・太平洋地域の米国抜きの経済協定、この阻止におかなければならない。クリントン大統領はいった。

　「アジア・太平洋地域へ米国を経済的に強力に結びつけるわが国の政策は、開かれた地域主義、規制緩和へと向かう諸傾向を促進し、わが国の企業がそれらから利益を引き出すことを確実にしなければならない[27]」。

　もちろん、こうしたアジア・太平洋地域へのコミットメントは、政治的軍事的力を抜きにしては考えることはできない。だから、経済的関与と政治・軍事的コミットメントの関連の重要性に触れた米政府高官の発言ほど、それらの関係について率直に示しているものはないといえよう。

　たとえば、チャールズ・R・ラーソン米太平洋軍司令官（当時）は、次のよ

うにいった。
　「われわれがアジアに集中する経済力から利益を得たいのならば、申し分のない熱心なパートナーとしてその場にいなければならない。そのために軍隊が必要だろうか。冗談はよそう——もちろん必要である。外交の通告書も、政治的な派遣団も、経済的な委員会も、目に見える米軍のプレゼンスほど明確な誓約のメッセージを伝えることはできない[28]」。
　また、ウィリアム・ペリー米国防長官（当時）は、国防副長官時代の93年5月13日、世界経済人会議での演説の中で、「冷戦〔の終結〕がもたらしたより安全な環境は、われわれが、地域的安全保障を危険にさらすことなく、部隊兵員数を削減することを可能にしている。韓国と日本に永続的に駐留する部隊と、空母プレゼンスからなる、アメリカの前進プレゼンスの役割は、依然として重要である。われわれの敵対国もわれわれの友好国も、われわれの地上軍と空軍の調整をわれわれのコミットメントの縮小と誤ってうけとるべきではない[29]」。
　こうした事態は、ソ連邦消滅の後、唯一の大帝国主義国家の政権を担うこととなったクリントン大統領の基本路線を示したものだ。現在のオバマ政権、そしてまたその後続の政権が、様々な状況の下で軍事行動を起こすことは容易に推測される。集団的自衛権行使容認の安全保障関連法案は、こうした米帝国主義の軍事行動に率先して参加することを意味する。戦後70年、一貫して戦争に加担してこなかったわが国の平和路線を愚かな首相の決断によって誤らせてはならない。

註
（1）これについての詳細は、拙稿「米欧諸国の格差拡大・高失業率」『経済』2015年2月号参照のこと。
（2）拙著『通商産業政策』（日本経済評論社、2003年）、57〜59ページ参照。
（3）こうした日本独特の系列と企業集団の形成についての研究の嚆矢は、宮崎義一『戦後日本の経済機構』（新評論、1966年）である。
（4）こうした米国大企業の戦略について詳しくは、前掲拙著、62〜63ページ。また、H. J. Robinson, *The Motivation and Flow of Private Foreign Investment,* International Investment Center, Stanford Research Institute, California: Menlo Park, 1961, p.1.
（5）日米財界人会議40年史編纂委員会編『日米財界人会議40年史——1961-2001』（日米経済協議会、2001年）、第一章を参照。

（6）生産手段を国有ないし公有とし、共同管理することを経済原理とする主張のこと。
（7）カール・ポランニー／吉沢英成・野口建彦・長尾史郎・杉村芳美訳『大転換——市場社会の形成と崩壊』（東洋経済新報社、1975年）、326ページ。
（8）同上訳書、342 〜 343ページ。
（9）同上訳書、348ページ。
（10）不破哲三『マルクス『資本論』——発掘・追跡・探究』（新日本出版社、2015年）、18ページ。
（11）『世界週報』1992年2月25日号、64ページ。
（12）同上、65ページ。
（13）US Department of State, *Dispatch*, Vol.4, No.9, p.113.
（14）*Ibid.*, p.115.
（15）*Ibid.*, p.116.
（16）*Ibid.*, p.116.
（17）「選択的相互主義」についての詳細は、ローラ・D・タイソン／阿部司訳、竹中平蔵監訳『誰が誰を叩いているのか——戦略的管理貿易は、アメリカの正しい選択？』（ダイヤモンド社、1993年）を参照。
（18）*Dispatch*, Vol.4, No.11, p.143.
（19）*Ibid.*, p.144.
（20）*Ibid.*, p.144.
（21）『94米国経済白書』（エコノミスト臨時増刊、毎日新聞社、1994年4月11日号）、188ページ。
（22）同上訳書、189ページ。
（23）『要望書』1996年11月15日付より。
（24）『要望書』1997年11月7日付より。
（25）日本の構造「改革」と米国政府との関係についてのより具体的な歴史的事実については、拙著『日本の構造「改革」とTPP』（新日本出版社、2011年）を是非参照されたい。
（26）W.J. Clinton, *Report to Congress on Future Trade Area Negotiation*, July 1, 1994, p.3.
（27）*Ibid.*, p.3.
（28）『「赤旗」評論特集版』94年3月7日号、10ページ。
（29）同上特集版、11ページ。

データで見る戦後70年　階級構成の変化

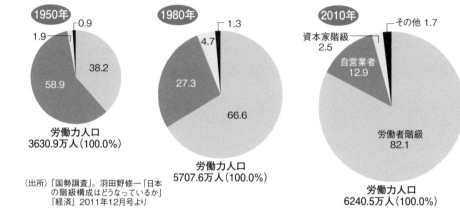

（出所）「国勢調査」。羽田野修一「日本の階級構成はどうなっているか」『経済』2011年12月号より

　日本の労働力人口は、1950年の3630万人から2010年の6240万人まで、60年間で1.7倍に増え、総人口の伸び（8320万人から1億2800万人へ1.5倍）を上回っている。

　この間の、労働力人口の構成の変化をみると、労働者階級が38.2％から82.1％へ（1388万人→5120万人）大幅に増加する一方で、自営業者（農家含む）は58.9％から12.9％へ（2140万人→803万人）激減した。これは日本資本主義のきわめて急激な高度成長の結果である。なお、資本家階級は、1.9％（68万人）から2.5％（153万人）に増えている（ただし、国勢調査では土地や株などの資産所有者が把握できないなど制約がある）。

　参考に掲げた表をみると、この50年間に、大企業の数は12倍、資本金は43倍になるなど、大企業への集積・集中が進み、中小企業との格差が広がっている。なお、資本家階級の数は、1億円以上の企業の役員数15万人よりは多く、1000万円以上の企業の役員数（256万人）より少ない数になっている。

参考:大企業と中小企業の推移(1960-2014)

企業数(社)	全規模	比率	1億円未満	比率	10億円以上	比率
1960年度	497,206	100.0	495,065	99.6	415	0.08
1980年度	1,567,764	100.0	1,552,699	99.0	2,020	0.13
2000年度	2,548,399	100.0	2,516,513	98.7	5,472	0.21
2014年度	2,749,619	100.0	2,719,252	98.9	5,132	0.19

資本金(億円)	全規模	比率	1億円未満	比率	10億円以上	比率
1960年度	30,407	100.0	8,391	27.6	17,420	57.3
1980年度	249,215	100.0	85,112	34.2	133,188	53.4
2000年度	843,417	100.0	231,662	27.5	548,900	65.1
2014年度	1,049,503	100.0	233,274	22.2	753,175	71.8

役員数(人)	全規模	比率	1億円未満	比率	10億円以上	比率
1960年度	1,466,164	100.0	1,443,060	98.4	6,165	0.42
1980年度	3,871,910	100.0	3,759,713	97.1	27,061	0.69
2000年度	5,956,719	100.0	5,771,963	96.9	58,895	0.99
2014年度	5,337,123	100.0	5,184,503	97.1	46,508	0.87

従業員数(人)	全規模	比率	1億円未満	比率	10億円以上	比率
1960年度	14,215,938	100.0	10,520,984	74.0	2,262,125	15.9
1980年度	27,962,463	100.0	20,056,926	71.7	4,638,899	16.6
2000年度	39,225,522	100.0	27,777,218	70.8	6,912,543	17.6
2014年度	40,378,641	100.0	26,882,875	66.6	7,432,668	18.4

(出所)「法人企業統計」。便宜的に資本金1億円未満と10億円以上の企業を比較した

データで見る戦後70年　GDP・貿易

図1　GDP（名目）の推移

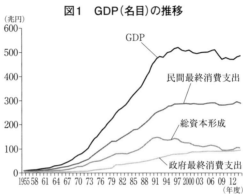

（出所）79年度以前は「平成10年度国民経済計算（平成2年基準・68SNA）」、80〜93年度は「平成21年度国民経済計算（平成12年基準・93SNA）」、94年度以降は「平成27年1-3月期四半期別GDP速報（2次速報値）」による

図2　輸出・輸入額と貿易収支の推移

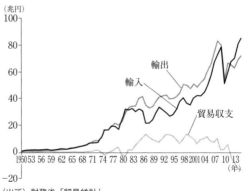

（出所）財務省「貿易統計」

1955年度に8兆5979億円だったGDP（国内総生産、名目）は、日本経済の急速な発展のなかで増大を続け、90年度449兆9971億円を記録した。バブル経済の崩壊後、90年代以降は日本経済の停滞基調が続き、GDPは500兆円前後を推移している。日本経済の健全な発展にむけ、GDPの約6割をしめる民間消費の拡大が必要である。

　貿易は経済発展につれて拡大し、65年に黒字に転換する。80年代以降は大幅な貿易黒字を生み、GDPの伸びを牽引。98年には13兆9914億円の黒字を記録した。近年は輸入の増加により2011年以降は貿易赤字に転換し、14年には12兆8161億円の赤字を記録している。

　輸出・輸入は北米が大きな割合をしめてきたが、現在はアジア地域が最大の相手となっている。中国をはじめアジア諸国との友好が、日本経済の発展にとって重要になっている。

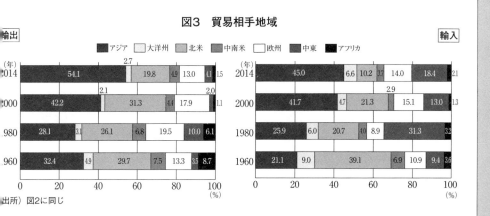

図3　貿易相手地域

出所）図2に同じ

データで見る戦後70年　財政

表　地方財政と国の財政規模（歳出純計）（単位 億円・%）

年度	国	GDP比	地方	GDP比	合計	GDP比
1949	6,994	20.7	2,081	6.2	9,075	26.9
1960	9,658	5.8	18,973	11.4	34,896	17.3
1970	46,267	6.1	96,887	12.9	143,154	17.2
1980	268,743	10.8	453,207	18.2	721,950	29.1
1990	465,911	10.3	773,413	17.1	1,239,324	27.4
2000	629,614	12.5	960,697	19.1	1,590,311	27.4
2013	693,851	14.2	838,048	17.2	1,531,899	31.4

（注）1949年の比率は、国内総支出比。2013年は見込み
（出所）「財政統計」、「地方財政要覧（平成26年12月）」より

　国（一般会計）と地方の財政規模（表）を、国内総生産比でみると、戦後処理費などで膨らんだ1949年度をピークに下降。その後、高度成長に入る60年代以降に増加していき、現在30%を超えている。

　国税の主な3項目の実額推移が図1である。法人税は基本税率のあいつぐ引き下げ（86年43.3%→99年30%→12年23.5%→15年23.9%）と、企業の減収で88年を山に減少。消費税は、89年の導入以来、税率引き上げごとに上昇し、15年には所得税を超えた。逆進性の強い消費税の「基幹税」化は、消費と景気に重くのしかかっている。

　図2は国の公債発行額である。財政法は公債を財源とすることを禁じているが、これを逸脱し、大型公共事業を進める4条公債（建設公債）、財政赤字を補填する特例公債を増発。国の公債依存度（一般会計歳入に占める割合）は50%前後までに、累積した国債残高は709兆円（12年度末）に上っている。

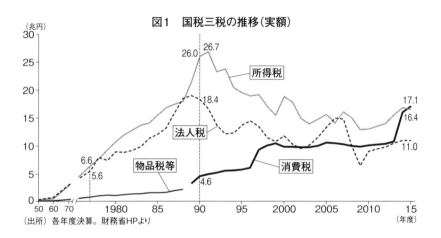

図1　国税三税の推移（実額）

（出所）各年度決算。財務省HPより

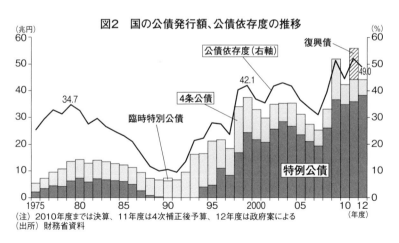

図2　国の公債発行額、公債依存度の推移

（注）2010年度までは決算、11年度は4次補正後予算、12年度は政府案による
（出所）財務省資料

II

多国籍化した大企業と国民との矛盾

6　日本財界による政治支配の変容

佐々木　憲昭

はじめに

　財界とは、企業経営者によって構成された団体またはグループである。しかしそれは、単なる親睦団体ではない。政治や経済に能動的に働きかけ、構成員である企業により大きな利益をもたらそうとする団体である[1]。例えば日本経団連は、定款で「経済界の知識及び経験を広く活用して政策を提言し、実現を働きかける」と定めている。

　財界の全国組織としては、日本経済団体連合会（日本経団連）とともに、経済同友会（同友会）[2]と日本商工会議所（日商）[3]が有力であり、これらは財界三団体と言われている。

　経団連は主として大企業によって構成され、同友会は大企業の経営者個人によって組織され、日商は大企業だけでなく多くの中小企業が加盟しているという特徴がある。経済力の大きさ、政治的・社会的影響力の大きさから見て、これらの財界団体は日本の経済・社会の有力な支配的勢力となっている。なかでも、日本経団連[4]は影響力が格段に大きい。

　2002年5月に旧経団連と日経連が統合して、いまの日本経団連が設立された。現在、大企業1329社、業種別全国団体109団体、地方別経済団体47団体等で構成されている[5]。旧経団連の時期には、自民党への企業・団体献金を直接取り仕切る役割も果たしてきた。日本経団連会長の奥田碩氏は、統合直後に「日本経団連の課題」と題する講演を行い、こう告白している。「自民党に対する政治資金を斡旋してきたのも事実であり、それが過去においては『財界総本山』や『財界総理』といった言葉を生んだ土壌にもなっておりました」（2002

年7月22日⁽⁶⁾）。

　経団連は、長期にわたり自民党と密接な関係にある。1993年に「非自民」を掲げた細川政権が生まれ、2009年9月に民主党政権が誕生した経緯もあったけれども、その関係は基本的に変わらなかった。2012年12月の総選挙で自民党政権が復活（第二次安倍内閣）してからは、財界と政権与党の癒着ぶりはいっそう露骨なかたちをとるようになった。

　本章の目的は、最大の財界団体である経団連が、戦後どのように誕生したか、1970年から2015年にかけて経団連役員企業がどう変貌したか、政治に対してどのように影響力を行使しているか、その一端を解明することにある。

＊　本章で「日本経団連」と称する場合は、2002年5月以降の日本経済団体連合会を示している。「経団連」と称するときは、旧経団連（経済団体連合会）を示している。ただし、両者を総称して「経団連」という場合がある。

註
（1）奥村宏氏は、財界とは構成員の利害対立を調整したうえで政府に働きかけ、その要望を政策として実行させる存在であるとしている（『徹底検証　日本の財界――混迷する経団連の実像』七つ森書館、2010年、38〜40ページ）。菊池信輝氏は、財界とは「個別企業の意思をまとめ、政治や経済を動かすために企業が形成している経済団体や経営者たちのグループのことである」としている（『財界とは何か』平凡社、2005年）。
（2）経済同友会は、個人加盟の団体である。ホームページで、企業経営者が個人として参加し一企業や特定業種の利害を超えた幅広い先見的な視野から国内外の経済社会の諸問題について考え、議論していくところが経済同友会の最大の特色と解説している。http://www.doyukai.or.jp/about/about.html
（3）日本商工会議所は、ホームページの「日商の概要」で、「全国515の商工会議所を会員とし、各地の商工会議所が『その地区内における商工業の総合的な発展を図り、兼ねて社会一般の福祉増進に資する』という目的を円滑に遂行できるよう全国の商工会議所を総合調整し、その意見を代表している団体」であると説明している。http://www.jcci.or.jp/about/jcci/index.html
　　　菊池信輝氏は、「日商はもっとも経産省（通産省）の影響をうけ、かつ完全な中小企業団体とも言えない、大企業も交えた経済団体となっている。このため基本的に日商は大企業の利益を実現するほかの経済団体と歩調を合わせるものの、不況期で中小企業や地方団体が疲弊したときなど、ほかの経済団体と異なる要望を出したりしているのである」と指摘している。役員の顔ぶれを見ると、会頭は新日鐵住金、副会頭や特別顧問のなかには、川崎重工業、IHI、本田技研工業、三菱商事、伊藤忠商事、三井物産、丸紅、旭化成、資生堂、三井住友銀行、東日本旅客鉄道など、

日本経団連の役員にも顔を出す大企業の出身者が入っている。
（4）日本経済団体連合会（日本経団連）は、2002年5月28日に経団連と日経連が統合して発足した。前身の経済団体連合会（経団連）は1946年8月に設立された。また、日本経営者団体連盟（日経連）は、労働問題への対応を目的に1948年4月に発足した。
（5）2015年6月2日現在。日本経団連ホームページ参照。
http://www.keidanren.or.jp/profile/kaiin/
（6）https://www.keidanren.or.jp/japanese/speech/20020722.html
　　安西巧氏は、「『財界総理』という経団連会長の異名は石坂（泰三）に対して使われたのが最初というのが定説になっている」（『経団連――落日の財界総本山』新潮新書、2014年、78ページ）と書いている。

（1）戦後、経団連の発足

□戦時中の「統制会」を引き継ぐ

　1945年8月14日、日本はポツダム宣言を受諾し敗戦を迎えた。9月2日に降伏文書に調印したその翌日に、早くも経済界が活動を開始している。
　そのベースになったのは、戦時中から活動していた日本経済連盟会、重要産業協議会、日本商工経済会、商工組合中央会の四団体である。敗戦直後の9月3日に、商工大臣のもとで会合を開き、経済団体連合委員会の結成に動いた。これが後の経済団体連合会（経団連）の母体となったのである。『経済団体連合会五十年史』によると、そのねらいは「米国政府による『降伏後初期におけるアメリカの対日政策』に示された基本線に沿って次々に打ち出されてくる日本の経済・社会の民主化、非軍事化のための諸措置に対して、経済界の意見を……反映させていく」ことにあった[7]。9月18日に先の四団体が中心となって、「経済団体連合委員会」が結成された。
　重要産業協議会は、戦時中の「統制会」の中央連絡会議である。統制会とは、国と軍部が戦争遂行のために業種別に生産・販売を管理・統制する組織であった。戦後、重要産業協議会は日本産業協議会と名前を変えた。これに全国金融

団体協議会なども加わって、1946年8月16日に、経済団体連合会（経団連）を創立した。創立した中心団体は、日本産業協議会、全国金融団体協議会、日本商工経済会、日本貿易団体協議会、商工組合中央会の五団体（正会員・第一種）である[8]。

　この経緯から明らかなように、戦後の経団連は、戦時中に創設された主な経済団体を基本的に引き継ぎ、それを統合するかたちで出発したのである。

□アメリカの戦略転換と経団連

　ポツダム宣言にもとづく「日本の経済・社会の民主化、非軍事化」という当初の方針[9]は、アメリカの戦略転換によって大きく変えられた。トルーマン大統領が、1947年3月12日、議会への特別教書演説で「共産主義に抵抗する政府の支援」を目指すことを宣言し、「共産主義封じ込め政策」＝トルーマン・ドクトリンを実施したからである。この状況下でアメリカ政府は、日本に対するそれまでの方針を転換し、1948年1月に米陸軍長官ロイヤル演説で、日本を「極東の工場」として育成するため「実業指導者」を活用することが望ましいと述べるに至った[10]。

　1950年に朝鮮戦争が勃発すると、アメリカは極東における軍需品の大量生産を必要とするようになり、日本の工業生産力を最大限に活用した。この朝鮮特需を契機に、日本の軍需生産は本格的に再開されることになる。

　経団連は、アメリカの求めに応じて1951年に「日米経済提携懇談会」を設置し、協力体制をととのえた。1952年8月には、旧日米安保条約の締結にあわせて、それを「日米経済協力懇談会」へと改組し、その内部に総合政策委員会、防衛生産委員会[11]、アジア復興開発委員会の三つの委員会を設けた。

　こうして、戦後日本の経団連は、戦争を遂行した戦時中の経済団体を基本的に引き継ぎながら、アメリカのアジア戦略に協力するなかで、基本骨格を形成したのである。

　　＊　1950年代後半からの高度成長期、さらに1990年代以降の長期停滞期における経団連の活動については、詳しく触れる紙数がない。さしあたり、奥村宏『徹底検証　日本の財界——混迷する経団連の実像』（七つ森書館、2010年）、佐々木憲昭『変貌する財

界——日本経団連の分析』(新日本出版社、2007年)、菊池信輝『財界とは何か』(平凡社、2005年)等を参照していただきたい。

註
(7)『経済団体連合会五十年史』(経済団体連合会、1999年)、4ページ。
(8) 経団連設立当初は、経済団体を主体とする正会員、個人と法人の賛助会員に分けられており、正会員は第一種と第二種に分けられていた。第一種会員は、日本産業協議会、全国金融団体協議会、日本商工経済会、日本貿易団体協議会、商工組合中央会の5団体に限定され、議決権でも第一種は5票、第二種は1票という格差があった。『経済団体連合会五十年史』(経済団体連合会、1999年、5ページ)、古賀純一郎『経団連——日本を動かす財界シンクタンク』(新潮選書、2000年、169～171ページ)、菊池信輝『財界とは何か』(平凡社、2005年、18～40ページ)等参照。
(9) ポツダム宣言には、次の一節がある。「日本国は、其の経済を支持し、且公正なる実物賠償の取立を可能ならしむるが如き産業を維持することを許さるべし。但し、日本国をして戦争の為再軍備を為すことを得しむるが如き産業は、此の限りにあらず」。
(10) 1948年1月、米陸軍長官ロイヤルは演説で「日本の戦争機構——軍事上および産業上の——を建設し、運営するにあたってもっとも積極的であった人々は、しばしば、この国の最も有能にして最も成功した実業指導者であり、彼らの助力は多くの場合において、日本の経済復興に寄与するであろう」とのべている。重森隆「安保条約と日米経済関係」(渡辺洋三・岡倉古志郎編『日米安保条約——その解説と資料』労働旬報社、1968年、36～37ページ)参照。
(11)『防衛委員会十年史』(経団連・防衛生産委員会、1964年)。経団連が、朝鮮特需を契機に兵器、艦船、航空など20近い分科委員会をもつ防衛生産委員会を設置したことは重要である。防衛生産委員会は、今日に至るも軍需大企業を中心に活発な活動を続けている。

(2) 経団連は、誰に支配されているか

□日本経団連の意志決定機関

　日本経団連の指導部は、どのような人々で構成されているのか。また、どのような仕組みで意志決定をおこなっているのか。

日本経団連の組織は、総会で日常的な意志決定機関である理事会メンバー（理事）が選出され、その理事のなかから会長・副会長が選出される仕組みになっている。ただし、理事はすべて会長・副会長を兼ねており、日本経団連を代表し業務を執行する代表理事も会長を兼ねている[12]。
　また定款では「会長の諮問に応え、会長に意見を述べる機関」として審議員会（2012年3月～。それまでは評議員会）を置くとしている。その審議員会の議長・副議長で構成する「審議員会議長・副議長会議」は、日本経団連の「特に重要な政策事項の方向性及び実施事業のあり方を審議する」としている。したがって、日常的な意志決定に関わり指導的役割を果たしているのは、理事すなわち会長・副会長[13]、および議長・副議長[14]である。
　「重要な政策事項」を背後で方向づけているのは最終的には役員が属する大企業の意向である。そこで次に、経団連で指導的役割を果たしている会長・副会長、議長・副議長が属する大企業が、どのような産業によって構成されているか、それはどう変化しているかを見ることにしよう。

　　＊　本章では、長期的な変化を捉えるため、集計時点を1970年、1980年、1990年、2000年、2005年、2010年、2015年としている。

□経団連役員の変遷

　1970年から2015年までの経団連の役員一覧は、**表6-1**の通りである。
　その特徴を見ると、まず役員総数が増えていることが一見してわかる。1970年には会長・副会長が8人（うち専任2人）、議長・副議長が5人、あわせて13人だった（企業代表は11人）。それが次第に増えて、2015年には会長・副会長15人、議長・副議長21人、あわせて36人となっている。この45年間で、13人から36人へと3倍に増えている。日本経団連は、「業界横断的に、代表的な企業や団体により、すべての分野の政策提言などの活動を承認する」ことを強調している。長期的にみて役員数が増えているのは、あとでみるように、産業構成が複雑化していることの反映である。
　最近は、多少変化が現れている。2014年の役員数を見ると、会長・副会長は19人、議長・副議長も19人であった（表には載っていない）。これと比べ、2015

表6-1　経済団体連合会の役員一覧

1970年3月		1980年3月		1990年3月		2000年3月	
会長・副会長		会長・副会長		会長・副会長		会長・副会長	
★植村 甲午郎	経団連会長	★土光 敏夫	東京芝浦電気会長	★斎藤 英四郎	新日本製鐵会長	★今井 敬	新日本製鐵会長
土井 正治	住友化学工業会長	稲山 嘉寛	新日本製鐵会長	平岩 外四	東京電力会長	熊谷 直彦	三井物産会長
市川 忍	丸紅飯田会長	岩佐 凱実	富士銀行会長	豊田 英二	トヨタ自動車会長	古川 昌彦	三菱化学会長
土光 敏夫	東京芝浦電気社長	川又 克二	日産自動車会長	金森 政雄	三菱重工業会長	辻 義文	日産自動車会長
河野 文彦	三菱重工業会長	安居 喜造	東レ会長	永山 時雄	昭和シェル石油会長	金井 務	日立製作所会長
稲山 嘉寛	新日本製鐵社長	佐伯 勇	近畿日本鉄道会長	磯田 一郎	住友銀行会長	前田 勝之助	東レ会長
岩佐 凱実	富士銀行頭取	大槻 文平	三菱鉱業セメント社長	松澤 卓二	富士銀行会長	鈴木 敏文	イトーヨーカ堂社長
堀越 禎三	経団連事務総長	長谷川 周重	住友化学工業社長	八尋 俊邦	三井物産会長	大賀 典雄	ソニー会長
		平岩 外四	東京電力社長	土方 武	住友化学工業会長	岸 曉	東京三菱銀行頭取
		花村 仁八郎	経団連事務総長	佐波 正一	東芝会長	荒木 浩	東京電力社長
				盛田 昭夫	ソニー会長	片田 哲也	KOMATSU会長
				河合 良一	小松製作所会長	森下 洋一	松下電器産業社長(6月～会長)
評議員会議長・副議長		評議員会議長・副議長		評議員会議長・副議長		評議員会議長・副議長	
★佐藤 喜一郎	三井銀行会長	★河野 文彦	三菱重工業相談役	★山下 勇	三井造船 相談役	★那須 翔	東京電力会長
浅田 長平	神戸製鋼所相談役	伊藤次郎左衛門	松坂屋会長	米倉 功	九州電力会長	米倉 功	伊藤忠商事相談役
伊藤次郎左衛門	松坂屋会長	谷口 豊三郎	東洋紡績相談役	石野 信一	太陽神戸銀行取締役相談役	福原 義春	資生堂会長
谷口 豊三郎	東洋紡績会長	瀬川 美能留	野村證券会長	塚本 幸一	ワコール会長兼社長	橋本 徹	富士銀行会長
奥村 綱雄	野村證券会長	外島 健自	神戸製鋼所会長	千野 冝時	大和証券会長	樋口 廣太郎	アサヒビール取締役会長兼CEO
		水上 達三	三井物産相談役	植村 光雄	住友商事相談役	伊藤 助成	日本生命保険会長
				岩村 英郎	川崎製鐵会長	今井 治輔	清水建設会長
				杉浦 敏介	日本長期信用銀行会長	香西 昭夫	住友化学工業社長
				佐治 敬三	サントリー社長	大澤 秀次郎	日石三菱社長
						森川 敏雄	住友銀行会長
						西室 泰三	東芝会長
						吉野 浩行	本田技研工業社長

年の会長・副会長は4人減り、議長・副議長は2人増えている。役員数の縮小傾向が生まれたことに注目したい。

□役員企業の産業構成

経団連の役員を構成している大企業がどのような産業に属しているかを示しているのが**表6-2**である（2000年には東京電力が副会長と議長に入っており、2015年には東レが会長と副議長に入っているが、集計は重複したままおこなっている）[15]。

〈製造業中心だが地位は低下〉

製造業に分類される会社数（「専任」を除く）は、1970年11社中6社（54.5％）、1980年15社中9社（60.0％）、1990年は21社中12社（57.1％）、2000年は24社中14社（58.3％）、2005年は28社中18社（64.3％）、2010年は33社中18社（54.5％）、

2005年3月		2010年3月		2015年7月	
会長・副会長		会長・副会長		会長・副会長	
★奥田 碩	トヨタ自動車会長	★御手洗 冨士夫	キヤノン会長	★榊原 定征	東レ相談役最高顧問
千速 晃	新日本製鐵会長	渡 文明	新日本石油会長	荻田 伍	アサヒグループFG相談役
西室 泰三	東芝会長(6月〜相談役)	佐々木 幹夫	三菱商事会長	石原 邦夫	東京海上日動火災保険相談役
吉野 浩行	本田技研工業取締役相談役	中村 邦夫	パナソニック会長	友野 宏	新日鐵住金相談役
御手洗 冨士夫	キヤノン社長	森田 富治郎	第一生命保険会長	内山田 竹志	トヨタ自動車会長
柴田 昌治	日本ガイシ会長	檜田 松瑩	三井物産会長	中西 宏明	日立製作所会長
三木 繁光	東京三菱銀行頭取(兼 三菱東京フィナンシャル・グループ取締役)	榊原 定征	東レ社長	木村 康	JXFG会長
宮原 賢次	住友商事会長	前田 晃伸	みずほFG会長	鵜浦 博夫	日本電信電話社長
庄山 悦彦	日立製作所社長	佃 和夫	三菱重工業会長	古賀 信行	野村證券会長
西岡 喬	三菱重工業会長	氏家 純一	野村FG会長	岡本 圀衞	日本生命保険会長
出井 伸之	ソニー会長兼グループCEO	大橋 洋治	全日本空輸会長	永易 克典	三菱東京UFJ銀行会長
武田 國男	武田薬品工業会長	岩沙 弘道	三井不動産会長	宮永 俊一	三菱重工業会長
和田 紀夫	日本電信電話社長	清水 正孝	東京電力社長	十倉 雅和	住友化学社長
米倉 弘昌	住友化学社長	渡辺 捷昭	トヨタ自動車副会長	飯島 彰己	三井物産会長
草刈 隆郎	日本郵船会長	西田 厚聰	東芝会長	工藤 泰三	日本郵船会長
勝俣 恒久	東京電力社長	宗岡 正二	新日本製鐵社長		
評議員会議長・副議長		評議員会議長・副議長		審議員会議長・副議長	
★森下 洋一	松下電器産業会長	★米倉 弘昌	住友化学会長	★岩沙 弘道	三井不動産会長
鈴木 敏文	イトーヨーカ堂会長兼CEO	柴田 昌治	日本ガイシ会長	伊東 信一郎	ANAFG社長
高원 慶一朗	ユニ・チャーム会長	大橋 光夫	昭和電工会長	伊藤 一郎	旭化成会長
櫻井 孝頴	第一生命保険会長	鈴木 正一郎	王子製紙会長	下村 節宏	三菱電機相談役
平島 治	大成建設会長	奥田 務	J.フロントリテイリング会長(〜3月 社長)	日覺 昭廣	東レ社長
伊藤 源嗣	石川島播磨重工業社長最高経営執行責任者			村瀬 治男	キヤノンマーケティングジャパン会長
池田 守男	資生堂会長	池田 弘一	アサヒビール会長	野路 國一	小松製作所会長
宮内 義彦	オリックス会長	畔柳 信雄	三菱UFJフィナンシャル・グループ会長	宮本 洋一	清水建設社長
渡 文明	新日本石油社長	岡 素之	住友商事会長	伊藤 雅俊	味の素会長
谷口 一郎	三菱電機会長	長谷川 閑史	武田薬品工業社長	岡本 毅	東京ガス会長
江頭 邦雄	味の素社長	中鉢 良治	ソニー副会長	高橋 恭平	昭和電工社長
岩沙 弘道	三井不動産会長	野間口 有	三菱電機取締役	山内 隆司	大成建設社長
		坂根 正弘	小松製作所会長	鈴木 茂晴	大和証券グループ本社会長
		原 良也	大和証券グループ本社最高顧問	江頭 敏明	三井住友海上火災保険会長
				小林 健	三菱商事会長
		三浦 惺	日本電信電話社長	石塚 邦雄	三越伊勢丹FG会長
		宮原 耕治	日本郵船会長	岡藤 正広	伊藤忠商事社長
		大久保 尚武	積水化学工業会長	冨田 哲郎	東日本旅客鉄道社長
		大塚 陸毅	東日本旅客鉄道会長	渡邉 光一郎	第一生命保険社長
				國部 毅	三井住友銀行頭取
				吉田 晴乃	BTジャパン社長

(資料)『経済団体連合会五十年史』および日本経済団体連合会ホームページより作成
(注1) ★は会長・議長
(注2) 1970年3月、1980年3月、1990年3月、2000年3月、2005年3月、2010年3月の 各時点における役員・企業、および2015年7月末現在の役員・企業
(注3) 新日本製鐵は、八幡製鐵・富士製鐵が合併し、1970年3月31日に発足

 2015年は36社中14社（38.9％）となっている。これに、電気・ガス業、運輸業（陸運・海運・空運）を加えると、さらに比率が上昇し、常に5〜7割を占め

表6-2 日本経団連役員企業の産業分布の推移(1970年～2015年)

業種 大分類	中分類	1970年3月 社数	%	1980年3月 社数	%	1990年3月 社数	%	2000年3月 社数	%	2005年3月 社数	%	2010年3月 社数	%	2015年3月 社数	%
水産・農林業	水産・農林業	0	0.0	0	0.0	0	0.0	0	0.0	0	0.0	0	0.0	0	0.0
鉱業	鉱業	0	0.0	0	0.0	0	0.0	0	0.0	0	0.0	0	0.0	0	0.0
建設業	建設業	0	0.0	0	0.0	0	0.0	1	4.2	1	3.6	0	0.0	2	5.6
製造業	食料品	0	0.0	0	0.0	1	4.8	1	4.2	1	3.6	1	3.0	2	5.6
	繊維製品	1	9.1	2	13.3	1	4.8	1	4.2	0	0.0	1	3.0	2	5.6
	パルプ・紙	0	0.0	0	0.0	0	0.0	0	0.0	0	0.0	1	3.0	0	0.0
	化学	1	9.1	1	6.7	1	4.8	3	12.5	3	10.7	3	9.1	3	8.3
	医薬品	0	0.0	0	0.0	0	0.0	0	0.0	0	0.0	1	3.0	1	3.0
	石油・石炭製品	0	0.0	0	0.0	1	4.8	1	4.2	1	3.6	1	3.0	1	2.8
	ゴム製品	0	0.0	0	0.0	0	0.0	0	0.0	0	0.0	0	0.0	0	0.0
	ガラス・土石製品	0	0.0	1	6.7	0	0.0	0	0.0	1	3.6	1	3.0	0	0.0
	鉄鋼	2	18.2	2	13.3	2	9.5	1	4.2	1	3.6	1	3.0	1	2.8
	非鉄金属	0	0.0	0	0.0	0	0.0	0	0.0	0	0.0	0	0.0	0	0.0
	金属製品	0	0.0	0	0.0	0	0.0	0	0.0	0	0.0	0	0.0	0	0.0
	機械	1	9.1	1	6.7	2	9.5	1	4.2	2	7.1	2	6.1	2	5.6
	電気機器	1	9.1	1	6.7	2	9.5	4	16.7	6	21.4	5	15.2	2	5.6
	輸送用機器	0	0.0	1	6.7	2	9.5	2	8.3	2	7.1	1	3.0	1	2.8
	精密機器	0	0.0	0	0.0	0	0.0	0	0.0	0	0.0	0	0.0	0	0.0
	その他製品	0	0.0	0	0.0	0	0.0	0	0.0	0	0.0	0	0.0	0	0.0
(製造業・小計)		6	54.5	9	60.0	12	57.1	14	58.3	18	64.3	18	54.5	14	38.9
電気・ガス業	電気・ガス業	0	0.0	1	6.7	2	9.5	2	8.3	1	3.6	1	3.0	1	2.8
運輸・情報通信業	陸運業	0	0.0	1	6.7	0	0.0	0	0.0	0	0.0	1	3.0	1	2.8
	海運業	0	0.0	0	0.0	0	0.0	0	0.0	1	3.6	1	3.0	1	2.8
	空運業	0	0.0	0	0.0	0	0.0	0	0.0	0	0.0	1	3.0	1	2.8
	倉庫・運輸関連業	0	0.0	0	0.0	0	0.0	0	0.0	0	0.0	0	0.0	0	0.0
	情報・通信業	0	0.0	0	0.0	0	0.0	0	0.0	1	3.6	1	3.0	2	5.6
(運輸・情報通信・小計)		0	0.0	1	6.7	0	0.0	0	0.0	2	7.1	4	12.1	5	13.9
商業	卸売業	1	9.1	1	6.7	2	9.5	2	8.3	1	3.6	3	9.1	4	11.1
	小売業	1	9.1	1	6.7	0	0.0	1	4.2	1	3.6	1	3.0	1	2.8
(商業・小計)		2	18.2	2	13.3	2	9.5	3	12.5	2	7.1	4	12.1	5	13.9
金融・保険業	銀行業	2	18.2	1	6.7	4	19.0	3	12.5	1	3.6	2	6.1	2	5.6
	証券、商品先物取引業	1	9.1	1	6.7	1	4.8	0	0.0	0	0.0	2	6.1	2	5.6
	保険業	0	0.0	0	0.0	0	0.0	1	4.2	1	3.6	1	3.0	4	11.1
	その他金融業	0	0.0	0	0.0	0	0.0	0	0.0	1	3.6	0	0.0	0	0.0
(金融・保険業・小計)		3	27.3	2	13.3	5	23.8	4	16.7	3	10.7	5	15.2	8	22.2
不動産業	不動産業	0	0.0	0	0.0	0	0.0	0	0.0	1	3.6	1	3.0	1	2.8
サービス業	サービス業	0	0.0	0	0.0	0	0.0	0	0.0	0	0.0	0	0.0	0	0.0
	専任	2	—	1	—	0	0.0	0	0.0	0	0.0	0	0.0	0	0.0
合計(専任を除く)		11	100.0	15	100.0	21	100.0	24	100.0	28	100.0	33	100.0	36	100.0

(資料)『経済団体連合会五十年史』および日本経済団体連合会ホームページ、各企業の各年度の有価証券報告書より作成
(注) 1970年3月、1980年3月、1990年3月、2000年3月、2005年3月、2010年3月の各時点における役員・企業、2015年7月末現在の役員・企業

る。

　ただし製造業の比率を見ると、ピークは2005年の64.3％で、その後は急速に地位を低下させ2015年には38.9％に落ち込んでいる。この点は、注目すべき現象である。なかでも、重厚長大産業とも言われた鉄鋼、ガラス・土石製品が相対的に減少し、電気機器、化学が比重を高めているのがわかる。

さらに注目すべきは、情報・通信業、商業（卸売業、小売業）、金融・保険業が、この10年の間に急速に比重を高めていることである。
　情報・通信業は、1970年から2000年までの間はゼロであったが、2005年に1社（3.6％）、2010年1社（3.0％）、2015年2社（5.4％）に増加している。これは、インターネットの発達など「情報化」を反映している。
　商業（卸売業、小売業）は、1970年に2社（18.2％）、1980年2社（13.3％）、1990年2社（9.5％）と、社数は同じだが相対的に比重を低下させている。しかし、2000年に3社（12.5％）、2005年2社（7.1％）となった後、2010年に4社（12.1％）、2015年には5社（13.9％）と急速に比率を高めている。卸売業の中心は総合商社であり、2015年には、三井物産、三菱商事、伊藤忠商事が入っている（他に卸売業としてキヤノンマーケティングジャパンがある）。総合商社の比重の高まりは、巨大企業の多国籍企業化と密接に関連している。

〈金融・保険業が急速に増加〉
　さらに重要なのは、一時低迷していた金融・保険業が、最近になって急増していることである。金融・保険業は、1970年3社で27.3％を占めていたが、1980年になると2社で13.3％に低下した。その後、1990年に5社（23.8％）に増えた後、金融危機勃発（1997〜98年）の影響もあり、2000年には4社（16.7％）、2005年3社（10.7％）と低下した。しかし2010年になると5社（15.2％）に増え、2015年には実に8社（22.2％）に増加している。
　なかでも保険業は1970年から1990年までの間は1社も入っていなかったが、2000年、2005年、2010年に各1社が入り、2015年には実に4社（10.8％）に増加している。これは、世界的に投機資金が膨張するなかで、保険業界の機関投資家としての役割が増大していることを反映している。
　このように、経団連役員企業の産業構成の推移をみると、基本的には製造業を中心としつつもその主軸をハイテク部門へと移しつつあり、また、海外進出と多国籍企業化、経済の金融化を反映した構成へと変貌をとげつつあることが分かる。

表6-3　経団連役員企業の外資比率、配当総額の推移

1970年（3月期決算）

役員	企業名	外国法人等所有株式の比率	年間配当金総額（百万円）
副会長	住友化学工業	0.61	3,360
副会長	丸紅飯田	0.02	2,093
副会長	東京芝浦電気	19.89	10,175
副会長	三菱重工業	1.21	10,010
副会長	新日本製鐵（八幡製鐵）	0.62	022,936
副会長	富士銀行	1.15	3,240
議長	三井銀行	2.33	2,520
副議長	神戸製鋼所	0.48	5,858
副議長	松坂屋	0.00	675
副議長	東洋紡績	0.09	2,807
副議長	野村證券	4.08	1,765
	11社平均	2.77	5,949
会長	経団連会長（専任）		
副会長	経団連事務総長（専任）		

①住友化学工業は12月決算
②松坂屋は2月決算
③東洋紡績は4月決算
④野村證券は9月決算

1980年（3月期決算）

役員	企業名	外国法人等所有株式の比率	年間配当金総額（百万円）
会長	東京芝浦電気	13.80	12,902
副会長	新日本製鐵	1.79	32,424
副会長	富士銀行	0.74	8,910
副会長	日産自動車	0.65	18,349
副会長	東レ	3.70	6,120
副会長	近畿日本鉄道	0.02	5,005
副会長	三菱鉱業セメント	0.32	1,889
副会長	住友化学工業	0.83	5,866
副会長	東京電力	0.70	30,600
議長	三菱重工業	4.86	9,212
副議長	松坂屋	0.00	949
副議長	東洋紡績	0.56	1,822
副議長	野村證券	2.15	8,371
副議長	神戸製鋼所	0.87	10,128
副議長	三井物産	0.89	6,753
	15社平均	2.13	10,620
副会長	経団連事務総長（専任）		

①住友化学工業は12月決算
②松坂屋は2月決算
③東洋紡績は4月決算
④野村證券は9月決算

1990年（3月期決算）

役員	企業名	外国法人等所有株式の比率	年間配当金総額（百万円）
会長	新日本製鐵	1.75	40,701
副会長	東京電力	2.19	65,654
副会長	トヨタ自動車	2.40	57,931
副会長	三菱重工業	7.50	23,391
副会長	昭和シェル石油	56.17	1,637
副会長	住友銀行	2.55	23,826
副会長	富士銀行	1.21	23,144
副会長	三井物産	4.71	9,511
副会長	住友化学工業	2.59	9,726
副会長	東芝	3.38	31,597
副会長	ソニー	15.29	16,373
副会長	小松製作所	6.00	7,850
議長	三井造船	4.92	3,052
副議長	九州電力	0.81	22,911
副議長	太陽神戸三井銀行（太陽神戸銀行）	0.27	12,427
副議長	ワコール	2.35	2,311
副議長	大和証券	4.02	18,223
副議長	住友商事	6.08	7,839
副議長	川崎製鐵	1.90	18,714
副議長	日本長期信用銀行	0.79	18,191
	20社平均	6.34	20,750
副議長	サントリー（非上場）		

①トヨタ自動車は1990年6月決算
②昭和シェル石油は12月決算
③住友化学工業は12月決算

□急速にすすむ外資とカストディアンの支配

　では、経団連に役員を出している大企業は、誰によって支配されているのか。それを明らかにするためには、役員企業の大株主が誰かを分析しなければならない。筆者は、『変貌する財界――日本経団連の分析』で、1970年から2006年までの経団連役員企業の大株主構成の推移を分析したことがある（製造業に限定して）。その時点では、次のような結論を得ることができた。
　「外資による保有株式が近年飛躍的に増加した。日本経団連のなかで指導的な役割を果たしている役員の所属する多くの企業が、外資によって株式の主要部分を保有され、少なくない企業の経営を直接支配されるに至っている。こうして、日本経団連役員企業の多くは、アメリカを中心とする多国籍企業の強い影響をうけ、日本経団連は全体として日米多国籍企業の共同の利益代表として

2000年(3月期決算)

役員	企業名	外国法人等所有株式の比率	年間配当金総額(百万円)
会長	新日本製鐵	15.80	10,210
副会長	三井物産	19.20	12,668
副会長	三菱化学	13.33	4,355
副会長	日産自動車	53.46	0
副会長	日立製作所	29.30	20,026
副会長	東レ	11.75	9,810
副会長	イトーヨーカ堂	22.16	14,132
副会長	ソニー	44.84	21,664
副会長	東京三菱銀行	12.56	46,455
副会長	東京電力	12.05	81,170
副会長	小松製作所	26.96	5,800
副会長	松下電器産業	22.95	25,778
副議長	伊藤忠商事	11.91	0
副議長	資生堂	24.21	6,659
副議長	富士銀行	12.93	33,168
副議長	アサヒビール	17.76	5,974
副議長	清水建設	5.63	3,942
副議長	住友化学工業	13.82	8,175
副議長	日石三菱	17.53	10,260
副議長	住友銀行	11.39	22,398
副議長	東芝	26.86	9,656
副議長	本田技研工業	20.62	22,410
	22社平均	20.32	17,032
議長	東京電力(重複)		
副議長	日本生命保険		

①イトーヨーカ堂は2月決算
②アサヒビールは12月決算

2010年(3月期決算)

役員	企業名	外国法人等所有株式の比率	年間配当金総額(百万円)
会長	キヤノン	44.96	135,792
副会長	新日本石油	26.52	26,277
副会長	三菱商事	35.54	62,455
副会長	パナソニック	25.32	20,706
副会長	第一生命保険	22.06	10,000
副会長	三井物産	39.11	32,860
副会長	東レ	17.06	7,002
副会長	みずほFG	20.03	134,966
副会長	三菱重工業	19.51	13,424
副会長	野村ホールディング	44.16	25,810
副会長	全日本空輸	8.58	0
副会長	三井不動産	49.61	19,327
副会長	東京電力	17.47	81,003
副会長	トヨタ自動車	24.49	141,119
副会長	東芝	24.76	0
副会長	新日本製鐵	17.27	9,454
議長	住友化学	26.23	9,912
副議長	日本ガイシ(碍子)	21.22	5,225
副議長	昭和電工	20.37	4,490
副議長	王子製紙	14.91	10,025
副議長	J.フロントリテイリング	12.95	3,701
副議長	アサヒビール	26.88	9,529
副議長	三菱UFJFG	33.10	178,718
副議長	住友商事	35.99	30,001
副議長	武田薬品工業	32.55	144,344
副議長	ソニー	45.29	25,088
副議長	三菱電機	28.45	8,580
副議長	小松製作所	35.19	15,496
副議長	大和証券グループ	42.89	22,729
副議長	日本電信電話	19.83	158,789
副議長	日本郵船	35.44	5,850
副議長	積水化学工業	28.23	5,256
副議長	東日本旅客鉄道	28.87	43,524
	33社平均	28.03	42,468

①キヤノンは12月決算
②昭和電工は12月決算
③J.フロントリテイリングは2月決算
④アサヒビールは12月決算

2015年(3月期決算)

役員	企業名	外国法人等所有株式の比率	年間配当金総額(百万円)
会長	東レ	25.03	17,591
副会長	アサヒグループFG	28.82	114,053
副会長	東京海上日動火災保険		
	(持株会社)(東京海上FG)	43.32	72,196
副会長	新日鐵住金	28.96	50,272
副会長	トヨタ自動車	31.12	631,308
副会長	日立製作所	45.17	57,944
副会長	JXFG	29.07	39,837
副会長	日本電信電話	27.53	195,138
副会長	野村證券		
	(持株会社)野村FG	35.34	68,648
副会長	三菱東京UFJ銀行		
	(持株会社)三菱UFJFG	39.93	253,695
副会長	三菱重工業	31.68	36,913
副会長	住友化学	35.88	14,718
副会長	三井物産	30.60	114,738
副会長	日本郵船	39.83	11,872
副議長	三井不動産	54.11	24,703
副議長	ANAFG	11.97	14,045
副議長	旭化成	36.36	26,542
副議長	三菱電機	37.50	57,963
副議長	キヤノンマーケティングジャパン		
	(親会社)キヤノン	30.50	164,691
副議長	小松製作所	44.14	55,009
副議長	清水建設	20.76	6,286
副議長	味の素	29.79	6,203
副議長	東京ガス	36.62	24,402
副議長	昭和電工	24.41	4,285
副議長	大成建設	30.66	9,265
副議長	大和証券グループ本社	45.36	29,855
副議長	三井住友海上火災保険		
	(持株会社)MS&ADインシュアランスグループFG	39.61	19,900
副議長	三菱商事	31.83	113,404
副議長	三越伊勢丹FG	24.67	4,335
副議長	伊藤忠商事	38.24	74,364
副議長	東日本旅客鉄道	37.01	47,180
副議長	第一生命保険	43.39	33,542
副議長	三井住友銀行		
	(持株会社)三井住友FG	45.17	197,408
	33社平均	34.48	78,555
副議長	BTジャパン(非上場)		
副議長	日本生命保険(相互)		
副議長	東レ(重複)		

①2015年7月末現在の役員企業
②東京海上日動火災保険、野村證券、三菱東京UFJ銀行、キヤノンマーケティングジャパン、三井住友海上火災保険、三井住友銀行については、それぞれ、持株会社・親会社である東京海上FG、野村FG、キヤノン、MS&ADインシュアランスグループFGを集計対象とした
③BTジャパンは非上場の外資系企業、日本生命保険は相互会社のため有価証券報告書がない
④アサヒグループFGは2014年12月決算。親会社(キヤノン)は2014年12月決算。昭和電工は2014年12月決算

《出所》『経済団体連合会50年史』および日本経済団体連合会ホームページ、各企業の各年度の有価証券報告書より作成

(注1) 1970年3月、1980年3月、1990年3月、2000年3月、2010年3月、および2015年7月末現在の役員・企業
(注2) 12月決算の企業については、1970年、1980年、1990年、2000年は当該年のもの、2010年以降は前年のもの
(注3) 日本生命保険の2000年、2015年は、相互会社であるため、有価証券報告書の提出義務から除外されており有価証券報告書がない
(注4) 新日本製鐵は、八幡製鐵・富士製鐵が合併し、1970年3月31日に発足。新日鐵住金は、2012年10月に新日本製鐵と住友金属が合併し名称変更
(注5) イトーヨーカ堂は、2005年9月に持株会社セブン&アイ・FGを設立し、上場廃止
(注6) 日石三菱は、1999年4月に日本石油と三菱石油が合併し名称変更

6 日本財界による政治支配の変容

の性格をいっそう強めている[16]」。

　本章では、金融・保険・商業を含むすべての経団連役員企業を分析対象として集計作業をおこなった。役員企業が、持株会社・親会社に支配されている場合は、実質的な権限をもっている持株会社・親会社を集計対象としている[17]。集計結果は、以下の通りである。

〈外資の株式保有が３割を超える〉
　第一は、「外国法人等」の占める比率が急増していることである。表6-3で明らかなように、日本経団連の役員を構成している巨大企業の発行済み株式総数のうち、外国の法人・個人が所有する株式の比率（１社平均）をみると、1970年2.77％、1980年2.13％、1990年には6.34％とわずかなものであった。ところが、2000年代以降になると急速に増加する。2000年20.32％、2010年28.03％と２割台になり、そして2015年には34.48％に増加している。
　銀行の経営破綻が相次いだ1997年以降、銀行株が下落したことを契機に、事業会社が銀行株の売却を進め、他方で経営危機に陥った銀行が不良債権処理のため保有株式の大量売却を進めた。このことが外資保有比率上昇の背景にある。2001年には、銀行の株式保有の抑制をめざすBIS規制（国際業務を行う銀行の自己資本比率に関する国際統一基準）にもとづいて銀行等株式保有制限法[18]が制定され、保有株式の売却にいっそう拍車がかかった。さらに、2008年のリーマン・ショックが重なり、銀行保有株式の占める比率は格段に低下することとなった。
　このように、日本の銀行・保険・証券業界が保有している株式の大量売却を進めたとき、その受け皿になったのが海外投資家である[19]。いまでは、経団連役員企業の発行済み株式のうち実に３分の１強が外国資本の手中にあり、米系資本が大きな影響力を及ぼしているのである。

〈カストディアンが大株主となる〉
　次に、経団連役員企業の大株主に着目したい。
　表6-4に見るように、最大の特徴はカストディアン（Custodian）の圧倒的進出である。カストディアンとは、投資家に代わって有価証券を管理・運用する

業務に特化した信託銀行・資産管理信託会社のことである。

　証券投資を行う投資家の代理人として有価証券の保管、受渡決済、権利保全、議決権行使などの幅広い業務を提供するのが常任代理人業務（カストディ業務）であり、カストディアンはその業務を行う「常任代理人・保管機関」である。カストディ（Custodey）は「常任代理人制度」と定義されている[20]。その業務は、単に有価証券を保管する範囲を大きく超えて、いまでは「運用収益の最大化」を目的とするようになった[21]。

　日本のカストディアンは、2000年から2001年にかけて三メガバンクの系列ごとに相次いで設立されている。日本トラスティ・サービス信託銀行[22]（三井住友トラスト・ホールディングス系）、日本マスタートラスト信託銀行[23]（三菱UFJ信託銀行系）、資産管理サービス信託銀行[24]（みずほフィナンシャルグループ系）の3社である。

　さらに注目すべきは、国際的に活動しているアメリカを中心とするグローバル・カストディアンである。グローバル・カストディアンとは、複数国の有価証券の保管業務の取り扱いを統括して行う金融・信託機関である。たとえば、ステート・ストリート・バンクはアメリカ最大のカストディアンであり、JPモルガン・チェース、シティグループなどとともに、複数国の有価証券保管業務を統括する金融・信託機関＝グローバル・カストディアンとなっている。このグローバル・カストディアンと提携しその委託を受けて自国内で有価証券の保管業務を行っているのが、サブ・カストディアンである。したがってグローバル・カストディ事業は、①投資家、②グローバル・カストディアン、③サブ・カストディアンの三者によって構成される。

　海外の投資家が証券のカストディをグローバル・カストディアンに依頼し、グローバル・カストディアンは投資先に自らの現地法人がないとき、自己の代理人（サブ・カストディアン）である現地金融機関に対して再預託する[25]。海外の機関投資家等から委託を受けてグローバル・カストディアンが対日証券投資をおこなうさい、国内でその代理人として有価証券の保管、受渡決済、権利保全、議決権行使など幅広いサービスを提供するのが、サブ・カストディアンの役割である。日本のばあいは、銀行や証券会社がサブ・カストディアン（常任代理人）となっている。

　ふり返ると、1970年から1990年までは、経団連に役員を出している大企業の

表6-4　日本経団連役員企業の大株主10位（2015年3月決算）

役員	企業名	大株主1位	比率	大株主2位	比率	大株主3位	比率	大株主4位	比率	大株主5位	比率
会長	東レ	●日本マスタートラスト信託銀行（株）（信託口）	7.03	●日本トラスティ・サービス信託銀行（株）（信託口）	5.20	○日本生命保険（相）	4.36	○三井住友保険（株）	2.20	○（株）三井住友銀行	1.84
副会長	アサヒグループHD	●日本マスタートラスト信託銀行（株）（信託口）	5.92	●日本トラスティ・サービス信託銀行（株）（信託口）	4.18	旭化成（株）	3.88	○第一生命保険（株）	3.50	富国生命保険（相互）	3.31
副会長	東京海上日動火災保険	持株会社（東京海上HD）	100.0								
	持株会社（東京海上HD）	●日本マスタートラスト信託銀行（株）（信託口）	5.14	●日本トラスティ・サービス信託銀行（株）（信託口）	4.36	◎ステート ストリート バンク アンド トラスト カンパニー − 505001（常代 みずほ銀行決済営業部）	2.37	○明治安田生命保険（相互）（常代 資産管理サービス信託銀行）	2.08	○（株）三菱東京UFJ銀行	2.07
副会長	新日鐵住金	●日本トラスティ・サービス信託銀行（株）（信託口）	4.12	●日本マスタートラスト信託銀行（株）（信託口）	3.28	○日本生命保険（相互）	2.58	住友商事（株）	1.92	●（株）みずほ銀行（常代 資産管理サービス信託銀行（株））	1.71
副会長	トヨタ自動車	●日本トラスティ・サービス信託銀行（株）	10.28	（株）豊田自動織機	6.57	●日本マスタートラスト信託銀行（株）	4.70	◎ステート ストリート バンク アンド トラスト カンパニー（常代 みずほ銀行決済営業部）	3.76	○日本生命保険（相互）	3.51
副会長	日立製作所	●日本マスタートラスト信託銀行（株）（信託口）	6.24	●日本トラスティ・サービス信託銀行（株）（信託口）	4.57	日立グループ社員持株会	2.07	○日本生命保険（相互）	1.93	○ナッツ クムコ（常代 みずほ銀行）	1.74
副会長	JXHD	●日本トラスティ・サービス信託銀行（株）（信託口）	5.36	●日本マスタートラスト信託銀行（株）（信託口）	5.26	●（株）みずほ銀行（常代 資産管理サービス信託銀行（株））	3.05	○（株）三井住友銀行	2.62	三菱商事（株）	1.95
副会長	日本電信電話	財務大臣	32.47	●日本トラスティ・サービス信託銀行（株）（信託口）	3.22	●日本マスタートラスト信託銀行（株）（信託口）	2.66	◎モックスレイ アンド カンパニー エルエルシー（常代（株）三菱東京UFJ銀行）	1.36	◎ステート ストリート バンク アンド トラスト カンパニー（常代 香港上海銀行）	1.11
副会長	野村證券	野村HD	100.0								
	持株会社（野村HD）	●日本トラスティ・サービス信託銀行（株）（信託口）	3.87	●日本マスタートラスト信託銀行（株）（信託口）	3.80	◎ザ バンク オブ ニューヨーク メロン エスエー エヌヴイ 10（常代）三菱東京UFJ銀行	1.30	◎ステート ストリート バンク ウェスト クライアント トリーティー−505234（常代（株）みずほ銀行）	1.22	●日本トラスティ・サービス信託銀行（株）（信託口5）	1.09
副会長	三菱東京UFJ銀行	三菱UFJFG	97.18	（自己保有株式）	2.81						
	持株会社（三菱UFJFG）	●日本トラスティ・サービス信託銀行（株）（信託口）	4.84	●日本マスタートラスト信託銀行（株）（信託口）	4.08	◎ザ バンク オブ ニューヨーク メロン エスエー エヌヴイ 10（常代）三菱東京UFJ銀行	1.69	◎ステート ストリート バンク アンド トラスト カンパニー（常代 香港上海銀行東京支店）	1.51	◎ステート ストリート バンク アンド トラスト カンパニー（常代（株）みずほ銀行決済営業部）	1.33
副会長	三菱重工業	●日本マスタートラスト信託銀行（株）（信託口）	4.32	●日本トラスティ・サービス信託銀行（株）（信託口）	3.99	野村信託銀行（株）（退職給付信託三菱東京UFJ銀行口）	3.72	○明治安田生命保険（相互）（常代 資産管理サービス信託銀行（株））	2.37	◎ザ バンク オブ ニューヨーク メロン エスエー エヌヴイ 10（常代）三菱東京UFJ銀行	1.70
副会長	住友化学	●日本マスタートラスト信託銀行（株）（信託口）	5.63	●日本トラスティ・サービス信託銀行（株）（信託口）	5.49	○住友生命保険（相互）	4.29	○日本生命保険（相互）	2.48	○（株）三井住友銀行	2.32
副会長	三井物産	●日本マスタートラスト信託銀行（株）（信託口）	6.80	●日本トラスティ・サービス信託銀行（株）（信託口）	4.80	○（株）三井住友銀行	2.14	○日本生命保険（相互）	1.95	○バークレイズ証券（株）	1.39
副会長	日本郵船	●日本マスタートラスト信託銀行（株）（信託口）	5.77	●日本トラスティ・サービス信託銀行（株）（信託口）	5.41	三菱重工業（株）	2.41	○明治安田生命保険（相互）（常代 資産管理サービス信託銀行（株））	2.02	○東京海上日動火災保険（株）	1.90
議長	三井不動産	●日本マスタートラスト信託銀行（株）（信託口）	7.11	●日本トラスティ・サービス信託銀行（株）（信託口）	5.06	◎ザ バンク オブ ニューヨーク メロン エスエー エヌヴイ 10（常代）三菱東京UFJ銀行	3.09	◎ステート ストリート バンク アンド トラスト カンパニー − 505223（常代（株）みずほ銀行決済営業部）	2.23	◎ステート ストリート バンク アンド トラスト カンパニー（常代 香港上海銀行東京支店 カストディ業務部）	2.07
副議長	ANAHD	●日本マスタートラスト信託銀行（株）（信託口）	2.79	●日本トラスティ・サービス信託銀行（株）（信託口）	2.35	名古屋鉄道（株）	2.32	●日本トラスティ・サービス信託銀行（株）（信託口11）	1.82	●日本トラスティ・サービス信託銀行（株）（信託口5）	1.16
副議長	旭化成	●日本マスタートラスト信託銀行（株）（信託口）	5.22	○日本生命保険（相互）	5.20	●日本トラスティ・サービス信託銀行（株）（信託口）	3.88	旭化成グループ従業員持株会	2.53	○（株）三井住友銀行	2.52
副議長	三菱電機	●日本マスタートラスト信託銀行（株）（信託口）	6.99	●日本トラスティ・サービス信託銀行（株）（信託口）	4.13	○明治安田生命保険（相互）	3.81	◎ステート ストリート バンク アンド トラスト カンパニー（常代 香港上海銀行東京支店）	3.17	○日本生命保険（相互）	2.87

大株主6位	比率	大株主7位	比率	大株主8位	比率	大株主9位	比率	大株主10位	比率	大株主比率
●日本トラスティ・サービス信託銀行(株)(信託口4)	1.37	◎ステート ストリート バンク ウエスト クライアント トリーティー (常代)(株)みずほ銀行決済営業部	1.25	◎ザ バンク オブ ニューヨーク メロン エスエー エヌヴイ 10 (常代)(株)三菱東京UFJ銀行	1.24	○三井不動産(株)	1.19	○三井住友海上火災保険	1.08	26.77
○(株)三井住友銀行	1.87	○三井住友信託銀行(株)	1.68	◎ザ バンク オブ ニューヨーク メロン エスエー エヌヴイ 10 (常代)(株)三菱東京UFJ銀行	1.38	◎チェース マンハッタン バンク ジー.ティー.エス クライアンツ アカウント エスクロウ (常代)(株)みずほ銀行	1.20	○農林中央金庫	1.15	28.07
◎ザ バンク オブ ニューヨーク メロン エスエー エヌヴイ 10 (常代)(株)三菱東京UFJ銀行	1.93	◎ジェーピー モルガン チェース バンク 385632 (常代)(株)みずほ銀行決済営業部	1.61	◎ステート ストリート バンク アンド トラスト カンパニー 505225 (常代)(株)みずほ銀行決済営業部	1.47	●日本マスタートラスト信託銀行(株)(三菱商事株式会社口)	1.43	○東海日動従業員持株会	1.39	23.85
○(株)三井住友銀行	1.54	●明治安田生命保険(相互)(常代 資産管理サービス信託銀行)	1.46	○(株)三菱東京UFJ銀行	1.43	◎ザ バンク オブ ニューヨーク メロン エスエー エヌヴイ 10 (常代)(株)三菱東京UFJ銀行	1.29	◎ステート ストリート バンク ウエスト クライアント トリーティー (常代)(株)みずほ銀行決済営業部	1.09	20.43
◎ザ バンク オブ ニューヨーク メロン アズ デポジタリ レセプト ホルダーズ (常代)(株)三井住友銀行	2.42	(株)デンソー	2.41	●資産管理サービス信託銀行(株)	1.97	◎ジェーピー モルガン チェース バンク (常代)(株)みずほ銀行決済営業部	1.90	○三井住友海上火災保険(株)	1.87	39.41
◎ステート ストリート バンク アンド トラスト カンパニー 505225 (常代)(株)みずほ銀行	1.62	◎ザ バンク オブ ニューヨーク メロン エスエー エヌヴイ 10 (常代)(株)三菱東京UFJ銀行	1.55	●第一生命保険(株)	1.48	◎ステート ストリート バンク ウエスト クライアント トリーティー 505234 (常代)(株)みずほ銀行	1.34	◎ステート ストリート バンク アンド トラスト カンパニー (常代 香港上海銀行)	1.22	23.76
○(株)三菱東京UFJ銀行	1.56	●日本トラスティ・サービス信託銀行(株)(信託口9)	1.36	国際石油開発帝石(株)	1.33	◎ザ バンク オブ ニューヨーク メロン エスエー エヌヴイ 10 (常代)(株)三菱東京UFJ銀行	1.27	◎ステート ストリート バンク ウエスト クライアント トリーティー 505234 (常代)(株)みずほ銀行決済営業部	1.21	24.97
◎ジェーピー モルガン チェース バンク 385632	0.90	●日本トラスティ・サービス信託銀行(株)(信託口9)	0.88	NTT社員持株会	0.80	◎ザ バンク オブ ニューヨーク メロン エスエー エヌヴイ 10	0.78	◎ステート ストリート バンク アンド トラスト カンパニー 505202 (常代 香港上海銀行)	0.74	44.91
●日本トラスティ・サービス信託銀行(株)(信託口1)	1.09	●日本トラスティ・サービス信託銀行(株)(信託口7)	1.09	●日本トラスティ・サービス信託銀行(株)(信託口6)	1.09	●日本トラスティ・サービス信託銀行(株)(信託口3)	1.08	●日本トラスティ・サービス信託銀行(株)(信託口2)	1.07	16.74
○日本生命保険(相互)	1.28	◎ザ バンク オブ ニューヨーク メロン アズ デポジタリー バンク フォー デポジタリー レシート ホルダーズ (常代)(株)三菱東京UFJ銀行	1.24	●日本マスタートラスト信託銀行(株)(明治安田生命保険(相互)退職給付金信託口)	1.23	●日本トラスティ・サービス信託銀行(株)(信託口9)	1.18	◎ステート ストリート バンク ウエスト クライアント トリーティー 505234 (常代)(株)みずほ銀行	1.17	19.63
●野村信託銀行(株)(退職給付信託・三菱UFJ信託銀行口)	1.36	○東京海上日動火災保険(株)	1.30	◎ステート ストリート バンク ウエスト クライアント トリーティー 505234 (常代)(株)みずほ銀行決済営業部	1.21	◎シービーエヌワイ・オブ ノルウエイ (常代 シティバンク銀行(株))	1.13	●日本トラスティ・サービス信託銀行(株)(信託口1)	1.04	22.16
●日本トラスティ・サービス信託銀行(株)(三井住友信託銀行再信託分・住友生命保険(相互)退職給付信託口)	1.75	●日本トラスティ・サービス信託銀行(株)(信託口4)	1.59	◎ステート ストリート バンク アンド トラスト カンパニー 505225 (常代)(株)みずほ銀行決済営業部	1.58	◎ノーザン トラスト カンパニー (AVFC) アールイー ユーエス タックス エクセンプテド ペンション ファンズ (常代 香港上海銀行東京支店 カストディ業務口)	1.43	○農林中央金庫	1.32	27.88
○三井住友海上火災保険(株)	1.37	◎ザ バンク オブ ニューヨーク メロン エスエー エヌヴイ 10 (常代)(株)三菱東京UFJ銀行	1.36	◎ステート ストリート バンク アンド トラスト カンパニー 505223 (常代)(株)みずほ銀行決済営業部	1.35	◎ステート ストリート バンク ウエスト クライアント トリーティー (常代)(株)みずほ銀行	1.26	●第一生命保険(株)(常代 資産管理サービス信託銀行)	1.13	23.58
◎ステート ストリート バンク アンド トラスト カンパニー 505223 (常代)(株)みずほ銀行決済営業部	1.48	◎メロンバンク エヌエイ アズ エイジェント フォア イッツ クライアント メロン オムニバス ユーエス ペンション (常代)(株)みずほ銀行決済営業部	1.44	◎ザ バンク オブ ニューヨーク メロン エスエー エヌヴイ 10 (常代)(株)三菱東京UFJ銀行	1.36	◎ステート ストリート バンク ウエスト クライアント トリーティー 505234 (常代)(株)みずほ銀行決済営業部	1.21	◎ステート ストリート バンク ウエスト クライアント トリーティー 505225 (常代)(株)みずほ銀行決済営業部	1.12	24.01
○(株)三井住友銀行	1.87	CBLDN-STICHTING PGGM DEPOSITARY - LISTED REAL ESTATE PF FUND (常代 シティバンク銀行(株))	1.73	◎ステート ストリート バンク ウエスト ペンション ファンド クライアンツ エグゼンプト 505233 (常代)(株)みずほ銀行決済営業部	1.46	◎ステート ストリート バンク ウエスト クライアント トリーティー 505234 (常代)(株)みずほ銀行決済営業部	1.44	鹿島建設(株)	1.35	27.40
◎ザ バンク オブ ニューヨーク メロン エスエー エヌヴイ 10 (常代)(株)三菱東京UFJ銀行	1.16	●日本トラスティ・サービス信託銀行(株)(信託口6)	1.16	○東京海上日動火災保険(株)	1.15	●日本トラスティ・サービス信託銀行(株)	1.15	●日本トラスティ・サービス信託銀行(株)(信託口2)	1.14	15.54
○(株)みずほ銀行	1.45	○東京海上日動火災保険(株)	1.44	○住友生命保険(相互)	1.39	○全国共済農業協同組合連合会	1.37	●明治安田生命保険(相互)	1.31	26.32
三菱電機グループ社員持株会	2.08	○(株)三菱東京UFJ銀行	1.71	◎ザ バンク オブ ニューヨーク メロン エスエー エヌヴイ 10 (常代)(株)三菱東京UFJ銀行	1.63	●日本トラスティ・サービス信託銀行(株)(信託口4)	1.56	◎ステート ストリート バンク ウエスト クライアント トリーティー 505234 (常代)(株)みずほ銀行決済営業部	1.22	29.18

(続き)

役員	企業名	大株主1位	比率	大株主2位	比率	大株主3位	比率	大株主4位	比率	大株主5位	比率
副議長	キヤノンマーケティングジャパン	キヤノン(株)	50.11	キヤノンマーケティングジャパン社員持株会	4.07	CBNY-ノルウエー政府(常代 シティバンク銀行(株))	1.17	●日本トラスティ・サービス信託銀行(株)(信託口)	0.98	◎ステート ストリート バンク アンド トラスト カンパニー(常代 (株)みずほ銀行決済営業部)	0.89
	親会社(キヤノン)	●日本マスタートラスト信託銀行(株)(信託口)	4.37	●日本トラスティ・サービス信託銀行(株)(信託口)	3.62	○第一生命保険(株)	2.81	○バークレイズ証券	2.27	◎モックスレイ アンド カンパニー エルエルシー(常代 (株)三菱東京UFJ銀行)	1.99
副議長	小松製作所	●日本トラスティ・サービス信託銀行(株)(信託口)	3.77	●日本マスタートラスト信託銀行(株)(信託口)	3.76	○太陽生命保険(株)	3.49	○日本生命保険(相互)	2.73	◎ステート ストリート バンク アンド トラスト カンパニー 505001(常代 (株)みずほ銀行決済営業部)	2.65
副議長	清水建設	清水地所(株)	7.63	●日本マスタートラスト信託銀行(株)(信託口)	5.20	社会福祉法人清水基金	4.83	●日本トラスティ・サービス信託銀行(株)(信託口)	3.20	清水建設持株会	2.70
副議長	味の素	●日本マスタートラスト信託銀行(株)(信託口)	8.07	●日本トラスティ・サービス信託銀行(株)(信託口)	6.09	○第一生命保険(株)	4.41	○日本生命保険(相互)	4.32	○(株)三菱東京UFJ銀行	3.39
副議長	東京ガス	日本生命保険(相互)	6.40	●第一生命保険(株)(常代 資産管理サービス信託銀行(株))	4.92	●日本トラスティ・サービス信託銀行(株)(信託口)	4.14	●日本マスタートラスト信託銀行(株)(信託口)	3.79	東京瓦斯グループ従業員持株会	1.76
副議長	昭和電工	●日本マスタートラスト信託銀行(株)(信託口)	4.10	●日本トラスティ・サービス信託銀行(株)(信託口)	3.97	○富国生命保険(相互)	3.68	○第一生命保険(株)	2.40	○損害保険ジャパン日本興亜(株)	2.01
副議長	大成建設	●日本トラスティ・サービス信託銀行(株)(信託口)	6.69	●日本マスタートラスト信託銀行(株)(信託口)	4.66	みずほ信託退職給付信託 みずほ銀行(株)	3.35	大成建設取引先持株会	2.22	大成建設社員持株会	2.12
	大和証券グループ本社	◎ステート ストリート バンク アンド トラスト カンパニー 505223(常代 (株)みずほ銀行決済営業部)	9.47	●日本トラスティ・サービス信託銀行(株)(信託口)	3.50	●日本マスタートラスト信託銀行(株)(信託口)	3.20	○(株)三井住友銀行	1.73	◎ザ バンク オブ ニューヨーク メロン エスエー エヌ ヴイ 10(常代 (株)三菱東京UFJ銀行)	1.64
副議長	三井住海上火災保険	MS&ADインシュアランスグループFG(株)	100.0								
	(持株会社) MS&ADインシュアランスFG(株)	トヨタ自動車(株)	8.31	○日本生命保険(相互)	5.74	●日本マスタートラスト信託銀行(株)(信託口)	4.43	◎ステート ストリート バンク アンド トラスト カンパニー(常代 香港上海銀行東京支店)	3.49	●日本トラスティ・サービス信託銀行(株)(信託口)	3.43
副議長	三菱商事	●日本トラスティ・サービス信託銀行(株)(信託口)	5.84	東京海上日動火災保険(株)	4.58	●日本マスタートラスト信託銀行(株)(信託口)	4.14	○明治安田生命保険(相互)	3.99	●日本マスタートラスト信託銀行(株)(三菱重工業(株)口・退職給付信託口)	1.98
副議長	三越伊勢丹FG	●日本マスタートラスト信託銀行(株)(信託口)	5.94	●日本トラスティ・サービス信託銀行(株)(信託口)	4.61	三越厚生事業団	3.46	三越伊勢丹グループ取引先持株会	2.03	清水建設(株)	1.57
副議長	伊藤忠商事	●日本マスタートラスト信託銀行(株)(信託口)	4.12	●日本トラスティ・サービス信託銀行(株)(信託口)	3.91	◎CP ワールドワイド インベストメント カンパニー リミテド(常代 (株)みずほ銀行決済営業部)	3.82	○(株)みずほ銀行	2.36	○日本生命保険(相互)	2.05
副議長	東日本旅客鉄道	○(株)みずほ銀行(常代 資産管理サービス信託銀行(株))	4.99	●日本トラスティ・サービス信託銀行(株)(信託口)	3.55	●日本マスタートラスト信託銀行(株)(信託口)	3.50	○(株)三菱東京UFJ銀行	3.18	JR東日本社員持株会	2.85
副議長	第一生命保険	●日本トラスティ・サービス信託銀行(株)(信託口)	4.77	○(株)みずほ銀行	4.34	●日本マスタートラスト信託銀行(株)(信託口)	3.83	◎BNY GCM クライアント アカウント JPRD AC ISG (FE-AC)(常代 (株)三菱東京UFJ銀行)		◎CBNY-ガバメント オブ ノルウェー(常代 シティバンク銀行(株))	2.61
副議長	三井住友銀行	三井住友FG	100.0								
	(持株会社)三井住友FG	●日本トラスティ・サービス信託銀行(株)(信託口)	4.41	●日本マスタートラスト信託銀行(株)(信託口)	3.89	○(株)三井住友銀行	3.02	◎ナッツ クムコ(常代 (株)三井住友銀行)	2.31	◎ザ バンク オブ ニューヨーク メロン エスエー エヌ ヴイ 10(常代 (株)三菱東京UFJ銀行)	1.89
副議長	BTジャパン(非上場)										
副会長	日本生命保険(相互)										
副議長	東レ(重複)										

●	カストディアン	28	84.8	28	84.8	11	33.3	6	18.2	5	15.2
○	銀行・保険・証券	1	3.0	4	12.1	10	30.3	13	39.4	11	33.3
◎	グローバルカストディアン	1	3.0	0	0.0	5	15.2	10	30.3	11	33.3
	その他	3	9.1	1	3.0	7	21.2	4	12.1	6	18.2
	合計	33	100.0	33	100.0	33	100.0	33	100.0	33	100.0

(注) 常代は常任代理人、HDはホールディングス、FGはフィナンシャルグループ。東京海上日動火災保険、野村證券、三菱東京UFJ銀行、キヤノンマーケティングジャパン、三井住友海上火災保険、三井住友銀行については、それぞれ、持株会社・親会社である東京海上FG、野村FG、キヤノン、MS&ADインシュアランスグループFGを集計対象とした

大株主6位	比率	大株主7位	比率	大株主8位	比率	大株主9位	比率	大株主10位	比率	大株主比率
●日本マスタートラスト信託銀行(株)(信託口)	0.84	キヤノンマーケティングジャパン取引先持株会	0.83	○(株)みずほ銀行	0.66	◎ザ バンク オブ ニューヨーク メロン エスエー エヌヴイ 10(常代)(株)三菱東京UFJ銀行	0.60	◎ザ バンク オブ ニューヨーク 133524(常代)(株)みずほ銀行決済営業部	0.59	60.74
●(株)みずほ銀行(常代 資産管理サービス信託銀行(株))	1.69	○ステート ストリート バンク アンド トラスト カンパニー 505223(常代)(株)みずほ銀行	1.51	○野村證券(株)	1.47	○損害保険ジャパン日本興亜	1.31	○ステート ストリート バンク アンド トラスト カンパニー 505225(常代)(株)みずほ銀行	1.24	22.28
○(株)三井住友銀行	1.83	○ザ バンク オブ ニューヨーク メロン アズ デポジタリ バンク フォー デポジタリ レシプト ホルダーズ(常代)(株)三井住友銀行	1.78	◎ザ バンク オブ ニューヨーク メロン エスエー エヌヴイ 10(常代)(株)三菱東京UFJ銀行	1.65	○ステート ストリート バンク ウエスト クライアント トゥリーティー 505234(常代)(株)みずほ銀行決済営業部	1.25	○ステート ストリート バンク アンド トラスト カンパニー 505223(常代)(株)みずほ銀行	1.20	24.16
一般財団法人住総研	2.21	○(株)みずほ銀行	2.05	○日本トラスティ・サービス信託銀行(株)(信託口4)	1.49	○第一生命保険(株)	1.34	富国生命保険(相互)	1.34	31.99
損保ジャパン日本興亜(株)	2.23	○明治安田生命保険(相互)	2.12	○三菱UFJ信託銀行(株)	1.94	○(株)みずほ銀行	1.69	○GIC プライベイト リミテド(常代)香港上海銀行東京支店	1.46	35.72
●富国生命保険(相互)(常代 資産管理サービス信託銀行(株))	1.68	○退職給付信託第一生命保険口再信託受託者資産管理サービス信託銀行(株)	1.45	○ステート ストリート バンク ウエスト クライアント トゥリーティー 505234(常代)(株)みずほ銀行決済営業部	1.43	◎ザ バンク オブ ニューヨーク メロン エスエー エヌヴイ 10(常代)(株)三菱東京UFJ銀行	1.26	JFEエンジニアリング(株)	1.10	27.91
○明治安田生命保険(相互)	1.77	○ステート ストリート バンク アンド トラスト カンパニー 香港上海銀行東京支店	1.68	昭和電工従業員持株会	1.67	ジュニパー(常代)(株)三菱東京UFJ銀行	1.48	○日本生命保険(相互)	1.34	24.10
三菱地所(株)	1.50	○チェース マンハッタン バンク ジーティーエス クライアンツ アカウント エスクロウ(常代)	1.40	◎ザ バンク オブ ニューヨーク メロン エスエー エヌヴイ 10(常代)(株)三菱東京UFJ銀行	1.26	○明治安田生命保険(相互)	1.22	○ステート ストリート バンク ウエスト クライアント トゥリーティー 505234(常代)(株)みずほ銀行	1.18	25.60
●日本トラスティ・サービス信託銀行(株)(三井住友信託退給口)	1.42	○ステート ストリート バンク ウエスト クライアント トゥリーティー 505234(常代)(株)みずほ銀行	1.23	○太陽生命保険(株)	1.20	○日本生命保険(相互)	1.19	○日本トラスティ・サービス信託銀行(株)(信託口1)	1.10	25.68
○CBNY-ガバメント オブ ノルウエー(常代)シティバンク銀行(株)	2.61	○メロンバンク エヌエイ アズ エイジェント フォア イッツ クライアント メロン オムニバス ユーエス ペンション(常代)みずほ銀行決済営業部	1.69	○ステート ストリート バンク アンド トラスト カンパニー 505225(常代)(株)みずほ銀行決済営業部	1.43	○ステート ストリート バンク ウエスト クライアント トゥリーティー 505234(常代)(株)みずほ銀行決済営業部	1.04	○日本トラスティ・サービス信託銀行(株)(信託口5)	1.03	33.20
○(株)三菱東京UFJ銀行	1.57	○ステート ストリート バンク アンド トラスト カンパニー 505223(常代)(株)みずほ銀行決済営業部	1.56	●野村信託銀行(株)(退職給付信託・三菱UFJ信託口)	1.36	◎ザ バンク オブ ニューヨーク メロン エスエー エヌヴイ 10	1.32	○日本トラスティ・サービス信託銀行(株)	1.21	27.59
●明治安田生命保険(相互)(常代 資産管理サービス信託銀行(株))	1.44	○(株)三菱東京UFJ銀行	1.35	○三井住友海上火災保険(株)	1.34	三越伊勢丹グループ従業員持株会	1.17	○ノーザン トラスト カンパニー (AVFC) アールイー ユーエス タックス エクセンプテド ペンション ファンズ(常代)香港上海銀行東京支店	1.11	24.02
○三井住友海上火災保険(株)	1.83	○損保ジャパン日本興亜(株)	1.58	○バークレイズ証券(株)	1.50	○朝日生命保険(相互)	1.41	◎ザ バンク オブ ニューヨーク メロン エスエー エヌヴイ 10(常代)(株)三菱東京UFJ銀行	1.39	23.98
○(株)三井住友銀行	2.68	○日本生命保険(相互)	2.04	●第一生命保険(株)(常代 資産管理サービス信託銀行(株))	2.03	◎ザ バンク オブ ニューヨーク メロン エスエー エヌヴイ 10(常代)(株)三菱東京UFJ銀行	1.32	○三菱UFJ信託銀行(株)(常代 日本マスタートラスト信託銀行(株))	1.27	27.40
◎ザ バンク オブ ニューヨーク メロン エスエー エヌヴイ 10(常代)(株)三菱東京UFJ銀行	2.39	○損保ジャパン日本興亜(株)	2.08	○(株)三菱東京UFJ銀行	1.83	○ステート ストリート バンク アンド トラスト カンパニー(常代)香港上海銀行東京支店	1.65	○ステート ストリート バンク ウエスト クライアント トゥリーティー 505234(常代)(株)みずほ銀行	1.13	27.45
◎ジェーピー モルガン チェース バンク 380055(常代)(株)みずほ銀行決済営業部	1.79	○日本トラスティ・サービス信託銀行(株)(信託口9)	1.53	◎CBNY-ガバメント オブ ノルウエー(常代)シティバンク銀行(株)	1.39	○ステート ストリート バンク アンド トラスト カンパニー 505225(常代)(株)みずほ銀行決済営業部	1.28	○ステート ストリート バンク ウエスト クライアント トゥリーティー 505234(常代)(株)みずほ銀行決済営業部	1.19	22.71

	8	24.2	8	24.2	6	18.2	5	15.2	8	24.2	113	34.2
	13	39.4	10	30.3	9	27.3	6	18.2	7	21.2	84	25.5
	9	27.3	14	42.4	15	45.5	19	57.6	15	45.5	99	30.0
	3	9.1	1	3.0	3	9.1	3	9.1	3	9.1	34	10.3
	33	100.0	33	100.0	33	100.0	33	100.0	33	100.0	330	100.0

株主上位10社のなかに、カストディアンの姿はまったく見られなかった。しかし2000年代に入って急増した。2015年の経団連役員企業の10大株主をみると、33社の大株主330社のうち、実に113社（34.2％）を日本のカストディアンが占め、軒並み1〜2位に食い込んでいる。また、グローバル・カストディアンも10大株主に顔を出すようになり、今日では99社（30.0％）に増大している。これら内外のカストディアンは、あわせて330社中212社（64.2％）を占めている。これは、わずか十数年のあいだの劇的な変化である。

　信託銀行が、信託の受託者として他者から預かっている株式は、信託銀行自身が保有する株式と区別するため「信託銀行（信託口）」と表示するのが一般的である。しかし、株主総会における議決権の行使については、両者の区別なく名義人である信託銀行が一括して行使することができる。そのためカストディアンは、大株主として巨大な権限を持つこととなる。

〈強まる株主の圧力——増加する配当額〉
　カストディアンの最大の目的は「保有資産（ポートフォリオ）の収益最大化を目指すこと」に置かれ、「運用収益を上げる（取引コストを下げる）ことが忠実義務となる」。そのため、カストディアンは投資家のために「議決権行使等、『保管』の概念を超えたようなサービス」を提供するようになる[26]。カストディアンによる株式保有の拡大は、大企業に対して「投資収益の最大化（株主価値最大化）」を求める傾向をますます強める。

　このような傾向は、第二次安倍内閣の金融・経済政策にも反映している。ひとつは、機関投資家の行動原則を定めた2014年2月の「日本版スチュワーシップ・コード」の制定、二つは、企業統治（コーポレートガバナンス）の強化策として社外取締役の設置等を求めた2014年6月の会社法改正（2015年4月施行）である。これらは「クルマの両輪」として、大企業にたいする株主の「外圧」を強め、収益力向上と株主への利益還元を増進させるテコとなっている。

　安倍内閣は、日本経団連の要望に応えてROE（株主資本利益率）を重視し投資家の利益につながる体制づくり[27]を強調している。内外の大株主に対する国を挙げた"総奉仕事業"の展開である。

　このような株主至上主義とも言える動きを反映して、実際に株主への配当額が急速に増加している。表6-3をみると、1970年59億4900万円、1980年106億

2000万円、1990年207億5000万円と増大している。1970年から1990年の20年間で3.5倍であった。

それが2000年に170億3200万円となった後、2010年には424億6800万円、2015年に785億5500万円へと急増している。2000年から2015年の15年間で、1社平均4.61倍に増額している。同時に、経団連役員企業の役員報酬額も増加しており、1億円を超える報酬を受け取っている役員は、2010年の56名から2015年の89人へと増加している。

しかし労働者の賃金はどうか。正規労働者だけ見ても、1人当たり「年平均給与」は2000年の734万1000円から2015年の952万9000円へと1.30倍しか増えていない（有価証券報告書に記載された正規労働者の賃金の場合。非正規労働者を入れるなら一層低下する）。労働者の賃金が停滞しているなかで、株主配当と役員報酬だけが急速に膨らんでいるのは誰が見ても明らかに異様である。

財界・大企業は、内外の大株主と経営者に利益をさらに優先配分するため、政権との癒着を深めながら、労働者に対する賃上げ抑制、下請中小企業の収奪強化をすすめ、内部留保を積み上げている。

註
(12) 理事会には、大企業に所属する理事のほかに、「事務総長・代表理事」1名、「専務理事・業務を執行する理事」4名が参加している（2015年7月21日現在）。
(13) 2012年の「新しい経団連の運営」によると、会長と副会長によって構成される会長・副会長会議は、「政策委員会で立案された提言や報告、各政策分野での活動などを集約し、特に重要な基本的事項を審議して、その方向を定める」とされている。また「会長、副会長は経団連の理事として会の運営を担う役割も負っており、総会で定めた事業方針に沿って活動を展開」するとしている（「経団連タイムス」№3073、2012年2月9日）。
(14) 日本経団連ホームページの「経団連の概要」に「歴代会長・審議員会議長」が紹介されている。これは、会長・副会長および議長・副議長が、経団連のなかで指導的役割を果たしてきたことを裏付けている。
http://www.keidanren.or.jp/profile/rekidai.html
(15) 巨大企業の場合は、内部に多くの業種をかかえ様々な関連企業があるので、その企業の業種を特定することは難しい。ここでは、東京証券取引所届出の有価証券報告書等に記載されている業種によって、業種分類（大分類・中分類）をおこなった。
(16) 佐々木憲昭編著『変貌する財界――日本経団連の分析』（新日本出版社、2007年）、78ページ。
(17) 2015年の日本経団連の役員企業のうち、東京海上日動火災保険は、発行済株式

の100％を東京海上ホールディングスに保有されている。同じように、役員企業の野村證券は、株式の100％を野村ホールディングスに、三菱東京UFJ銀行は株式の100％を三菱UFJフィナンシャルグループに、キヤノンマーケティングジャパンは株式の50.11％をキヤノンに、三井住友海上火災保険は株式の100％をMS&ADインシュアランスグループホールディングスに、三井住友銀行は株式の100％を三井住友フィナンシャルグループに、それぞれ保有され実質的に支配されている。本章では、実質的な支配権をもっている持株会社・親会社を集計対象としている。

(18) 銀行等株式保有制限法は2001年に制定され、2002年1月から施行された。
(19) 宮島英昭、新田敬祐「株式所有構造の多様化とその帰結──株式持ち合い解消・『復活』と海外投資家の役割」2011年2月、RIETI Discussion Paper Series 11-J-011（独立行政法人経済産業研究所）参照。

　藤田宏氏は、日本経団連の役員（会長・副会長、議長・副議長）を担っている大企業の株主構成を分析し、「日本特有の株式の持ち合い構造が再編・解消しはじめ」その間隔を埋めるように、外国資本とともに2大信託銀行（日本トラスティ・サービス信託銀行、日本マスタートラスト信託銀行）が、「大株主として登場するようになった」と指摘している。藤田宏「日本企業の株主構成の変化と財界の蓄積戦略の新段階」（『経済』2014年3月号）参照。
(20) 杉浦宣彦、渋谷彰久「カストディ業務発展に向けての法的課題について」『FSAリサーチ・レヴュー2005〔2号〕』参照。
(21) 日本におけるカストディアン設立の背景には、1995年の公的年金の投資顧問会社への運用開放と年金資産の一元的管理への動きがあった。1998年11月に厚生年金基金連合会資産運用研究会が公表した報告書『運用自由化時代の年金基金の資産運用』が、カストディアン設立の直接的な契機となったと指摘されている。
(22) 日本トラスティ・サービス信託銀行は2000年6月20日、大和銀行（現りそな銀行）と住友信託銀行（現三井住友信託銀行）の共同出資により設立された。現在の株主は、三井住友トラスト・ホールディングス66.66％、りそな銀行33.33％である。
(23) 日本マスタートラスト信託銀行は、三菱信託銀行（現、三菱UFJ信託銀行）、日本生命保険、東洋信託銀行（現、三菱UFJ信託銀行）、明治生命保険（現、明治安田生命保険）、ドイツ銀行の共同出資で、2000年5月9日に営業を開始した。現在の株主は、三菱UFJ信託銀行株式会社5万5800株／46.5％、日本生命保険相互会社4万200株／33.5％、明治安田生命保険相互会社1万2000株／10.0％、農中信託銀行株式会社1万2000株／10.0％（合計12万株／100.0％）である。
(24) 資産管理サービス信託銀行は、2001年1月22日、みずほ信託銀行（みずほアセット信託銀行〔旧安田信託銀行〕との合併版）、朝日生命保険、第一生命保険、富国生命保険、安田生命保険（現在の明治安田生命保険）の5社が出資して設立、同年1月30日に営業を開始した。現在の株主は、みずほフィナンシャルグループ54％、第一生命保険株式会社23％、朝日生命保険相互会社10％、明治安田生命保険相互会社9％、富国生命保険相互会社4％である。
(25) 南條隆「グローバル・カストディについて」（日本銀行金融研究所『金融研究』

第10巻第1号、1991年3月）参照。なぜ直接グローバル・カストディアンが、みずから日本国内でカストディ業務を行わず、サブ・カストディアンを利用するのか。それは、①各国の保管・決済機関には居住者しか参加できない、②情報収集は現地で行うのが効率的である等々を理由としてあげている。
(26) 杉浦宣彦、渋谷彰久「カストディ業務発展に向けての法的課題について」『FSAリサーチ・レヴュー2005〔2号〕』参照。
(27) 第二次安倍内閣が打ち出した「新成長戦略」（『日本再興戦略改訂2014――未来への挑戦』）では、総論で「鍵となる施策」として「日本の『稼ぐ力』を取り戻す」ことが強調され、「経営者のマインドを変革し、グローバル水準のROEの達成等をひとつの目安に、グローバル競争に打ち勝つ攻めの経営判断を後押しする仕組みを強化していく」と書かれている。

（3）財界による政治支配の変容

　次に、財界・大企業が、どのような手段を使って政治への支配を強めているかを見ることにしよう。それは、大きくいって三つのルートがある。
　一つは「政策提言」である。日本経団連には、経済財政委員会、行政改革推進委員会、社会保障委員会、産業競争力強化委員会、宇宙開発利用推進委員会、防衛産業委員会（2015年7月に防衛生産委員会から名称変更）など、あわせて64もの委員会がつくられている（2016年4月現在）。これらの委員会は、ひんぱんに会合を開き次々と新しい提言をまとめあげ、それを日本経団連自身の政策提言として発表することによって政権の政策に影響を与えている。
　二つは、財界・大企業の代表が政権の政策決定過程に直接参加して、自分たちに都合のよい政策を作成することである。特に内閣の「司令塔」と言われる会議体に分厚く人を送り込み直接影響を与えている。
　三つは、政治献金である。以前は、巨額の献金を斡旋したり自ら集めて自民党に提供していた。しかし最近では、政党の政策評価をおこない政治献金を奨励するという事実上「政策をカネで買う」方式が採用されている。
　以上の三つのルートのうち、紙数の制約上ここでは二つめのルート、すなわち政策決定過程への介入を見ることにしたい。

□司令塔とは何か

　官邸のホームページを開くと「総理、副総理または官房長官を構成員とする会議」および「その他の会議」の一覧表がある。第二次安倍内閣発足後、これらが急速に増加している。その数は実に98にも及んでいる（2016年4月現在）。第二次安倍内閣によって創設されたのはそのうち61ある。それは、全体の実に6割を占めている[28]。総理・副総理・官房長官が、すべての会議に満遍なく出席するのは至難のわざであるから、内閣として特別重視する「司令塔」的な会議に力を集中するようになる。それは、開催回数に表れてくる。

　開催回数を見ると、第二次安倍内閣発足（2012年12月）から2016年4月までに10回以上開かれた会議体は23ある。20回以上開かれている会議体は、経済財政諮問会議、産業競争力会議、日本経済再生本部、規制改革会議、総合科学技術・イノベーション会議、行政改革推進会議、経協インフラ戦略会議、国家戦略特別区域諮問会議、教育再生実行会議、国家安全保障会議である。これら10の会議体が突出してフル回転している。これは、安倍内閣の関心がどこにあるかを示している。経済政策の司令塔となっているのは、経済財政諮問会議、産業競争力会議（日本経済再生本部）、規制改革会議の三つの会議体である[29]。

　第二次安倍内閣発足直後に開かれた第1回経済財政諮問会議で、内閣府特命担当大臣（経済財政政策）兼経済再生担当大臣の甘利明氏は、「司令塔」について次のように発言している。

　「諮問会議は、経済財政運営全般に関する司令塔として、経済再生に向けた基本設計を行う。再生本部は日本経済再生の司令塔として、デフレ脱却・経済再生に向けた実施設計を行い、政策を具体化させる。両者が相互に問題提起し、密接に連携しながら、デフレ脱却や経済成長に向けて実効性の高い取組を推進していきたい。この二つの組織が府省の壁を越えて、強力に司令塔としての機能を発揮していく」。

　このように経済財政諮問会議は、経済財政運営全般の「司令塔」として「基本設計」を担い、日本経済再生本部のもとに置かれた産業競争力会議が「実施設計」をつくり具体化すると位置づけられている。

　同時に重視されているのは、規制改革会議と総合科学技術・イノベーション

会議である。第二次安倍内閣が最初に取り組んだ2013年度「予算編成の基本方針」はこう述べている。

「日本経済再生本部と経済財政諮問会議を司令塔として、総合科学技術会議、規制改革会議等との連係を図りながら、日本経済再生を実現するための取組を強力に推進していく」。ここで指摘されている総合科学技術・イノベーション会議は、個別大企業の直接的な実利に関わる会議体である。また、規制改革会議は、規制改革の「調査審議」を行い総理大臣へ意見を述べる役割を果たす会議体である[30]。

このように、第二次安倍内閣のもとで財界・大企業の利益に最大限奉仕するため、二つの司令塔が戦略的方向(基本設計と実施設計)を固め、総合科学技術・イノベーション会議と規制改革会議が主な推進機関となり、財界本位の政策をトップダウンで押しつける仕組みがつくられている。

□司令塔に入り込む財界代表

次に、その司令塔と推進機関に、財界・大企業の代表がどのように入り込んでいるかを見ることにしよう。

まず、経済・財政・金融政策の総合的・戦略的な司令塔である経済財政諮問会議には、日本経団連会長の榊原定征氏(東レ会長)と新浪剛史氏(サントリーホールディングス社長、新経済連盟代表理事)が財界代表として入っている。これに、伊藤元重・東京大学大学院経済学研究科教授、高橋進・日本総合研究所理事長が加わって民間4議員を構成し、常に提案・問題提起を行い会議全体の議論をリードしている。経済財政諮問会議のサブ組織ともいうべき、経済・財政一体改革推進委員会、「選択する未来」委員会、政策コメンテーター委員会、成長・発展ワーキンググループにも、日本経団連の現役の正副会長・副議長あるいは副会長・副議長出身企業の代表が入っている[31]。

政策の「実施設計」を作成し具体化する役割を担っている産業競争力会議(日本経済再生本部)には、2015年7月まで経団連副会長を務めた佐々木則夫・東芝取締役副会長が入っていた(7月に辞任)。また、三村明夫・新日鐵住金相談役名誉会長(日本商工会議所会頭)が入っている(新日鐵住金は友野宏・経団連副会長の出身企業でもある)。この他、財界・大企業から参加しているのは、

岡素之・住友商事相談役、金丸恭文・フューチャーアーキテクト代表取締役会長兼社長、小林喜光・三菱ケミカルホールディングス代表取締役会長、小室淑恵・ワーク・ライフバランス代表取締役社長、竹中平蔵・パソナグループ取締役会長（慶應義塾大学総合政策学部教授）、三木谷浩史・楽天代表取締役会長兼社長である。産業競争力会議の議員17人のうち実に7人が財界・大企業代表によって占められている。

　産業競争力会議のサブ組織である「課題別会合」「実行実現点検会合」「ワーキンググループ」「分科会」にも、経団連の会長・副会長をはじめ多くの財界代表が参加している。

　規制改革を調査審議し提言を行う規制改革会議には、佐久間総一郎・新日鐵住金代表取締役副社長が参加しており（新日鐵住金は経団連副会長を出している企業でもある）、議長には、岡素之・住友商事相談役が就いている。この他、浦野光人・ニチレイ相談役、金丸恭文・フューチャーアーキテクト代表取締役会長兼社長、佐々木かをり・イー・ウーマン代表取締役社長、滝久雄・ぐるなび代表取締役会長などが参加している。

　規制改革会議のサブ組織である「健康・医療ワーキング・グループ」「雇用ワーキング・グループ」「農業ワーキング・グループ」「投資促進等ワーキング・グループ」「地域活性化ワーキング・グループ」にも、経団連副会長出身企業からメンバーが入るなど多数の財界・大企業代表が参加している。

　さらに、総合科学技術・イノベーション会議の有識者のなかに、経団連副会長である内山田竹志・トヨタ自動車取締役会長、中西宏明・日立製作所代表執行役会長兼CEOが入っている。また、久間和生・元三菱電機常任顧問（三菱電機は下村節宏・経団連副議長出身企業でもある）が参加している。

　また、サブ組織である「専門調査会」（基本計画専門調査会、科学技術イノベーション政策推進専門調査会）にも、多数の財界代表が加わっている。

　こうして安倍内閣の司令塔の中心メンバーのなかに、日本経団連をはじめとする多数の財界・大企業代表が入り込み政策作成過程に介入するようになった。これは、以前のような政府の審議会への参加[32]とは根本的に違う性格を持っている。

　一つは、1990年代の「橋本改革」に端を発する総理大臣の権限強化と、それにもとづくトップダウン型の政策遂行システムがつくられていることである。

閣議決定に直結する強大な権限をもつ「司令塔」への財界代表の恒常的な参加は、以前には見られなかったものである。

　二つは、次に見るように官僚に代わって政策文書を直接作成する機会が与えられていることである。

　こうして財界の意向をストレートに政策に反映させ、それをトップダウンで実行する仕組みがつくられている。これが安倍内閣の政策づくりの最大の特徴である。その具体的な事例を、経済財政諮問会議によって確認してみよう。

□財界代表が閣議決定の原案をつくる

　経済財政諮問会議は、「橋本6大改革」による中央省庁等「改革」の一環として設置されたトップダウン型の機関である[33]。これまでのメンバー変遷は表6-5の通りである。権限と小泉内閣時代の運営内容については、佐々木憲昭編著『変貌する財界——日本経団連の分析』（第3章）等を参照されたい[34]。

　経済財政諮問会議で、民間4議員がどのような方法で議論をリードしているか。小泉内閣の時期に、民間から事務局に入った大田弘子氏は、「通常の審議会では、事務局が答申を書き、委員がそれに意見を言う」のだが、「諮問会議の民間議員が特異な位置を占めるのは、みずからペーパーを書くという点にある」と述べている。「諮問会議のような常設機関で、広範なテーマにわたって、しかも閣議決定文書につながる議論の土俵を、民間議員が設定するというのは、初めてのことだろう」とも書いている[35]。政府の政策決定機関に経団連会長がこれほど「深入りする」のは、少なくとも1990年代の前半までは見られなかったと菊池信輝氏は指摘している[36]。それ以前に、財界代表が政府の政策決定過程に直接乗り込んだ例としては、土光経団連会長の第二臨調がある。中曽根内閣の時代（1982～87年）に設置され、国鉄の民営化などを強行した。しかしそれは、恒常的なものではなかった。

　経済財政諮問会議で、なぜ民間4議員が力を持つことができるのか。議長である総理大臣以外は10名、そのうち官房長官と担当大臣を除くと8名であるから「民間議員4名は、半分を占める力を持つのである。4名が名を連ねて一丸となれば、大きな力になる」と大田氏は言う[37]。

　第二次安倍内閣における経済財政諮問会議の開催数は、2013年に27回、2014

表6-5 経済財政諮問会議議員の変遷

		内閣総理大臣（議長）	内閣官房長官	経済財政政策担当大臣	総務大臣	財務大臣	経済産業大臣	日本銀行総裁	民間有識者
第2次森内閣改造内閣（中央省庁再編後）	H13.1.6〜	森喜朗	福田康夫	額賀福志郎	片山虎之助	宮澤喜一	平沼赳夫	速水 優（〜H15.3.19）	牛尾治朗 奥田 碩 本間正明 吉川 洋
小泉内閣	H13.4.26〜	小泉純一郎		麻生太郎（H13.1.23〜）		塩川正十郎			
小泉内閣第1次改造内閣	H14.9.30〜								
小泉内閣第2次改造内閣	H15.9.22〜			竹中平蔵		麻生太郎	中川昭一	福井俊彦（H15.3.25〜H20.3.19）	
第2次小泉内閣	H15.11.19〜		細田博之（H16.5.7〜）						
第2次小泉内閣改造内閣	H16.9.27〜					谷垣禎一			
第3次小泉内閣	H17.9.21〜								
第3次小泉内閣改造内閣	H17.10.31〜		安倍晋三	与謝野馨	竹中平蔵		二階俊博		
安倍内閣	H18.9.26〜	安倍晋三	塩崎恭久	大田弘子	菅 義偉	尾身幸次	甘利 明		伊藤隆敏 丹羽宇一郎 御手洗冨士夫 八代尚宏（H18.10.13〜）
安倍内閣改造内閣	H19.8.27〜		与謝野馨			額賀福志郎			
福田内閣	H19.9.26〜	福田康夫	町村信孝		増田寛也				
福田内閣改造内閣	H20.8.2〜			与謝野馨		伊吹文明		白川方明（H20.4.15〜）[副総H20.4.1〜H20.4.9]	岩田一政 張富士夫 三村明夫 吉川 洋（H20.10.10〜H21.9.15）
麻生内閣	H20.9.24〜H21.9.16	麻生太郎	河村建夫		鳩山邦夫	中川昭一	二階俊博		
				林 芳正（H21.7.2〜）	佐藤 勉（H21.6.12〜）	与謝野馨（H21.2.17〜）			
第2次安倍内閣	H24.12.26〜	安倍晋三	菅 義偉	甘利 明	新藤義孝	麻生太郎	茂木敏充	白川方明	伊藤元重 小林喜光 佐々木則夫 高橋 進（H25.1.9〜H26.9.15）
第2次安倍内閣改造内閣	H26.9.3〜				高市早苗		小渕優子	黒田東彦（H25.3.20〜）	伊藤元重 榊原定征 高橋 進 新浪剛史（H26.9.16〜）
第3次安倍内閣	H26.12.24〜						宮沢洋一（H26.10.21〜）		
第3次安倍内閣改造内閣	H27.10.7〜			石原伸晃（H28.1.28〜）			林 幹雄		

（出所）内閣府ホームページより。http://www5.cao.go.jp/keizai-shimon/kaigi/about/successive_menberlist.pdf

表6-6　経済財政諮問会議議員の説明資料提出回数(2013年1月～2015年10月)

年	会議開催回数	資料提出回数	総理大臣	官房長官	内閣府	経済財政	財務	総務	経産	他の大臣	日銀総裁	民間4議員	民間単独	その他
2013年	27	121	0	0	27	13	10	5	0	19	4	36	6	1
2014年	21	132	0	0	14	16	12	3	4	14	4	52	0	13
2015年	22	136	0	0	23	9	11	5	1	27	4	53	1	2
合計	70	389	0	0	64	38	33	13	5	60	12	141	7	16
(比率)%		100.0	0.0	0.0	16.5	9.8	8.5	3.3	1.3	15.4	3.1	36.2	1.8	4.1

(出所)官邸ホームページより作成

年21回、2015年は22回開かれており、総計70回である。議題は、予算編成の基本方針、経済・財政・金融政策のあり方、産業・労働・女性政策など、きわめて広範囲にわたっている。

　表6-6の通り、この間に説明資料が配付された回数は389回である。そのうち民間4議員の説明資料提出は141回に及び、全体の実に36.2％を占めている。次に多いのは、内閣府と経済財政担当大臣の資料提出回数である。しかしこれは、両者合わせても102回で全体の26.3％である。財務大臣に至っては33回、わずか8.5％に過ぎない。このように財界代表を含む民間4議員が、主要な議題について常に説明資料を提出して問題提起を行い、会議の運営と議論の主導権を握っている。

　このように第二次安倍内閣では、財界・大企業の意向をストレートに閣議決定につなげる仕組みがつくられ、実行に移されている。その政策内容は、大企業の法人税を引き下げ、消費税増税や社会保障の削減など国民負担を増やす道であり、農業破壊、労働法制の改悪、株主至上主義の徹底であり、多国籍企業化のいっそうの推進である。これは、財界・大企業による国家機構を利用した国民大収奪路線そのものである。

　本来、国の政策には多数の国民の意見が反映されなければならず、そのためには国の諮問会議・審議会には、財界だけでなく、労働者、消費者、地方自治体などの代表が、対等・平等の立場で参加すべきである。ところが、安倍内閣の「司令塔」方式は、「財界による財界のための」トップダウン方式であり、

民主主義とはまったく相容れない偏ったものとなっている。

□内閣官房・内閣府の事務スリム化法について

　先に見たように、第二次安倍内閣になって新たにつくられた会議体が6割を占めるなど、内閣機能が肥大化してきた。肥大化の理由は、第一に、省庁にまたがる課題を内閣において調整するためであり、第二に、国家安全保障、秘密保護の機能など戦争する国をめざす体制づくりのためである。これらの事務を整理し、効率的に再編・運営するためにつくられたのが、2015年の内閣官房・内閣府の事務スリム化法である。

　「内閣の事務を助ける」のは、これまでは「内閣府」の仕事であった。これを「各省庁の任務」に置き換え、内閣官房から内閣府、内閣府から各省庁に「事務を移管する」としている。これは、一見すると権限の分散のように見える。しかしそれは、「内閣官房・内閣府が政策の方向づけに専念する」ためであり、そこからはじき出されるのは、生活関連の機構・機能である。各省庁に「総合調整」の権限を与えるというが、それは「特定の内閣の重要政策」すなわち司令塔が決める重要政策に合わせて「行政各部の施策の統一を図る」というのである。

　内閣官房・内閣府は、国の政策の基本方向を決める仕事に専念し、各省庁はそこで決められた基本方向から逸脱することのないよう総合調整を行う。これはスリム化という名で、総理・官邸の権限をいっそう強化し、その方針を有無を言わせず関係省庁におしつけるトップダウンの体制づくりである。

　　＊　本章では、日本経団連の政策提言の内容、企業・団体献金など政治資金の実態などについては、触れることができなかった。その分析については、別の機会に委ねたい。

　註
　(28) 内閣官房内閣参事官の林伴子氏は2015年7月1日、塩川鉄也衆議院議員の質問に対し、会議体「87のうち第二次安倍内閣発足以降置かれた会議は50でございます」（衆議院内閣委員会）と答弁している。その後、1年近くで11も増えたことになる。
　(29) 第二次安倍内閣が発足してから2015年7月1日までに会議が開かれた回数は、経済財政諮問会議59回、産業競争力会議100回、規制改革会議173回である（衆議院内閣委員会での政府答弁）。これらは、他の会議体と比べ開催数が突出している。

(30) 2013年1月8日の第1回日本経済再生本部について、官邸ホームページは「この本部会議と総合科学技術会議の『2つが密接に連携することにより、省庁横断的なイノベーション政策の推進体制』をつくる」と述べている。また「新たな規制改革会議を早急に設置し、日本経済再生本部等との連係・協力の下で、経済再生に資する観点から積極的に規制を見直し、できるものから実現していく」としている。

(31) 2015年6月末、経済財政諮問会議のもとに設置された「経済・財政一体改革推進委員会」には、経団連会長の榊原定征・東レ相談役最高顧問、新浪剛史・サントリーホールディングス代表取締役社長、山田大介・みずほ銀行常務執行役員が入っている。「『選択する未来』委員会」には、三村明夫・新日鐵住金相談役名誉会長(日本商工会議所会頭)が入っている。新日鐵住金は友野宏・経団連副会長の出身企業でもある。「政策コメンテーター委員会」には、経団連副議長である國部毅・三井住友銀行頭取が入っている。「成長・発展ワーキング・グループ」には、藤山知彦・三菱商事常勤顧問が入っている。三菱商事は小林健・経団連副議長の出身企業でもある。

(32) 古賀純一郎氏は『経団連——日本を動かす財界シンクタンク』(新潮選書、2000年)のなかで「審議会を基軸に役所の政策が決定されているのが現状である以上は、この場に経団連代表を送り込むことは、経団連の要望を実現させるためには必要不可欠である。そして各省庁の要請を受け、各審議会に推薦する委員の候補者を産業、経済本部などと連携し決定するのが総務本部の仕事である」と指摘し、1993年7月の経団連夏季セミナー、東富士フォーラムで「経団連幹部が政府の審議会に参加する機会やその人員を増やして発言権を強める」という方針を決めたことを紹介している。

(33) 中央省庁改革基本法にもとづく省庁改革は、2001年に実施された。このとき、内閣機能を強化するため内閣府がつくられ、予算編成その他重要な方針を決定する機関として経済財政諮問会議が設置された。

(34) 佐々木憲昭編著『変貌する財界——日本経団連の分析』(新日本出版社、2007年)、128〜129ページ参照。

(35) 大田弘子『経済財政諮問会議の戦い』(東洋経済新報社、2006年)、256〜257ページ。

(36) 菊池信輝氏は「奥田経団連会長のように、政府の政策決定機関に深入りすることは、はたして『財界』の政治的影響力を本当に高めているのだろうか、石坂期の経団連で確立した『非政治性』による強力な影響力が、少なくとも1990年代前半まで機能していたことをふり返ると、そうした疑問に直面せざるを得ない」と指摘している。『財界とは何か』(平凡社、2005年)、191ページ。

(37) 大田弘子、前掲35、255ページ。

7 戦後の資本蓄積と財政金融支配
――経済・財政・金融政策を利用した資本蓄積様式の探究

山田　博文

はじめに

　戦後70年、世界第3位の「経済大国日本」では、大企業・金融機関が政府の経済・財政政策や日銀の金融政策を利用し、様々の利益を引き出す一方、そのリスクは国民に転嫁されてきた。政策の財源調達のため増発された国債の累積額は、ほぼ1000兆円に積み上がり、この未曾有の政府債務の返済をめぐって、税と社会保障の国民負担率は過去最大となった[1]。

　周知のように、国民一人一人が納める消費税は、2015年度の一般会計予算で、企業の納める法人税、所得税を抜き、最大の財源になった[2]。納めた税額に見合うほど国民生活関連予算が充実したかといえば、NO！である。むしろ、安倍政権は、経団連の再開した政治献金[3]に積極的に対応し、自ら進んで「世界で一番企業が活躍しやすい国」をめざす。

　戦後、不況局面が到来するたびに、大規模な不況対策が実施され、公共事業関連産業に、財政ルートから大口の需要が提供され、不況と在庫が買い取られてきた。不況対策の財源は、国債の増発により調達した財政資金（借金）である。

　バブル経済が崩壊すると、不良債権を抱え込んだ銀行は、公的資金によって不良債権や株式を買い取ってもらい、資本を増強し、また歴史的にも例を見ない超金融緩和政策によって強力に支援され、経営の安定と利益を実現してきた。

　長期化する低成長下では、政府が利子と元本の支払いを保証する国債という金融商品の取引が活発化し、その売買高は1京円の巨大マーケットに膨張し、

金融機関や投資家に大口の利益を提供している。
　本稿の目的は、主要な財政金融問題に焦点を当て、経済・財政・金融政策を利用した戦後日本の資本蓄積の特徴と問題点を解明することである。財政金融問題を探究すると、国家独占資本主義や金融寡頭制の概念が実態を携えて目前に立ち上がってくるようである。

（1）政府の経済・財政政策が提供するビジネスチャンス
――日米経済独占体の利益と国民生活の犠牲

□国債発行と公共事業を介した経済独占体の利益

　戦後日本の資本蓄積は、終戦からほぼ10年間の戦後復興期では、傾斜生産方式などの産業政策、「投資が投資を呼ぶ」高度成長期の1960年代前半までは、道路・港湾など産業基盤の充実策、60年代後半以降では、国債発行を伴う各種の経済・財政政策に支援され、実現した。
　このような「企業国家日本」は、大企業・金融機関といった経済的独占体が自身の利益追求のために政府の経済・財政政策を最大限利用する経済システムであり、国家独占資本主義といった特徴をもつ。
　政府の経済・財政政策を利用する手段は、政治献金による各種の買収、天下り先の提供など、ヒト・モノ・カネ・情報のネットワークを駆使した政界・財界・官界の癒着の構造である[4]。その対極では、この国の主権者の権利と国民生活が犠牲にされる。
　公共事業は、産業界（公共事業関係業界）にとって、政府の供給する大口の市場として機能した。資金調達のため増発される国債は、銀行や証券会社などの金融業界にとって、金融ビジネスのチャンスを提供した。
　戦後、産業界・金融業界、とくに三菱・住友・三井など旧財閥系と芙蓉・第一勧銀・三和系の六大企業集団に所属した大企業・金融機関などの経済独占体は、政府の多様な経済・財政政策の独占的な利用を通じて、資本の強蓄積を実現してきた。産業構造が高度化し、主要産業が製造業からサービス産業へシフ

トすると、資本蓄積の主要舞台が物作りの現場から、株式・債券・為替などの金融市場へシフトし、金融ビジネスを通じた所得の再配分と収奪が経済独占体によって強行されてきた。

内外の資本移動が自由化された金融ビッグバン（大改革、1996～2001年）以後は、アメリカのウォール街にもビジネスチャンスが提供された。今日の日本の株式市場や国債先物市場の最大の勢力は、外国法人である。東京市場という場が提供されても、主たるプレーヤーはアメリカの金融機関・ファンドなどの外国勢になりつつある。

□経済・財政政策を利用した資本蓄積

1960年代後半以降の資本の強蓄積は、公共事業をテコにした財政スペンディング（支出）による政府の人為的な需要創出に支援され、主に製造業・重化学工業と公共事業関連産業によって主導された。大規模公共事業は、不況のたびに繰り返され、今日に至っている。

公共事業の財源は、建設国債の発行によって調達され、1970年代半ばの構造不況を契機に、赤字国債が増発された。資本蓄積は、国債という金融商品市場を舞台にし、国債の発行・引受・売買・保有・償還、といったあらゆる領域で展開されるようになる。

1980年代後半のバブル経済では、株式市場に加えて、銀行の国債窓口販売やディーリング（自己売買）も認可され、国債市場が国内最大の金融市場に成長し、一挙に3000兆円台の売買高を記録する。

政府保証の国債は、第一級の金融商品として、投資や投機の巨大市場を提供し、過剰な貨幣資本の利殖運動の場となり、バブル絡みの「金融活況」の基盤を整備することで、1980年代半ばから本格化する金融自由化・金融規制緩和政策、つまり、金利規制や銀行・証券などの業態規制の緩和・撤廃を推進する役割を担った[5]。政府の供給する国債という金融商品が、金融業界にとって不可欠の収益源泉になった。

1990年代のバブル崩壊にともない、不良債権を抱えた銀行に対して、将来の国民負担となる、ほぼ47兆円の公的資金が供給され、不良資産の買い取りと資本の増強が行われた。他方で、国債市場は、低迷する株式市場に代わって、公

信用に支えられた大口の金融市場として機能してきた。

アメリカの「外圧」を受け入れた金融ビッグバン改革は、預貯金の受入と貸出を中心にした戦後日本の金融経済システムを転換し、価格変動・金利格差を利用するマネーの投機的な運用に適合した「カジノ型金融独占資本主義」ともいえるアメリカ型システムを構築した。

その結果、日本の金融経済システムは、対日進出したアメリカの多国籍金融機関やヘッジファンドなどの影響を強く受けることになった。これは、高度に発達した経済大国日本の各種の政策が、対米従属的な内容を持つことを意味する[6]。

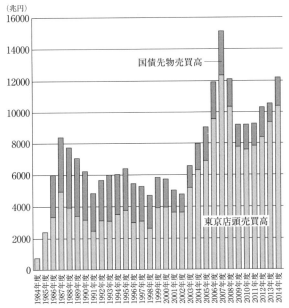

図7-1 国債売買市場の規模

（出所）野村総合研究所『公社債要覧』1995年度版、日本銀行『金融経済統計月報』各号より作成

2000年代になると、量的金融緩和政策の導入、アメリカ主導の経済のグローバル化、ITの金融取引への適用などを通じて、「貯蓄から投資」の金融ビジネスが活発化し、国債市場は内外の投機マネーの回り舞台になった。国債売買高は飛躍的に拡大し、1京円市場に成長する（図7-1）。

安倍政権は、国民生活の犠牲の上に、「世界で一番企業が活躍しやすい国」をめざす各種の政策を実施し、大企業・金融機関の資本蓄積がグローバルに推進される。

昨今、増額された防衛費[7]は、武器輸出の解禁と相まって軍事産業を活性化させ、戦後の平和経済から日本経済の軍事化を促進し、近隣のアジア諸国との軋轢（あつれき）を高めている。

（2）政府債務の累積と政府保証の金融ビジネス
——活発化する国債ビジネスと民営化株式の売出

□低成長下で活発化する国債ビジネス

　財務省によれば、政府債務残高（国債及び借入金現在高、2015年6月末）は、1057兆2235億円である。このような政府債務の規模は、OECD（経済協力開発機構）の国際比較（2014年）によれば、わが国の場合、GDPの226.0％に達し、G5諸国で最悪であり、デフォルト（債務不履行）に陥ったギリシアでさえ政府債務のGDP比は184.1％にすぎない。フランス・イギリス・アメリカの場合、110〜120％にとどまり、ドイツは82.2％にすぎない[8]。

　周知のように、膨大な政府債務の累積は、各国の歴史上、戦時下の軍資金調達が最大の要因（日本の終戦直後は国民所得比で266％）であったが、戦後日本の場合、平時経済下の経済・財政政策の資金調達が最大の要因である。これは歴史的にも注目される事態であり、それだけ、戦後日本の資本蓄積が政府の経済・財政政策に大きく依存し、実現したことを意味する。

　このような資金調達を担った国債の発行残高は膨れ上がり、2015年6月末現在では888兆1068億円に達した。国債の発行は税金の先取り消費であり、最終的に税金で返済されるので、その返済額も巨額になり、2015年度では、一般会計から支払われる国債費（国債の利払い費用プラス元本の償還費用）は、23兆4507億円に達し、一般会計の歳出総額の4分の1にあたる24.3％を占めた。

　これは、政府に財政資金を貸し付けた国債投資家に対する支払いであり、国債に投資し、国債を所有する者たちは、一般会計から23兆4507億円を受け取ったことになる。日本国債の所有者は、多岐におよぶが、2015年3月末現在、民間金融機関が最大であり、その割合は56.1％（うち銀行が33.8％、保険会社22.3％）を占める[9]。

　一部の見方として、国債発行を起点にしたマネー循環について、国民が銀行に預金し、その預金で銀行が国債を購入し、政府から利子を受け取り、銀行は

預金者にその利子を払っているので、結局、政府が国民に利子を払っているのと同じではないか、との見解がある。だが、それは誤解である。

　なぜなら、銀行が預金者に支払う利子率（10年物国債に対応する10年物定期預金金利で0.1％）と、銀行が政府から受け取る国債の利子率（2014年12月発行の10年物国債〔336回債〕の表面利率0.5％）の差額（利鞘）は、銀行の儲けであり、預金者には支払われないからである。

　例えば、銀行が100兆円の10年物定期預金を受け入れると、預金者に支払う年間の利子額は1000億円にすぎないが、その100兆円の預金で国債を購入した銀行が政府から受け取る国債の利子収入は5000億円であり、その差額4000億円は銀行の儲けとなり、預金者である国民に還元されない。まして、1京円に達する国債売買市場から銀行が稼ぎ出す国債の売買差益・ディーリング益（三菱UFJの2013年3月期決算では、3223億円[10]）は、銀行に帰属し、預金者に還元されることはないからである。

　国債は、政府（納税者）の立場からすれば、将来にわたって返済義務を負う債務証書であるが、手持ちのマネーの安全で有利な運用を意図する投資家サイドからすれば、政府が利子の支払いと元本の償還を保証した格付の高い金融商品であり、有効な投資物件にほかならない。

　増発された国債は発行体（政府）が倒産することもなく、不況になっても利払いが滞ることもない、もっとも信頼できる格付の高い金融商品である。

　金融業界や投資家サイドにとっては、超金融緩和政策に支えられ、国債が増発されることは、手持ちのマネーに、新たな有効な投資物件と市場を獲得することであった。とくに先行き不透明な低成長経済下では、国債は、民間の投資家（内外の銀行などの金融業者）の間で盛んに売買されるようになり、その国債売買高は、1京円を超過する巨大な市場に成長する。

　1京円の国債売買市場から最大限の利益（国債売買差益）を引き出しているのは、三菱UFJ・三井住友・みずほの三メガバンクである。それぞれのメガバンクの最終利益に占める国債売買差益の割合は、3割台に達していた。

　「銀行儲けすぎの実像」との特集を組んだ『日経ビジネス』誌は、「3メガバンクの2012年3月期最終利益は合計で2兆円に達した。しかし、その内訳をみると、国債の売買益が利益全体の3割強を占める。一方で、本業の儲けを示す業務純益はいずれも微減、もしくは横ばいとなっている。銀行預金は国内全体

で610兆円に膨らんでいるが、銀行の貸出金は420兆円にとどまっており、だぶついた預金が国債購入に充てられている[11]」と指摘する。

景気の変動とは無関係に、政府が利子と元本の返済を保証する国債という金融商品は、低成長経済下で貸出が低迷し、伝統的な利子収入が低下する銀行業にとって、最大の収益源泉になっている。

□民営化株式の売出と国家相手の株式ビジネス

戦後の象徴的な民営化株式の売出（1987年2月から88年10月にかけ3回実施）となったNTT株式の売却収入金の合計額は、10兆827億円であったが、これは国債の元利払いを担当する国債整理基金特別会計に繰り入れられた。民営化株式の売出とは、国債の大量発行によって発生した財政赤字のツケを支払うために、国有財産が株式市場で売却されることである。できるだけ高値でNTT株を売り出すために、当時の株式バブル市場が利用され、多額の国債償還財源が調達された。国債償還財源を確保することは、投資物件としての国債担保を強化し、国債価格の値崩れを防ぎ、国債所有者の利益を擁護することであった。

さらに、民営化株式の大規模な売出は、国家を相手にした株式ビジネスのチャンスを提供することでもあった。アメリカの『ビジネス・ウィーク』誌によれば、民営化株式の売出は、各国の証券会社（投資銀行）の証券引受業務に依存するので、証券会社に莫大な手数料収入をもたらす。

「民営化はLazard（ラザード）やアメリカのそうそうたる投資銀行をはじめとする世界の投資銀行にとって、莫大な儲けの好機である。あらゆる投資銀行が、フランスの自動車メーカーのRenault（ルノー）からイタリアの巨大石油会社のAGIPにいたるヨーロッパの国家の宝石を売却するために、激しいロビー活動に乗り出した。その賞金、すなわち手数料報酬は、最終的には50億ドルに達するであろう。……民営化の金鉱脈を追跡することは、『われわれが成しうることのなかで、最も重要なことである』」、と[12]。

日本政府が10兆827億円を調達したNTT株の売出の場合、証券会社の当時の引受手数料を3％とするなら、主幹事証券会社であった野村・日興・大和・山一の四大証券を頂点にした証券業界には、ほぼ3000億円の引受手数料が入ったことになる。民営化株式は、各国の証券会社にとって、株式ビジネスを活性

化する「金鉱脈」にほかならない。NTT株の売出は現在も継続しているが、4次の売出から、ゴールドマン・サックス、メリル・リンチなどのウォール街の投資銀行も入札に参加し、強い影響力を発揮している。

政府は、NTT、JR、JTなどの民営化株式の売出などで、ほぼ30兆円を調達したが（表7-1）、さらに大口の民営化株式の売出が予定されている。それは郵政民営化株式の売出である。

表7-1　官業民営化による国の収入
（1985年度から2004年度までの累計）

（単位 兆円）

	NTT	JR3社	JT	その他	合計
株式売却収入	13.9	3.7	1.1	0.7	19.4
配当収入	1	0.3	0.2	0	1.5
租税収入	6.8	2.5	0.9	0.2	10.4
合計	21.7	6.5	2.2	0.9	31.3

（注）JR3社は東日本・東海・西日本、JR東海の05年の株式売却収入を含む。その他は日本航空、電源開発、日本自動車ターミナル、東北開発、沖縄電力
（出所）「日本経済新聞」2005年9月3日付

日本郵政グループは、GDPの6割に当たる290兆円の資産を保有する巨大会社であり、日本郵政・ゆうちょ銀行・かんぽ生命の3社は、2015年11月をめどに株式を上場し、郵政民営化株式の売却収入金総額は、ほぼ10兆円に達する[13]、と推計されていた。

郵政民営化株式の売出をめぐって、内外の証券会社（投資銀行）は、国家相手の株式ビジネスの恩恵に浴する。NTT株式の売出と異なるのは、主幹事証券会社[14]が日本の証券会社だけでなく、むしろウォール街の投資銀行が加わり、大きな影響力を発揮し、利益を得ている。

政府・財務省にとって、郵政民営化株式の売却収入金は、財政赤字を補填する有望な新規財源になる。株式売却収入金の規模は、日経平均株価などに示される株価水準の高さに依存するので、できるだけ多額の株式売却収入金を求めて、政府・財務省は、日本銀行を巻き込んだ超金融緩和政策、年金積立金の株式投資の増額など、多様で大掛かりの株価吊り上げ策を展開している。

実体経済の低成長下で、株式バブルを発生させているアベノミクスは、より多くの民営化株式の売却収入金を得ようとする政府・財務省と、民営化株式の引受・売出・売買などによって株式ビジネスから利益を得ようとする内外の証券業界のニーズを忠実に反映している。安倍政権は、自ら進んで日米金融独占体の利益を擁護している、といってよい。

（3）バブル崩壊と公的資金・年金積立金の動員
——不良資産買取・資本注入と株価維持策（PKO）

□銀行経営を救済した公的資金の注入

　バブル崩壊後、銀行の不良債権対策と経営救済のために、政府が注入した公的資金は、累計46兆8053億円に達したが、初期の段階で、すでに10兆4326億円が回収不能金となり、この分は全額国民負担が確定している。

　周知のように、1990年代に入っての株式・不動産バブルの崩壊後、銀行は、バブルマネーの貸出先の経営悪化や破綻から、貸出金の利子・元本の回収が不可能になり、経営破綻が相次いだ。破綻金融機関数は、量的金融緩和政策が効果を発揮する2002年までに、180行（社）に達した。とくに、1997年、当時の大手都市銀行であった北海道拓殖銀行と、四大証券の一角を占めていた山一證券の経営破綻は、金融システム不安と経済危機を誘発する。

　そこで、金融システムの安定化を名目として、税金に加え政府が国債発行で調達した公的資金による多様な銀行救済策が展開される（表7-2）。①破綻した銀行の資産の買い取りのために9兆6483億円、②債務超過分を穴埋めする金銭贈与のために18兆6162億円、③破綻前の銀行への資本注入のために12兆3869億円、④その他6兆1539億円など、累計46兆8053億円の公的資金の注入が行われた。だが、回収された金額は、資本注入に使用された公的資金を中心に、11兆5732億円（2003年度末現在）にすぎない[15]。

　とくに、初期の段階で、回収不能となった10兆4326億円のほとんどは、金銭贈与と資産買取目的で日本長期信用銀行（注入額4兆337億円）と日本債券信用銀行（注入額3兆5225億円）に注入された公的資金であり、2行の合計額だけで、7兆5562億円に達している。

　巨額の国民負担の公的資金を注入し、政府の国有下にあった日本長期信用銀行（長銀）は、2000年3月、アメリカの企業再生ファンド・リップルウッドと外国銀行からなる投資組合「ニューLTCBパートナーズ」に安値で売却された。

表7-2　公的資金の注入額と内訳

(1)目的別　　　　　　　　(単位 億円)

	投入額
資金援助等	249,946
金銭贈与	186,163
資産買取	63,663
その他	120
資本注入	123,869
53条買取*	3,247
その他	90,991
①長銀・日債銀の保有株式買取など	29,573
②特別公的管理銀行に対する資金の貸付け	42,000
③瑕疵担保条項に基づく債権の買戻し	11,732
④特別公的管理銀行に対する損失の補填	4,500
その他	3,186
合計	468,053

(2)使途別　　　　　　　　　　　　　(単位 億円)

	投入額	回収額	損失確定額
破綻に関連する金銭贈与	186,162	−	104,326
資産買取	96,483	49,661	
破綻に関連するもの	63,663	−	
53条買取*	3,247		
その他①	29,573		
資本注入	123,869	20,716	
その他	61,539	45,354	
②	42,000	42,000	
③	11,732	3,248	
④	4,500	−	
その他	3,307	106	
合計	468,053	115,732	

(注)　*53条買取…金融再生法第53条に基づいた健全金融機関からの不良資産の買取のこと
(出所)　国立国会図書館『調査と情報』第477号、2005年3月30日、10ページ

　この投資組合が長銀買収のために費やした費用総額はわずか1210億円であったが、2004年2月には、買収した長銀をリストラにより再生し、新生銀行として東証一部に再上場することで、約2300億円の売却益を稼ぎ出した。
　アメリカのファンド・リップルウッドと銀行は、短期間に、差額の約1100億円を純利益として獲得した。政府の不良債権対策を通じて、国内の銀行業界だけでなく、アメリカのファンドも、日本国民の負担で、巨額の利益を獲得したことになる。
　金融庁の最近の発表によれば、2015年3月末時点の全国115銀行の不良債権残高は9兆1430億円[16]まで縮小した。公的資金による手厚い支援を受け、不良債権処理の累計額は、ほぼ100兆円に達したことになる。

□公的年金積立金の運用と株価維持策

　戦後、財政投融資として公的金融を担った郵貯・年金・簡保の運用は、1980年代後半のアメリカのレーガン政権・イギリスのサッチャー政権とともに、新

自由主義の行政改革・民営化に踏み出した中曽根政権下で、転換点を迎える。

郵貯マネーと公的年金積立金の株式投資が始まったのは、中曽根政権下、金融自由化の一環として、年金運用の規制緩和＝「自主運用」が認可された1986年度からであった。公的年金の自主運用は、80年代後半の株式バブルを下支えする役割を担うことになる。

1990年に入っての株式・不動産バブルの崩壊後は、株価維持策（PKO：Price Keeping Operation）のために、各種の公的資金が動員された。1992年8月、政府は、低迷する株式市場と「平成大不況」に対処する「総合経済対策」の新しい柱として、公的資金を利用した株価対策を組み込んだ。日経平均株価が2万円を割り込むと、公的資金に株式を購入させ、人為的な株式需要を造出することで、株価を一定水準に維持する株価維持策が展開された。

その経済的背景は、大手銀行が抱え込んだ不良債権の償却原資を銀行が保有する株式の売却益で調達するため、株価を一定水準以上に維持しようとしたからであった。1993年度、大手銀行21行の株式売却益はほぼ3兆円に達したが、不良債権の償却・処理額も同額の3兆円となった。当時の新聞が指摘していたように、「全体でみるとこの償却の大半を大量の株式の益だしで償った[17]」ことになる。

大手銀行の保有株に含み益が発生する株価の水準は、当時の日経平均株価で1万7000円ほどだったので、それ以下に株価が下落すると、株の含み益が発生しなくなり、不良債権の償却原資を調達できなくなる。

そこで、日経平均株価が「1万8000円を割ると、平均株価を構成する225の銘柄に、公的資金と見られる指し値の注文がずらりと入って平均株価が反発、上昇する[18]」といった株価維持策が政府主導で実施される。公的資金の大口株式投資で株価が上がると、すかさず銀行が保有株を売却し、株式の含み益を実現し、売却益を獲得する。そしてこの売却益で不良債権を償却する。こうした循環が繰り返されたのが、株式バブル崩壊後の特徴であり、郵貯、年金の自主運用とは、経営困難に陥った銀行を救済するための株価維持策であった。

そのため、株価維持策に動員された郵貯・年金は、株価が下落すると巨額の累積赤字（年金の場合、2002年度2兆5877億円、2008年度9兆3481億円）を積み上げた。大手銀行の救済のために、国民の年金積立金が充当され、将来の老後の暮らしすら脅かす事態が到来した。そのうえ、年金改悪法が国会を通過し、保

険料率も引き上げられ、年金支給年齢も引き上げられ、1949年4月以降に出生した人々は、65歳になって初めて年金を支給されるようになった。

株高を演出する安倍政権下で、公的年金積立金の株式投資額は、さらに拡大した。2014年10月、年金積立金管理運用独立行政法人（GPIF）の

表7-3　株式投資を拡大するGPIF

資産構成割合	国内債券	国内株式	外国債券	外国株式	短期資産
第2期中期目標期間 （2000年4月～2015年3月）	60%	12%	11%	12%	5%
第3期中期目標期間 （2015年4月～2020年3月）	35%	25%	15%	25%	－

（出所）年金管理運用独立行政法人（GPIF）『平成26年度業務概況書』3ページより作成

運用委員会は、137兆4769億円の積立金運用の基本ポートフォリオを見直し（表7-3）、リスク資産の株式への運用割合を、国内外ともに従来の12％から25％へ大幅にアップした[19]。この見直しによって、国内株式市場へ投入される年金マネーは17兆8720億円ほど増額されるので、株式へ巨大な需要が発生し、株価の強力な上昇圧力となる。事実、2015年3月末現在で、国内株式への年金積立金の運用割合は、すでに22％まで上昇し、金額にして31兆6704億円の株式投資が行われている。これは、まさに、「クジラ[20]」と言われる大口の公的な株式投資マネーであり、株価の人為的な吊り上げに大きく貢献している。

だが、株価が暴落すると国民の老後の資金も枯渇する。こうして現代日本では、株式市場を通じて、国民諸階層へのリスク転嫁が断行されている。

（4）日銀信用を動員したアベノミクス
──国債・株式の「官製相場」を担う日本銀行

周知のように、金融政策を担う日本銀行は、「通貨及び金融の調節を行うことを目的とする[21]」中央銀行であり、それ以外の国策を担うことは、本来の目的から逸脱する。まして財政資金の供給は、戦後、財政法第5条[22]が禁止している。

だが、時の政権は、中央銀行を国策に従属させ、日銀も本来の目的から逸脱する歴史を繰り返してきた。戦前では、軍事国債の直接引受により日銀は政府に軍資金を提供した。戦後になると、1970年代まで、発行後1年経過の国債を日銀が買いオペ（オペレーション＝公開市場操作の略）によって引き受け、政府

表7-4　日銀信用の膨張とバランスシートの変容

(単位 億円)

主要勘定のみ	2012年3月末(A)	2015年3月末(B)	増減(△)(B−A)
(資産の部)			
国債	872,471	2,697,921	1,825,450
うち長期国債	706,866	2,201,337	1,494,471
CP等	15,948	19,789	3,841
社債	19,906	32,430	12,524
金銭の信託(信託財産株式)	14,282	13,757	△525
金銭の信託(信託財産指数連動型上場投資信託)	8,478	44,837	36,359
金銭の信託(信託財産不動産投資信託)	736	2,063	1,327
貸出金	389,954	340,975	△48,979
資産の部合計	1,394,569	3,235,937	1,841,368
(負債の部)			
発行銀行券	808,428	896,732	88,304
預金	358,963	2,060,718	1,701,755
うち当座預金	344,323	2,015,564	1,671,241
負債の部合計	1,362,415	3,196,983	1,834,568
(参考)名目GDP(兆円)	481.0	499.7	18.7

(出所) 日本銀行、財務諸表、各事業年度決算、「資産、負債及び純資産の状況」より作成

の国債発行を支援した。現在も、国庫の資金繰りや為替介入資金の調達を担う政府短期証券（現国庫短期証券）は、日銀引受によって発行されている。

さらに最近の超金融緩和政策は、日銀による国債の大量買いオペに支えられた政策であるが、新規国債発行額を上回る年間80兆円もの国債買いオペ額は、日銀による間接的な国債引受メカニズムとして機能している。日銀の国債オペレーションは、オペ種を提供する銀行などに、売買のたびに国債売買差益を提供してきた。最近では、証券会社が財務省から国債を落札し、数日のうちに日銀に転売して利益を稼ぐ日銀トレードも活発化している[23]。

　第二次安倍政権の三本の矢を担う日銀の異次元金融緩和政策は、歴史的にも異次元かつ未体験の様々なリスクをもたらしている。それは日本銀行のバランスシートの大変容（表7-4）に表れている。国債買いオペなどを介して、供給された日銀信用の規模は、政権誕生前と政権運営後（2012年3月末～2015年3月末）を比較すると、わずか3年間で2.3倍になり、新たに184兆1368億円も膨張している。民間銀行の元（日銀当座預金）には、167兆1241億円のマネタリーベースが積み上がっている。

　この期間の名目GDPの規模は、ほぼ横ばいであり、481兆円から499.7兆円とわずか18.7兆円しか増加していない。それなのに、GDPの4割弱に相当する184兆1368億円もの過大な日銀信用が供給されるなら、それを受け入れた民間銀行には経済成長とは無縁のマネーが滞留し、この過剰なマネーは、資本主

義的な利益を求めて、国債・株式・不動産などに買い向かい、バブル経済を膨張させる。

実際、国債バブルは歴史的にも記録のない水準まで膨張し、10年物国債の流通利回りは0.3〜0.4％台（例えば、表面金利0.5％額面100万円の国債が125万〜166万円）におよんでいる。株式バブルにいたっては、日経平均株価が1万395円（2012年12月）から、2万585円（2015年7月）へ、ほぼ2倍に暴騰した。日銀による信託財産指数連動型上場投資信託（ETF）の購入[24]は、2015年3月末で4兆4837億円に達し、日銀信用は直接株式市場へも流れ込み、アベノミクスによる株式の官製バブルを演出している。まさに「中央銀行が株価操作をしている」ことになる。日銀のETF購入は、ETFの運用会社が現物株を購入するので、日経平均株価を2513円押し上げた[25]、との試算もある。

日銀信用に支えられた官製バブルは、国債・株式を大量に所有する大手企業・金融機関、一部富裕層、海外投資家に、値上がり益・利子・配当金など、濡れ手で粟をつかむ莫大な金融上の利益を与えている。

まとめ——経済のグローバル化・金融化・情報化と日米独占体

世紀の転換期に、戦後日本国家独占資本主義は、大きな変容を迫られ、今日に至っている。その変容を読み解くキーワードは、アメリカに主導された経済のグローバル化・金融化・情報化である。

経済・財政・金融政策を利用し、そこから利益を引き出す経済独占体は、経団連に集う本邦企業・金融機関だけでなく、多国籍的にビジネスを展開するアメリカの金融機関とファンドなどの大口投資家が加わった。

とくに、インターネットなど情報通信技術に支えられた現代の金融ビジネスは、最大の国際金融センターのアメリカ・ニューヨークを拠点に、コンピュータのグローバルなネットワークを駆使し、各国の国境を越え、速度も1000分の1秒といった超高速取引（HFT、すでに株式売買高の6割のシェア[26]）で展開されている。

「NO！」と言わない対米従属的な日本政府は、アメリカの圧力を受け入れ、金融ビッグバン改革をやり、アメリカ型の金融経済システムへ移行したので、

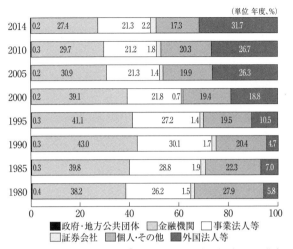

図7-2 日本株の最大株主になった外国法人
(単位 年度、%)
(出所)東京証券取引所、長期統計「投資部門別株式保有比率の推移」より作成

日本経済に対するアメリカの影響力が急速に強化されている。

「株式会社ニッポン」の最大株主は、いまや外国法人（発行済日本株の所有比率31.7％、2014年度）であり、本邦企業（21.3％）や金融機関（27.4％）の所有比率を上回る（図7-2)。しかも、外国法人の日本株所有のターゲットは、日本の代表的な企業や金融機関である。「物言う株主」として株主総会で企業経営のあり方を見直し、日本的経営は退けられ、ROE（株主資本利益率）を最大化する経営が追求され、株主への配当金と役員報酬を増やすために、賃金が削減され、終身雇用や年功序列といった労働者の生活にとって安定的な日本的経営が破壊される。株式市場における売買高も、その60〜70％はファンドや欧米の大口投資家によって占められている。

国内最大の金融市場の国債市場を影響下に置き、財務省と定期的に会合をもつ「国債市場特別参加者会合」のメンバー23社中、13社が外国勢であり、ゴールドマン・サックス証券、メリル・リンチ証券、JPモルガン証券などのアメリカ勢に加えて、ドイツ証券、UBS証券などのヨーロッパ勢が名前を連ねる[27]。国債先物市場の売買高の60％台はファンドや欧米の大口投資家によって占められている。

日米の経済独占体が戦後の最高益を謳歌するもとで、困難を強いられるのは国民生活であり、生活に密着した中小企業・地域経済である。

バブル崩壊後の超金融緩和政策は、国民の預貯金金利に超低金利を強要し、家計部門に支払われたであろう利子所得（1991年〜2014年までに392兆円）を銀

行部門に移転してきた。大規模経済対策の資金調達目的で増発された国債の累積額はほぼ1000兆円に達し、膨れ上がる政府債務の返済などから、租税・社会保障の国民負担率は、24.3％（1970年度）から、43.4％（2015年度）へ、ほぼ倍増し、過去最悪となった。

　安倍政権下の異次元金融緩和政策は、円安・物価高を招来し、生存権に直結する食料品の輸入価格を高騰させ、国民の生活苦を増幅させる一方、国債や株式バブルを招来し、大企業・金融機関・海外投資家の金融資産価格を暴騰させ、資本の強蓄積を加速させている。だが、国民生活に密着した中小企業・地域経済は置き去りにされる。

　これが、戦後70年の資本蓄積の歴史を検討することで明らかになった日本国家独占資本主義と金融寡頭制の特徴であり、問題点である、といえよう。

註
（１）財務省によれば、2015年６月末の政府債務残高は、1057兆2235億円（内訳は、国債888兆1068億円、借入金53兆9884億円、政府短期証券115兆1282億円）に達した。政府債務の累積に伴い、国民負担率（国民所得に対する消費税や所得税などの租税負担額と年金や保険などの社会保障負担額の合計の割合）は、1970年度には24.3％に過ぎなかったが、消費税導入後の1990年度には38.4％、税率アップ後の2015年度で43.4％に増大してきた。
（２）2015年度の一般会計の歳入総額は、96兆3420億円であり、その内訳は、消費税（17兆1120億円、17.8％）、所得税（16兆4420億円、17.1％）、法人税（10兆9900億円、11.4％）、であった。主権者である一人一人の国民が納める消費税は、企業の納める法人税よりも、６兆円以上も多い（財務省『日本の財政関係資料』2015年３月、２ページ）。
（３）戦後、大企業・金融機関など経済独占体が政府の経済・財政政策を利用する有力な手段であった経団連の政治献金は、世論の厳しい批判の前に、1994年に廃止。だが安倍政権下で復活した。「経団連は1993年まで業界に金額を割り当てる『あっせん方式』を採用、年間100億円程度を集めた。09年の民主党への政権交代以降は関与自体をやめていたが、安倍政権との関係修復を急ぐ榊原会長が再開にかじを切った」（「日本経済新聞」2014年９月11日付）。
（４）バブル崩壊後、海外の著名なメディアにより、日本国家独占資本主義の問題点が世界中に暴露された。例えば、こうである。「ほとんどの銀行や証券会社は、金融官僚にたいして退職後重要な役職を提供する。それは、天下り（amakudari）ないし天から下る、という。……多少とも、彼らは二重スパイとして奉仕している。彼らは自分の雇い主の意思を大蔵官僚のトップに伝達し、同時にまた自分の会社のこ

とを官僚たちに密告する」(*Business Week,* August 26, 1991, pp.17-18)、「日本の不祥事に対して特別の注意を払う最大の理由は、多くの不祥事が、個々バラバラの詐欺の束ではないからである。不祥事は、日本の金融システム、その堕落した政治、さらにそのビジネスのやり方のなかに、構造に縫い合わされている」(*The Economist,* August 17, 1991, p.13)、など。
(5) 詳しくは、拙著『国債管理の構造分析——国庫の資金繰りと金融・証券市場』(日本経済評論社、1990年)、「第2章 国債消化における三位一体的構造」を参照されたい。
(6) 詳しくは、拙著『99％のための経済学入門——マネーがわかれば社会が見える』(大月書店、2012年)、「Chapter 9 アメリカと日本の経済は一体なのか？」を参照されたい。
(7) 年間ほぼ3000億円を防衛省から受注する三菱重工などの代表的なメーカーは、兵器の生産を請け負う軍事産業でもある（詳しくは、「特集 自衛隊と軍事ビジネスの秘密」『週刊ダイヤモンド』2014年6月21日号)。2014年の世界全体の軍事支出総額は、1兆7760億ドル（ほぼ213兆円）に達し、その34％をアメリカ一国で占める(Trends in World Military Expenditure, 2014 SIPRI Fact Sheet, April 2015)。安倍政権下の武器輸出解禁は、世界の213兆円の巨大市場への日本の軍事産業の参入を意味する。
(8) OECD, Economic Outlook No. 97-June 2015-OLIS version, General government gross financial liabilities, as a percentage of GDP.
(9) 以上のデータは、前掲(2)、財務省『日本の財政関係資料』（2015年3月）による。
(10) 「朝日新聞」2015年5月16日付。国債ビジネスについて、詳しくは、拙著『国債がわかる本——政府保証の金融ビジネスと債務危機』（大月書店、2013年）を参照。
(11) 『日経ビジネス』2012年5月28日号。
(12) Stewart Toy, John Rossant, Julia Flynn 'Europe for sale A privatization drive could raise $150 billion, *Business Week,* July 19, 1993, pp.14-15.
(13) 「日本経済新聞」2015年8月8日付。
(14) 財務省から指名された主幹事証券11社の中でも、野村證券、三菱UFJモルガン・スタンレー証券、ゴールドマン・サックス証券、JPモルガン証券、の4社が中心的役割を果たしている。「日本経済新聞」2015年3月6日付。
(15) 公的資金の注入をめぐる経緯とデータは、詳しくは、「金融システム安定化のための公的資金注入の経緯と現状」国立国会図書館『調査と情報』(第477号、2005年3月30日）を参照。
(16) 「日本経済新聞」2015年8月8日付。
(17) 「日本経済新聞」1994年4月19日付。
(18) 「朝日新聞」1993年2月25日付。
(19) 年金積立金管理運用独立行政法人（GPIF)『平成26年度業務概況書』、8ページ、25～29ページ。
(20) 『週刊東洋経済』2015年7月4日号、74ページ。

(21) 日本銀行法第 1 条「日本銀行は、我が国の中央銀行として、銀行券を発行するとともに、通貨及び金融の調節を行うことを目的とする」。
(22) 財政法第 5 条「すべて、公債の発行については、日本銀行にこれを引き受けさせ、又、借入金の借入については、日本銀行からこれを借り入れてはならない」。
(23) 「日本経済新聞」2015年 8 月 6 日付。
(24) 日銀の ETF 購入額は、2015年末には 6 兆8000億円まで増額される、との予測もある。「アベで動く株と政治」『週刊　エコノミスト』2015年 8 月 4 日号、26ページ。「毎日新聞」2015年 7 月28日付東京夕刊。これは、GPIF の株式投資に加え、郵政民営化株の高値売却への強力な支援である。
(25) 「日本経済新聞」2015年 8 月 4 日付。
(26) 詳しくは、「特集 2　個人投資家サバイバル」『週刊ダイヤモンド』(2014年 9 月20日号)、「株式市場における高速・高頻度取引の影響」日本銀行『日銀レビュー』(2013年 1 月)。
(27) 　財務省理財局『債務管理レポート2014』130ページ。

8 戦後日本のエネルギー政策
——その変遷と今日の課題

北村　洋基

はじめに

　戦後日本は、エネルギー政策について何度も選択を迫られ、その都度選んできた。その積み重ねが今日のエネルギー体系である。それはまた、別の選択をする可能性が絶えずあったこと、そして別の道を選んでおれば、現在とは異なる体系ができていたことをも意味している。それゆえなぜその道を選び、別の道を選ばなかったのか、その背景と理由を検討する必要がある。

　2011年3月11日の東京電力福島第一原発事故は、日本のエネルギー体系と政策の問題点を噴出させた。そして今日、いかなるエネルギー政策が求められているのか、その対立点は何かを明らかにすることが本稿の課題である。

　ただし課題の大きさと紙幅の関係で、概論的・トピック的な記述とならざるをえないことをお断りしておく。

（1）戦後出発点の経済・産業政策とエネルギー政策
——貿易主義と開発主義

　戦後初期に、日本経済のあり方をめぐってさかんな議論が展開されたが、その一つが1949年末から行われた貿易主義と開発主義の論争であった。

　中山伊知郎・一橋大学学長は、国土が狭小で資源に乏しい日本はイギリスに似ており、産業革命期のイギリスは食糧が自給できなかったが工業化により輸

出を伸ばし、農産物を輸入して自立化したように、日本も活路を貿易立国に求めるべきだとした。

　これに対して都留重人・一橋大学教授は、中山の議論は一般的な経済理論の素朴な適用にすぎず、輸出によって外貨が獲得できるような競争力のある産業は実際にあるのか、輸出産業の育成のためには機械や原材料を輸入しなければならないが、その外貨はどこにあるのか、むしろ食糧増産や石炭、水力などの国内資源を開発し、経済成長と国民生活の向上を図ることを目指すべきであると主張した。中山と都留との論争に多くの学者・研究者も参加して、活発な論戦が展開された。

　なお都留は、豊かな森林や水、田園の大切さを説き、大地に根差した勤労生活の価値は経済性だけでは評価しきれないことや、環境保全の必要性を早くから強調していたことも注目される。

　日本経済の復興と国民生活の向上のためには、貿易も開発もどちらも重要であることはいうまでもない。ただ、日本が置かれた客観的な実情からして、開発主義に重点がおかれたことは必然であった。

　開発主義的な政策は、エネルギー政策においてとりわけ顕著であった。水力電源の開発と石炭について、その成果と問題点を検討しよう。

□電源開発

　戦後の電源開発は、1951年に日本発送電を解体して発足した9電力会社とその翌年に設立された電源開発株式会社（電発）によって本格的に始まったが、ここでは国土総合開発法に基づいて1951年に他の21地域とともに特定地域の指定を受けた福島県の只見開発を例として検討したい。

　電発は只見川水系の上流地域（奥只見）に大規模なダムと発電所の建設にとりかかり、1959年に田子倉発電所（38万kW）、60年に奥只見発電所（36万kW）を完成させた。これらは当時日本最大の水力発電所である。電発はさらに滝（9.2万kW）、大鳥（9.5万kW）そして68年の大津岐発電所（3.8万kW）の完成をもって一応終了した。

　只見川水系の電源開発は、東北電力によっても強力に進められた。東北電力は数万kWクラスの発電所を次々に建設した。日本発送電から引き継いだ発電

所の増設を含めると10カ所近くになる。

　かくして只見川水系は日本最大の電源地域として、電力供給に多大の貢献をした。なお1973年のオイルショックを契機に再び電源開発が開始され、新増設や100万 kW の揚水式発電所などが建設された。

　それでは只見開発はどのように評価されるべきであろうか。只見特定地域開発は福島県が計画し、総事業費1630億円にのぼる10カ年計画として主要事業が閣議決定されたが、それは電力資源の開発を軸としながらも、同地域の恵まれた森林資源、各種地下資源の総合的な開発に重点をおき、鉄道・道路・林道等の交通網を整備し、治山・砂防・造林による国土保全と農産資源開発など、地域の基盤を整備して住民生活の向上をはかることを目指したものであった。

　しかし現実はそうはならなかった。電源開発のみは計画通り進展し、それに伴い道路・鉄道等の建設も進んだが、それは電源開発に関連する部分が中心で、森林資源開発のための林道や福島・新潟間を結ぶ地方道路の整備は遅れ、また河川改修などの治山治水や土地改良等の事業も計画通り進まず、電源開発のみが切り離されて進展するという結果に終わった。

　只見町の人口は電源開発の進行とともに減少し、今では1955年の3分の1である。「奥只見開発は日本の TVA（テネシー川流域開発公社）」といわれ、田子倉ダムでは50戸、滝ダムでは約100戸が水没するなどの犠牲を払った。しかし電源開発が地域の総合開発の一環とはならず、逆に「電源過疎」を進行させてしまったのである。

　こうした結果になったのは、何よりも1955年からの日本の高度経済成長の中で、開発政策が国内資源の総合的開発利用から太平洋ベルト地帯の重化学工業の育成に転換したことにある。ただ、開発主義の議論が萌芽的に内包していた内発的発展の可能性を追求する地域経済論や政策論がまだ十分な力をもちえていなかったこともある。それは今日でも、対抗構想としてはあっても実際にそれを実践する客観的条件や主体的力量があるかどうかという問題である。

□石炭

　次に、石炭についてみておこう。
　日本では石炭は石油と違って埋蔵量が豊富であり、原料としても燃料として

も重要な資源として、増産が図られてきた。戦前・戦時のピークは1940年の5630万トンであるが、1946年には2000万トンにまで落ち込んだ。政府は1946年末に石炭と鉄鋼の超重点主義政策である「傾斜生産方式」を閣議決定したが、それは鉄鋼の不足が石炭増産の重大な障害になっており、鉄鋼は石炭の不足で生産できないという隘路を、GHQに重油の輸入を認めてもらい、輸入重油を鉄鋼に投入して鋼材を増産し、それを炭鉱に投入して増産された石炭を鉄鋼に優先的に振り向けようという政策である。この方式は、占領政策が日本の経済復興を支援する方向に転換したこともあって、石炭は48年には3000万トン台に回復し、50年代後半には5000万トン台に達した。

とはいえ日本の石炭産業について、すでに50年代から海外炭に対して高価格である、また石油に対して割高であるという問題が生じていた。エネルギーにおける開発主義から貿易主義への転換は本格的には60年代に進行するのであるが、それが石炭産業にどのような試練をあたえることになるのか、節を改めて検討する。

(2) 原子力の「平和利用」をめぐる対立

その前に、日本が1952年に独立してすぐに大きな問題となった、原子力の研究開発・実用化をめぐる問題をとりあげなければならない。

日本の原子力政策は、1954年3月、国会に突如として「原子炉に関する基礎的調査及び研究の助成金」3億円という原子炉予算が登場し、ほとんど実質的な審議も経ないまま可決されたことに始まる。日本学術会議は4月の総会でこの原子炉予算をきびしく批判し、「原子力の研究と利用に関し公開、民主、自主の原則を要求する声明」を採択して政府に勧告した。

政府は内閣の諮問機関として原子力利用準備調査会を発足させ、同年末に最初の原子力海外調査団を派遣した。翌55年早々、アメリカから濃縮ウラン供与の申し入れがあり、アメリカと協定を結んで供与を受けるかどうかで激しい議論がおこった。しかし政府は日米原子力研究協力協定に調印し、受け入れ体制の整備を急いだ。日本原子力研究所の設立を決定し、同年末には原子力基本法、原子力委員会設置法、原子力局設置に関する法律の原子力三法があわただしく

成立した。原子燃料公社も設立され、科学技術庁が発足して、1956年には原子力の研究開発体制がほぼ整った。

　産業界でも原子力への期待と進出はすさまじく、1956年に日本原子力産業会議が発足し、またこのころ、原子力産業5グループが相次いで結成された（三菱重工などの三菱グループ、日立製作所などの日立グループ、東芝などの三井グループ、富士電機などの第一グループ、NECなどの住友グループ）。これらグループはそれぞれ共同研究所を設立し、三菱、三井、住友は原子力専業企業の設立にまで進んだ。

　原子力利用準備調査会は55年11月に「原子力研究開発計画」を決定したが、それは「少なくとも今後10年以内に原子力発電を完全に実用化することを目標とし」、研究炉や実験炉、動力試験炉等を相次いで導入する、というきわめて前のめりの計画であった。にもかかわらず56年1月早々、発足したばかりの原子力委員会の正力松太郎委員長は、10年以内という計画では遅すぎる、5年以内に採算のとれる原子力発電所を建設したい、そのためには単なる研究用ではなく、動力炉の施設や技術等一切を導入するために動力協定を締結する必要がある、という談話を発表して物議をかもした。このころからアメリカやイギリスから発電用動力炉の激しい売り込みが始まり、政府・産業界に次第に早期導入論が強くなってゆくのである。

　1958年に日米・日英動力協定が調印され、イギリスのコールダーホール型炉の建設を決定するとともに、アメリカから多種類の研究炉や動力試験炉の輸入を開始した。9電力と電発の共同出資で日本原子力発電株式会社（原電）が設立され、イギリスGEC社から原電1号炉の導入・建設（第一グループが下請けとして参加）が開始された。

　こうした原子力への無謀な突進に対して、日本学術会議などの学界に限らず、冷静に警告を発する人や組織もあったことを確認しておきたい。例えば財団法人電力経済研究所は、1955年に原子力開発に関して見解を発表し、原子力の現状は「やっと実験室から出て中間試験に移ろうかというような」初歩的な段階にあるとし、コスト推定の不確実さやアメリカ原子力法の機密の問題を詳細に分析し、日本は自主的な立場で冷静に対処し、「工業化よりも、もっと基礎的な研究に重点をおくべき」ことを提言し、「原子力のあまりにも華やかな出現ぶりに対し、地味な現実的な研究課題が覆い隠されることを憂えるものであ

る」と警告している[1]。

　また動力炉導入が具体的な問題になった1957年に、電源開発株式会社原子力室の森一久は、イギリスの原発技術は決して進歩しておらず、コールダーホール型炉はむしろ以前の炉よりも退歩したものであること、アメリカで建設・計画中の原発は、いずれも完成期日の遅延、建設費の増大を示し、原発のテンポはかなり停滞していることを明らかにし、動力炉導入には慎重であることを要求している[2]。

　各界からの様々な批判・危惧（きぐ）にもかかわらず、技術導入による早期実用化に突き進み、1960年に原電1号炉が着工された。しかしその建設には多大の困難がつきまとい、工事の大幅な遅れと費用の莫大化をともなって1966年に完成した。しかしその時には、日本の原子力は新たな段階にはいっていたのである。

（3）高度経済成長と「エネルギー革命」

　1955年以降、日本経済は異常な高度経済成長を実現したが、それはエネルギーにおける石炭や水力という国産エネルギーから石油への急激なエネルギーの転換と軌を一にするものであった。

　高度経済成長の初期は、まだ貿易は赤字基調であり、そのためにエネルギーにおける開発主義的な政策がなお必要であったが、重化学工業製品の多くが輸出競争力をつけ、恒常的に黒字基調となる1960年代には、原材料・エネルギー輸入の足かせが外れていった。

　これを統計で確認すると、一次エネルギーの割合は、1955年度では水力27.2％、石炭47.2％、石油17.6％であり、60年度は水力18.7％、石炭41.2％、石油37.6％となったが、70年度は水力5.6％、石炭19.9％に対して石油71.9％と、石油が7割を超えた。

　これを国産と輸入の比率でみると、55年度は国産76％、輸入24％であったのが、70年度には国産16.5％、輸入83.5％と圧倒的に輸入に依存するエネルギー構造に変化した。石炭や原油輸入の自由化は62年であるが、石炭も輸入が国産を凌駕（りょうが）した（70年度の石炭の輸入依存度は57％）。

　日本ではこのドラスティックな石油へのエネルギーの転換を指して「エネル

表8　世界の石炭生産の推移

(単位:万トン)

	1960	1972	1983	2000	2014
世界	262,630	296,970	391,992	457,563	816,486
中国	42,000	40,000	71,500	130,138	387,400
アメリカ	39,402	54,643	71,802	97,159	90,687
インド	5,259	7,783	14,070	32,913	64,398
オーストラリア	3,814	7,265	13,244	30,672	49,148
インドネシア	66	18	49	7,937	45,800
ソ連・ロシア	51,319	60,359	67,516	24,032	35,759
イギリス	19,671	12,183	11,925	3,060	1,154
(西)ドイツ	23,947	21,818	21,396	20,507	18,584
東ドイツ	20,412	24,927	27,797		
フランス	5,596	3,353	2,126	346	30
日本	5,247	2,820	1,707	296	131

（出所）IEA（国際エネルギー機関）による。ただし2014年はＢＰ（ブリティッシュ・ペトロリアム）による

ギー革命」といわれているが、諸外国と対比すると、日本のエネルギー転換の異常性がよくわかる。ここでは石炭について検討したい。

表8で世界の石炭生産の推移を見てみよう。1960年を基準年として、72年はオイルショックのおこる前年、83年は第二次オイルショックが一段落した年である。なお表では、2000年と14年の数値も補足してある。

　まず、世界的には石炭生産高は「エネルギー革命」の中でも着実に増大したことである。その最大の産出国は中国であるが、文化大革命時の混乱と生産停滞・縮小を経て、その後急激に拡大し、今日では世界の石炭の半分近くを生産している。

　アメリカは現在世界第２位であるが、近年は生産・利用を抑制し、シェールガスに置き換えられつつある。第３位のインド、第４位のオーストラリアも、着実に生産量を増大させている。第５位のインドネシアは、21世紀にはいってから著しく伸びた。同国は世界最大の石炭輸出国である。ロシアはソ連崩壊・体制転換の荒波の中で大きく落ち込んだ。しかしその後回復しつつあり、現在世界第６位である。

　生産高自体が低下したのは西ヨーロッパ諸国である。ただし1980年代初頭までは生産の落ち込みを防ぎ、一定の生産を維持しようとしてきた。ドイツやイギリスは豊富な炭鉱があり、石炭産業を重要産業として保護育成してきた。イギリスは戦後石炭産業を国有化し、その維持に努めてきたが、サッチャー政権下の80年代以降、北海油田の開発や炭鉱労組敵視・弱体化政策で、民営化と炭鉱のスクラップ化が進められてきた。ドイツは減少したとはいえ今日でも世界第８位である。フランスは80年代から原子力への傾斜を強めた。ただ西ヨーロッパ全体としてはとくに80年代以降、公害・環境問題の対応として石炭の生産

や利用を抑制しようとしてきた。

時期を表8の1983年までに限定すると、停滞・縮小は西ヨーロッパと日本だけであるが、日本の石炭産業の衰退は最も急速であった。

（1）でも触れたように、日本の石炭産業の課題は量から価格に移った。大口需要家である鉄鋼業界や電力業界等は、国際価格よりも割高である国内炭の引き下げを求め、石炭業界もそれに応えざるを得なかった。とはいえ、全体として出炭量を維持しながらコストダウンを図るには、効率の悪い炭鉱の廃止と優良炭鉱への集中というスクラップアンドビルド、そして徹底した人減らし合理化しかなかった。そして政府も1955年に石炭産業合理化臨時措置法を制定するなど、構造改革を後押しした。

1961年の5540万トンが戦後のピークであるが、1962年からの石炭輸入自由化を受けて、通産大臣の諮問機関である石炭鉱業審議会は、1963年から3年間の第一次石炭政策を答申した。5500万トンの生産目標を掲げ、ビルド鉱への日本開発銀行融資の大幅増額、鉄鋼業界や電力業界による長期安定的な引取り、のちには石炭企業の負債の肩代わり、さらには再建交付金の支給などの政策がとられた。石炭政策は3年から5、6年程度の間隔で第二次、第三次と続くのであるが、実績は絶えず生産目標を下回った。いくら合理化しても石炭価格下落のスピードが急で、企業の赤字は止まらず、脱落＝閉山する企業が後を絶たなかった。

石炭政策は次第に変質し、閉山に向けての産炭地域対策や離職者対策に重点が移ってゆく。次の節で検討するが、オイルショックがおこり、石炭に再び注目が集まった時には、日本の石炭産業にはその期待に応えられる体力はすでに失われていた。炭鉱労働者数は1957年の29万人（常用雇用）から1975年にはわずか2万人にまで縮小した。

日本の石炭産業の衰退は、コスト問題に焦点が当てられ、いかに価格を引き下げ、海外炭や石油に対抗できる価格を実現するかに終始したことにある。しかし価格は決して固定したものではなく、オイルショック以降今日では、石油よりも石炭のほうが安いということで、石炭が再びもてはやされている。短期的なコスト＝経済性に振り回された合理化政策は石炭産業の延命にはならず、産業全体の崩壊に帰結したのである。

（4）オイルショックと対策

　日本はどの先進資本主義諸国よりも輸入石油依存の構造に変化していたから（1973年の一次エネルギーの石油の割合78％）、オイルショックはとりわけ日本に深刻な打撃を与えた。オイルショックは原油価格が急上昇しただけではなく、原油の安定的な確保が極めて不確実化したことである。

　それゆえオイルショックへの対応は、①原油の安定的確保への努力（OPEC〔石油輸出国機構〕との関係改善、非 OPEC 諸国からの調達）、②省エネの推進（高価格によるエネルギー節約、石油割り当てや電力制限など非価格的手法による省エネ、省エネ技術開発＝ムーンライト計画など）、③石油代替エネルギーへの転換（石炭、原発、天然ガス、再生可能エネルギー開発＝サンシャイン計画など）、に整理できる。

　これらすべてを検討する余裕はないので、いくつかをピックアップして検討する。

□石炭

　前節の続きとして、石炭から見てみよう。
　オイルショックは日本の石炭産業にとって本来は追い風になったはずである。石炭鉱業審議会の第六次石炭政策（1976〜82）はエネルギーの安定供給の一環として石炭を可能な限り活用すること、国内炭の生産を維持し、海外炭の輸入を円滑に行うことを基本方針としたが、生産目標自体は10年前の第三次（1967〜69）の5000万トンよりも大幅に縮小した2000万トン以上とした。にもかかわらず実際の生産高はそれすら達成できず、さらに減少を続けた。追い風を生かすことができなかった原因は、石油との比較ではオイルショックで石炭が優位に立ったものの、海外炭との比較では国内炭が割高であったためである。

　エネルギー安全保障の観点から国内炭の一定量を維持するためには、西ヨーロッパ諸国の多くで行われていた国内炭と海外炭との価格差を財政で補填するといった政策が必要であるが、石炭対策特別会計による補助金の交付等の従来

の対策以上にでることはなかった。国内生産の維持はもはや建前であって、実際には海外炭の獲得・確保に、そして国内炭鉱のビルドではなくスクラップだけ、すなわち撤退・安楽死のための政策に変質してしまった。

そして1986年には、国内生産水準の大幅縮減と海外炭の輸入拡大を対外公約とする「前川リポート」や、「中長期的にみて国内炭は海外炭との競争条件の改善は見込みえず、需要動向を勘案すれば生産規模の段階的縮小はやむを得ない」とする石炭鉱業審議会第八次答申が出され、ここに国内生産を維持するという建前さえも消失したのである。

□原子力

次に原子力である。

1964年にアメリカで原子力について新たな展開があった。一つはアメリカの原子炉メーカーであるゼネラルエレクトリック（GE）社やウェスチングハウス（WH）社が、火力発電炉を破って相次いで受注に成功したことであり、もう一つは核燃料民有化法が成立したことである。GEはBWR（沸騰水型軽水炉）、WHはPWR（加圧水型軽水炉）であるが、どちらも燃料に濃縮ウランを使う。それまで核燃料は重要な軍事物質として国有とされていたが、民有化によって軽水炉導入への障害の一つが取り払われた。アメリカではこれらを契機に原発の受注が急増したが、GEやWHは海外でも原発の売り込みを活発化させた。

日本の電力会社は次々と軽水炉の建設を開始した。原電2号炉（敦賀1号炉）、関西電力美浜1号炉、東京電力福島第一原発1号炉など、69年末から70年にかけて相次いで運転を開始したが、何よりも注目されることは、そのスピードの速さである。メーカーでは三菱電機は早くも1956年にWHと技術提携の交渉を開始し、翌年には包括的な技術導入契約を結んでいるが（のちに主契約者は三菱原子力工業）、それはWHのPWRをはじめ、同社の原子力関係の技術全般に及び、三菱グループの各企業にもサブライセンスを与えるという徹底したものである。

同様に東芝もGEと技術提携の交渉を始めた。政府は日本の原子力技術開発力の向上を図ることを第一義として、研究開発の技術提携は認めるものの動力炉国産化の技術導入は時期尚早としていたのであるが、方針を転換し、1961年

にこれらの技術提携を認可した。またその翌年には日立とGEとの提携も認可した。これら3グループはGEやWHの下請けとして軽水炉の建設に参加した。

また自治体の中には早くから原発の誘致に動き出していたところがある。例えば福島県は1960年に大熊町と双葉町にまたがる地域を原発の適地とし、翌年には両町議会が東電福島原発の誘致決議を行った。

電力会社も適地の選定を早くから行っているが、こうしてきっかけさえあればただちに原発建設に着手する準備がすでに整えられていたのである。

電力会社は自治体の協力を得ながら堰（せき）を切ったように建設競争にはいり、オイルショックが発生した1973年には、すでに6基228万kWが稼働していた。

オイルショックによって原発は石油に代わる基軸エネルギーと位置づけられたが、しかしこのころから原発立地が困難な事例が次第に表面化してきた。その原因は何よりも原発の安全性への不安・不信であり、実際に運転を開始した原発はトラブルが相次ぎ、稼働率も低迷した。立地地域住民の反対運動も活発化した。

□福島県における原発建設の経過

ここでも福島県を例として、若干検討しておこう。

東電福島第一原発は目立った反対もなく、一気に誘致を決定し、用地買収や建設が着々と進んだが、第二原発はそうではなかった。

第二原発は富岡・楢葉両町にまたがるが、福島県が両町議会に根回しをして原発誘致を公表したのは1968年である。しかしそれは地域住民や地権者も知らない、唐突なものであった。反対する地権者も多かったが、やがて切り崩され、71年には用地買収交渉がまとまった。しかし住民の中から原発立地反対組織が作られ、県や東電への申し入れ等の運動が展開された。74年4月に政府が第二原発1号炉の設置許可処分を決定すると、翌年住民404名が処分の取り消しを求めて提訴した。審理は9年余りも続き、その間にスリーマイル島原発事故（79年）が起こり、その評価についても争点となった。84年7月に請求棄却の第一審判決が出たが、原告団は控訴し、さらに上告した。92年10月、上告棄却によって長期にわたる裁判は終結した。この間に第二原発では1号機から4

機までの建設が終了し、営業運転に入っている。この裁判では今日でも極めて有意義な多岐にわたる論点が提起され、訴状や証言記録は重要な価値を持ち続けている。

　福島県では、浪江町と小高町（現在は南相馬市小高区）にまたがる東北電力による原発計画もあった。この計画も県が主導し、浪江町議会は1967年に誘致を決議した。地域住民や地権者が誘致計画を知ったのは第二原発と同時に県から発表された68年のことである。立地予定地域住民らは地区総会で反対を決議し、原発反対同盟を結成して土地を売らないことを確認し、町議会に誘致決議撤回を働きかけるなどの活動を展開した。県は73年に開発公社を地元に設置し、東北電力とともに反対派の切り崩しを図った。反対派は減少を続けたものの、粘り強く抵抗をつづけ、当初1977年着工予定の計画は毎年繰り延べされた。40年以上にわたる攻防は、東電福島原発事故で終止符が打たれた。浪江町議会は避難先の定例議会で誘致決議の白紙撤回を全会一致で可決し、東北電力は2013年3月、建設計画の断念・取りやめを正式に発表した。

　以上の福島県での三つの原発の経緯は、推進する側からすれば、ほとんど反対もなく順調に進行した例、抵抗を排除しながら推進された例、そして断念に追い込まれた例をそれぞれ示している。政府は電源立地地域対策交付金の交付（1974年電源三法）など地域への手厚い飴をばらまきながら、電力業界とともに必死になって原発を推進した。そして日本は2011年の事故前に、54基4885万kWで電気事業者の発電電力量の30％、自家発電を含めると25％という、アメリカ、フランスに次ぐ世界第3位の原発大国となった。ただし数年ごとに作成されてきた原子力開発利用長期計画を、実績は絶えず大幅に下回り続けたことも確認しておかなければならない。

□再生可能な新エネルギー開発

　最後に、再生可能エネルギーの開発について検討する。第一次オイルショックを受けて、通産省工業技術院において、石油に代わる新エネルギーに関連する技術開発を推進する「サンシャイン計画」が1974年7月からスタートした。また省エネ関連技術開発プロジェクトである「ムーンライト計画」も78年から開始された。これらの計画は93年に統合され、「ニューサンシャイン計画」と

して再出発した。その間の80年には「石油代替エネルギーの開発及び導入の促進法」が制定され、新エネルギー総合開発機構（NEDO）が設立された。さらに京都議定書が締結された1997年には「新エネルギー法」が制定された。

　それぞれの法律が対象とするエネルギーは必ずしも一致していない。ここでは「総合エネルギー統計」で自然エネルギーに分類されている、太陽光発電、太陽熱利用、風力発電、バイオマスエネルギーを総体として検討し、評価するだけにとどめることにする。

　全体としていえば、再生可能エネルギーの研究・技術開発は一定程度進んだが、しかし実用化という点では大きな前進は見られなかった。一次エネルギー総供給に占める自然エネルギーの割合は1980年度1.0％、90年度1.3％、2000年度1.1％と、ほとんど横ばいである。その最大の要因は、エネルギー産業の体制には全く手を付けずに、従来の枠組みのままで導入を図ろうとしたことにある。とくに電力会社が発電・送電・配電を地域独占的に一体経営することを原則とする9電力体制のままでは、新規の発電方式で小規模分散型の電力を実用化しても、コストはどうしても高くなるが、電力会社にはそうした電力を買い取って実用化を促進するインセンティブ（誘因）がないためである。新エネルギーによる電力を適正価格で電力会社が買い取る義務付け等、新エネルギー市場を拡大するための具体的な措置は、2010年頃からようやく始まるのである。

　再生可能エネルギーはそもそも経済性には当面制約があり、それゆえ広い視野と長期的な視点に立って、また十分な金をかけて開発しなければならないものである。普及についても、その制約条件を打破する措置が必要である。そうした体制やシステムがまだ形成されていない70年代から80年代前半には、新エネルギーが大きな割合を占めることは不可能であった。しかも、オイルショックがおさまりエネルギー危機が遠ざかった80年代後半からは、原子力や石炭火力、液化天然ガス（LNG）火力などの大規模発電がそれなりに普及し進展したこともあって、未知の高価な新エネルギー導入の必要性が薄れ、開発の機運が後退してしまった[3]。

　20世紀末までのエネルギー政策の特徴は、短期的な経済性＝コストの原理に支配され、エネルギー安全保障が危機になると、やはり経済性を基準として乗り越えようとしてきたことである。経済性が基準となると、大規模大量生産型

エネルギーへの傾斜がいっそう強まる。原発はもちろん、火力や水力でさえも1基100万kWを超える発電所が主流となり、小規模分散型の発電所が入り込む余地はほとんどなかったのである。

（5）地球環境問題と福島原発事故をふまえた　　エネルギー政策のあり方

□エネルギーをめぐる新たな変化

　21世紀にはいると、エネルギーをめぐる状況に新しい変化が生じた。
　第一に、安定していた原油価格が激しく乱高下し、しかも傾向として再び上昇し始めたことである。その要因は、アメリカのアフガニスタンやその後のイラク侵攻、アラブの春とその挫折、イランの核開発問題、国際テロ組織IS(「イスラム国」)の台頭など、中東情勢が極めて不安定化したこと、中国をはじめ途上国や中進国の経済発展と工業化がエネルギー需要を急増させたことである。また金融の自由化・グローバル化は、OPECの弱体化と価格規制力の低下とも相俟って、原油の投機商品化を進めた。リーマンショック（2008年9月）前には1バーレル147ドルという史上最高値を記録した後、30ドル台にまで急落、その後100ドル前後を基準として乱高下が続いた。一次エネルギーに占める石油の割合は40％台に低下したとはいえ、石油の安定的確保は日本の重要な課題であり続けたが、それが再び困難化したのである。
　第二に、地球温暖化等の地球環境問題への国際的な取り組みが人類共通の課題とされ、日本も主体的にその責任を果たすことが求められたことである。日本は1997年の地球温暖化防止京都会議の議定書に調印し、温室効果ガスの1990年比6％削減を受け入れたが、2005年に議定書は発効し、08年から約束期間が開始された。同年の北海道洞爺湖サミットでは2050年までに世界全体の温室効果ガス排出量を50％削減するという目標で一致した。翌年のサミットでは、その具体化として先進国全体で2050年までに80％以上削減するという目標を掲げることに合意した。09年8月総選挙で民主党に政権が交替したが、鳩山由紀夫

首相は9月の国連気候変動首脳会合で、前提条件つきながら2020年までに温室効果ガスを25％削減することを表明した。

こうして日本は、脱石油の推進と代替エネルギー開発、地球環境問題と温室効果ガス排出削減という課題に直面したのである。

□民主党政権の「エネルギー基本計画」（2010年）

これらの課題に対する回答の一つが2010年6月に民主党政権の下で初めて作成された「エネルギー基本計画」である。「エネルギー基本計画」は、02年に制定された「エネルギー政策基本法」により「エネルギー基本計画」を策定すること、3年に1度程度再検討し、必要に応じて変更するとされたが、2010年の計画は第三次である。

その特徴は、何よりも異常なまでの原発への傾斜である。原発を推進することは、エネルギー安全保障にも、電気料金の低減にも、そして温室効果ガス排出量の削減にも効果が高い。具体的には2030年までに少なくとも14基以上の新増設を行い、設備利用率も90％に引き上げる。核燃料サイクルの早期確立を目指し、プルサーマルも推進する。原発の輸出は世界のエネルギー安定供給や温室効果ガス排出削減や化石燃料依存度低減に貢献し、経済成長にも寄与するから、積極的に推進する、などがうたわれた。

停滞していた原子力の新増設を一挙に加速する、原発輸出にも取り組むという前のめりの計画に比べ、再生可能エネルギーについては腰が引けている。施策としての目玉は再生可能エネルギーの固定価格買い取り制度の導入を検討するという点だけである。2030年への目標も控えめである。電源構成に占める再生可能エネルギー等（自然エネルギーに水力、地熱を含む）を2007年の実績9％から2030年には20％にする、原子力を16％から50％に引き上げてゼロエミッション（温室効果ガス排出ゼロ）電源の割合を合わせて70％にするということである。

EUでは再生可能エネルギーが急速に普及し、今や電源構成では原子力を上回る規模に達しているのに、日本では2030年に原子力を再生可能エネルギーの2.5倍にするという計画はあまりに原子力に偏りすぎている。この計画は総選挙における民主党のマニフェストからの大幅な後退であり、自民党時代への逆

戻りである。

　しかもこの計画は、翌年の東日本大震災・福島原発事故によって根底から打撃を受けた。菅直人首相は脱原発を宣言して党内が混乱するなど、民主党はエネルギー・原発政策で迷走を続けた。

□安倍政権と新たなエネルギー政策

　2012年末の総選挙で再び自民党（公明党との連立）に政権が戻り、第二次安倍内閣が成立した。2014年4月に新たに策定された「エネルギー基本計画」は、「震災前に描いてきたエネルギー戦略は白紙から見直し、原発依存度を可能な限り低減する。ここが、エネルギー政策を再構築するための出発点である」と「はじめに」で述べている。この視点がどのように具体化されているのかをまずみよう。

　なお原子力安全・保安院は廃止され、2012年9月に新たに原子力規制委員会が発足した。規制委員会は新規制基準を策定し、13年7月に施行された。

　新計画では原子力は、「準国産エネルギー源として、優れた安定供給性と効率性を有しており、運転コストが低廉で変動も少なく、運転時には温室効果ガスの排出もないことから、安全性の確保を大前提に、エネルギー需給構造の安定性に寄与する重要なベースロード電源である」という、事故前と何ら変わらない高い位置づけが与えられている。そして、「原子力規制委員会により世界で最も厳しい水準の規制基準に適合すると認められた場合には、その判断を尊重し原子力発電所の再稼働を進める。その際、国も前面に立ち、立地自治体等関係者の理解と協力を得るよう、取り組む」として、国策として再稼働を推進することを宣言している。

　福島原発事故を教訓とし、決して事故を起こしてはならない、住民の安全を守るという立場に立てば、新規制基準は緩やか過ぎる、世界水準にも達していないという批判が多くの専門家からだされ、福井地裁の高浜原発3、4号機運転差し止め仮処分の決定（2015年4月）も指摘している。

　規制委員長自身が、川内原発に関して「基準の適合性を審査した。安全だということは申し上げない」と、規制委員会の基準に適合することと、安全の保証とは別であることを明言している。にもかかわらず、規制委員会の基準に合

格したら再稼働を進めるとすることは、原子力規制委員会神話ともいうべき新たな安全神話である。

基本計画は原発の新増設には触れておらず、エネルギー需給見通しの数値も示していないが、翌2015年7月16日に経済産業省が正式に決定した「長期エネルギー需給見通し」では、図8のように原子力は一次エネルギー供給では10〜11％、電源構成では20〜22％を占めるとしている。しかしすでに指摘されているように、原子力規制委員会の方針に従って原発の稼働期間を40年とし、安倍首相の「新増設は現時点では想定していない」という国会答弁を前提とすれば、最大でも電源構成の12％程度、建設中の原発3基を入れても15％程度にしかならない。20〜22％はこの前提条件を大幅に上回り、稼働期間の延長やさらなる新増設をしなければ達成できない数値である。それに百歩譲って原子力規制委員会を信頼し、厳格に審査すれば、再稼働を申請している、あるいは今後申請される原発の幾つかは審査に合格できないであろう。

以上のことから、この需給見通しは「原発依存度を可能な限り低減する」という基本計画の趣旨に反していることは明白である。

図8　2030年度の一次エネルギー供給構造と電源構成

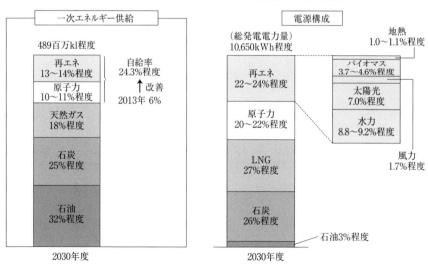

（出所）経済産業省「長期エネルギー需給見通し」2015年7月

□原発に頼らないエネルギー政策へ

　すべての原発を廃止すること、そのことを前提としたエネルギー政策を確立することこそが求められている。
　その場合、核燃料サイクル等についての政策も当然変わってくる。基本計画では高レベル放射性廃棄物の処分方法の調査研究や最終処分場の立地調査を進め、また使用済み燃料の貯蔵能力の拡大や減容化・有害度低減の技術開発を推進する、再処理やプルサーマルの推進等の諸課題と対策が列挙されている。しかしすべての原発はすでに運転を停止してから数年たっている。再稼働をしないでそのまま廃炉にすれば、核燃料の冷却や取り出しが極めて容易になり、また高レベル放射性廃棄物の量も少なくなる。廃炉費用や廃棄物の処理・処分の費用も大幅に節約できる。また高速増殖炉「もんじゅ」も廃炉とするが、そうすればプルトニウムを抽出する再処理工場も必要なくなる。核燃料サイクルの確立という政策から脱却し、原発の負の遺産の処理に全力を挙げるという政策に転換することになる。
　原子力について、2030年度に20％以上という道は論外である。再稼働を認めず、全原発の廃炉の道を進むか、それとも規制基準を見直して抜本的に強化した上で、その審査をクリアし、避難計画なども含めて関係する全ての自治体や地域住民の理解をえられた原発のみの再稼働を認めるか、このどちらかしか道はないであろう。ただし現実問題として、科学的にも、また社会的にも、再稼働が認められるような原発が存在するというのは、きわめて考えにくいが。

□再生可能エネルギーを基軸としたエネルギー政策へ

　次に、再生可能エネルギーはどのように位置づけられているであろうか。
　基本計画では「2013年から3年程度、導入を最大限加速していき、その後も積極的に推進していく」として、再生可能エネルギー等関係閣僚会議を創設するなどの取り組みを強化し、これまでの計画を上回る水準の導入を目指すとしている。
　図8のように、再生可能エネルギーは2030年度には一次エネルギー供給では

13〜14％、電源構成では22〜24％を見込んでいる。これは前回計画よりもやや高いが、なお控えめであるといわざるをえない。他国と比べても、例えばドイツはすでに再生可能電力が25％を超えており、2050年には80％を目指している。なおドイツは、2022年までに原発ゼロを目指している。現在、ドイツよりも再生可能エネルギー比率が高い国は北欧諸国やスペインなど多数ある。アメリカでも政府は温室効果ガス削減目標を引き上げ、石炭火力発電の規制強化や再生可能電力の割合を2030年までに28％に高めるなど、日本よりも積極的な政策を打ち出している（2015年8月3日）。

　再生可能エネルギーの普及を大きく左右するのが固定価格買い取り制度である。2009年11月から太陽光発電の余剰電力買い取りが開始されたが、本格的な買い取り制度は2012年7月からである。対象を太陽光以外のすべての再生可能エネルギーにも広げ、しかも全量買い取りに踏み出した。当初設定された買い取り価格は十分に採算がとれるものとみなされたことから、太陽光発電を中心に多くの事業者が名乗りをあげた。

　ところがその後電力会社は、再生可能エネルギーが接続容量の限界に近付いているとして、新規受け入れを停止したり制限するという事態が生じた。容量を超える電力の送電は大規模停電を招くリスクが高まるため、これ以上買い取ることができないというのである。

　この問題に日本のエネルギー政策の矛盾が集約的に表れていると考えられる。

　第一に、全量買い取りが始まって2、3年で、しかも水力を除く再生可能エネルギーの発電量はまだ2.2％（2013年度）にすぎないのに早くも容量が限界になるという事態は、電力会社は容量拡大のための研究・技術開発や投資をなぜこれまで十分にしてこなかったのかという問題を浮上させた。電力会社には、何らかの強制がなければ不安定で小規模な電力を買い取ったり、そのために必要な開発や投資をするインセンティブはなかった。また政府も、電力会社と同様に、再生可能エネルギーを基軸エネルギーとすることに消極的であった。そのつけが露呈したのである。

　第二に、政府や電力会社は、こうした問題が生じた原因を再生可能エネルギーとりわけ太陽光発電の買い取り価格が高すぎたことに求めている。政府は電気料金などエネルギー高価格を問題とし、価格低下による経済成長を加速させる戦略を強めているが、それに連動して再生可能エネルギーの買い取り価格引

き下げのペースを速めようとしている。

　しかし、事業として軌道に乗るためには、当初は買い取り価格をある程度高めに設定して参入へのインセンティブを高め、軌道に乗れば価格を引き下げてゆく、そして将来的には廃止するというのは当然であるが、買い取り制度はまだ始まったばかりであり、軌道に乗る前に引き下げてしまうと、参入が排除されて再生可能エネルギー産業の育成が進まない。政府や電力業界のコストに対する認識は極めて短期的で、普及に伴う価格低下を不当に低くしか見込んでおらず、長期的な視点を欠いているといわざるをえない[4]。

　この問題は、今日の電力・エネルギーのシステムが再生可能エネルギーのような分散型エネルギー導入の障害になっていることを示している。システム改革は何よりも集中的なシステムを柔軟性のある分散的なシステムに変え、エネルギーの地産地消を推進することにある。太陽光発電が先行しているが、それ以外の開発も促進して、再生可能エネルギーの電源をバランスのとれた構成にしてゆくことも、安定供給体制にとって必要である。

　これまでも政府は電力・エネルギーシステムの規制緩和を進めてきたが、2016年4月から電力の小売りを自由化し、異業種からの参入や垣根を超えた競争を促そうとしている。そしてさらに発電、送配電、小売りの三分野に業態を分離することを予定している。また2017年4月にはガスの小売り自由化も予定されている。ただし政府の改革は競争の活発化による料金の低減を目的としたものであって、再生可能エネルギーの普及につながるかどうかは不透明である。実際、電気料金をめぐる競争の活発化は安価な石炭火力への傾斜を強めさせ、新増設計画が目白押しである。しかしそれは温室効果ガス削減との矛盾を深刻化させることになる。

　これまでの化石燃料・大規模発電が主、再生可能エネルギー・小規模発電が従であるという電源構成とエネルギー政策を転換させ、再生可能電力の優先接続・優先供給の原則の徹底と運用ルールの改善、そしてIT活用によるスマートグリッドやスマートメーター、蓄電池などの電力ネットワーク構築の推進によって、多様な分散型エネルギー、再生可能エネルギーの柔軟な組み合わせによる供給体系が電力の主軸になることをめざしたシステム改革こそが何よりも求められているのである。

註
（1）電力経済研究所「現下わが国の原子力開発問題に対する見解」『学術月報』1955年7月号。
（2）森一久「諸外国における原子力発電開発の現状」『アナリスト』1957年8月号。
（3）こうした政策当局の認識は、1986年に出された資源エネルギー庁『21世紀エネルギービジョン』と総合エネルギー調査会原子力部会『原子力ビジョン』の二つの報告書に如実に表れている。

　「複合エネルギー時代の幕開け」という副題のついた『21世紀エネルギービジョン』は、エネルギー需要が全体として停滞基調にある中で、エネルギー間競争が活発化しつつあるが、この競争はコスト低減と技術開発を促進し、需要家の選択幅の拡大や利便性を高め、エネルギー供給のフレキシビリティを増大させ、セキュリティ確保に資するなどの意義があるから、競争のメリットを最大限引き出すことが政策の中心に置かれなければならない。目指すべきは、セキュリティ、コスト、ニーズ適合性の調和がとれた最適エネルギー需給構造すなわちエネルギーのベストミックスである、という。かつて強調された省エネは姿を消し、再生エネルギー開発も後景に退き、エネルギー産業が競合して需要拡大を図ろうとしている事態をニーズ適合性という名で是認するだけでなく、さらにエネルギーの質的高度化によってエネルギー需要を掘り起こし、量的増大を推進しようとしているとさえいえる。エネルギー諸産業の競争と技術開発によって、エネルギーのセキュリティを確保し、かつ需要家のニーズに適合した多様なエネルギーを安価に潤沢に供給できる「複合エネルギー時代の幕開け」が期待されるという超楽観的なビジョンである。

　他方『原子力ビジョン』は、「原子力は、我が国における石油代替エネルギーの中核として本格利用段階に到達し、研究開発段階にある『特別な産業』から、経済原則の働く『通常の産業』としての『エネルギー産業』に発展しつつあり、原子力エネルギーに関する政策も、『通常の産業』としての側面を重視した政策に転換する時期にきている」という重大な認識を提示する。そして原子力産業に対する政策として、軽水炉や核燃料加工などの定着段階のものに対しては、市場原理の活用によって経済性を向上させ、また原子炉や技術輸出など国際展開を積極的に進めること、核燃料サイクルの大部分や新型炉のような成長段階のものについては、国による研究開発や事業から民間主体で国は補助や環境整備を行う方式へ切り替えてゆくこと、核融合など揺籃期にあるものは効率性に配慮しつつ国が計画的に推進する、という役割分担を明示した。これまた超楽観的な提起である。

　詳細は、拙稿「今日の原子力発電——その政策的問題点」『経済』（1987年8月号）参照。
（4）再生可能エネルギーと他のエネルギーとの価格比較を行っている研究は数多くあるが、例えば、太陽光発電や風力発電等の発電単価の長期的な傾向から、量が増え、普及が進むとともに価格が劇的に低下していることを右下がりの技術学習曲線として提示したマイケル・シュナイダー論文がある。同論文では、それに対して原子力

発電は、学習曲線（建設単価）が右上がりであることをアメリカの全原発104基のデータから明らかにし、すでに再生可能エネルギーが原子力よりも優位にあること、そして電力会社自体が経済的理由から原発ではなく再生可能エネルギーを選択する事例が増えていることを紹介している。同論文は福島原発事故以前に書かれたものであるが、安全基準の強化を踏まえると原発の価格は曲線がさらに大きく上方にシフトすることになろう（マイケル・シュナイダー「原子力のたそがれ——米・仏・独のエネルギー政策分析から浮かび上がる再生可能エネルギーの優位性」『世界』2011年1月号）。

9　循環型地域経済を基礎にした経済再構築
——アベノミクスの地方創生戦略批判

米田　貢

はじめに
——地方創生＝ローカル・アベノミクスによって地方再生は可能か

　超金融緩和政策と機動的財政運営によって株高と円安を演出したアベノミクスが、本格的な成長戦略の一環として推進しようとしているのが、「まち・ひと・しごと創生基本方針2015——ローカル・アベノミクスの実現に向けて」（2015年6月30日、閣議決定）である。

　2014年より国家戦略特区（6地域から9地域へ拡大）として先行的に地方での成長戦略が計画され、2015年の一斉地方選挙に合わせて、21の地方自治体の地方再生計画が国によって認定された。

　株高と円安によって多大の利益を手にしたグローバル企業（その多くが現在も日本の輸出の中心的な担い手である）と富裕層に加えて、その恩恵を疲弊しきった地方の地域経済にも行きわたらせたいというのが、政府の言い分である。だがはたして、世界中でもっとも企業が活動しやすい国づくりを標榜してきたアベノミクスに、地域再生の夢を託すことができるのであろうか？

（1）グローバル企業の利益と国民経済的利益との深刻な対立を無視するアベノミクス

□悪循環に入りつつある経済のグローバル化と日本経済の衰退・停滞

　地域経済の再生の問題を考える前に、現在の日本経済が陥っているグローバル企業の海外進出と日本の国民経済の衰退・停滞との悪循環について見ておかなければならない。

　『経済』2015年4月号のシンポジウム「産業再生　対抗軸を探る——空洞化する産業・地域　政策転換の課題」で明らかにされたように、日本企業の現在のグローバル化の流れは、当初の自動車産業や電気機械産業などの輸出を主導してきた大企業（完成品メーカーだけでなく部品供給企業やさらには材料を供給する素材産業も含めて）にとどまらない。繊維・衣類、食品・健康・化粧、住宅関連などのいわゆる内需関連の製造業の大企業に加え、最近ではスシ・牛丼・ラーメン・コーヒーなどの外食産業、学習・教育産業、旅行代理店・旅館・ビジネスホテルなどの観光産業、病院・老人ホーム・介護などの医療・介護産業、駐車場経営や警備会社など多様なサービス産業の、しかも大企業だけではなく中堅企業までもが、海外生産、海外進出を競っている[1]。

　低賃金労働力と新興国の市場拡大を求めて、現地生産化と国際下請け生産を追求する輸出関連のグローバル企業が、日本国内からの輸出を抑制し、それに伴い国内生産・雇用を抑制・削減し、その結果として、日本経済の停滞、GDPのマイナス成長・停滞を招く。そうすると、もっぱら国内市場を足場に活動してきた内需関連の製造業や多様なサービス産業・企業までもが、新たに中国や東南アジア諸国へ海外進出するようになり、それがさらなる日本経済の沈滞を招くという悪循環の成立である。

　自動車産業や電機産業の大企業が海外市場を求め輸出を増やすことは、日本からの生産された財・商品の流出ではあるが、それは国内生産を増大させ、国内で雇用を増やす。だが、これらの企業が輸出を現地生産、海外生産に転換す

れば、その分、進出した国（北米、中国、東南アジア等の諸国）の国内生産と雇用の増加、すなわち外国の GDP の成長に貢献するが、従来のように日本の GDP の拡大要因とはならない。むしろ近年では、自動車産業に典型的に現れているように、国内の生産拠点を縮小しながら海外で生産拠点を拡大しようとしているのだから、それは日本の GDP を減退させることになる。もちろん、海外生産によって増大した利潤の一部は配当等の形で日本に還流してはいるが、それによって自動車の国内生産が拡大し、自動車産業で雇用の拡大が起きるわけではない。

□グローバル企業の利益を国民経済的利益と偽るアベノミクス

　日本では、高度経済成長時代には設備投資主導型の経済成長が、そして高度経済成長破綻以降は公共投資依存型の経済成長が、さらにバブル経済ならびにその崩壊時代以降は輸出主導型の経済成長が、成長モデルとして追求されてきた[2]。

　これらの成長モデルを中軸で担ってきた、製造業を中心とする大企業が、生産拠点を国内においていたがゆえに、これら大企業の成長は、直接・間接の雇用関係、取引関係を通じて、労働者ばかりではなく関連企業、周辺地域の多様な業種の中小零細企業、自営業者の所得の増大を生んだ。大企業の成長が国民経済の成長をもたらし、最終的に多くの国民の所得を増大させるという「好循環」が成立したのは、まさに経済のグローバル化時代以前の話である。

　アベノミクスの成長戦略の基本である「トリクルダウン」論──大企業の成長はいずれ国民生活のすみずみにまでいきわたる──は、時代錯誤の謬論である。もっぱら日本国内からの輸出で儲ける大企業と、海外での生産拡大（その一部は日本も含めた外国への輸出に回る）に力点をおきかえたグローバル企業の行動が、日本の国民経済に及ぼす影響は、真逆になったと言っても過言ではないであろう。先の国内生産、国内雇用へのマイナスの影響だけではない。

　日本のグローバル企業は、労働者保護立法の全面的改悪を通じて2000万人の非正規雇用者を生み出した元凶である。中国に進出したグローバル企業は、日本の賃金水準が大幅に切り下げられなければ、日本の国内生産を縮小し、グローバル化をさらに推し進めざるをえないとの立場をとってきた。労働力の再生

産費以下の賃金水準（200万円以下の賃金では結婚も子育てもできない）に抑えこまれているこれらの非正規労働者は、客観的に見て、中国に進出したグローバル企業によって、日本に比べて低賃金の中国の労働者階級との賃金切り下げ競争に引きずり込まれたのである。

　日本の大企業にとって、日本の国民経済は、とっくの昔に彼らの胃袋を満たしえない過小な市場規模でしかなくなっていた。それが、一握りの巨大製造企業による日本から世界中への洪水的な輸出を引き起こした。本格的なグローバル化段階に入った日本の大企業にとって、日本の国民経済は、いまや自らの利潤拡大行動にとって足かせとなる労働者保護や「手厚い」社会保障・社会福祉を備えた、規制の強すぎる生産空間でしかなくなっている。

　だからこそ、彼らは、橋本・小泉構造改革を経て、アベノミクスに連なる新自由主義的な構造改革において、日本国憲法のもとで歴史的に実現されてきた労働者の諸権利の剥奪と、一時期までは彼らも容認してきた日本型福祉国家のもとでの社会的生存権の全面的否定、日本における社会保障・社会福祉の制度的解体を追求してきたのである。

　「社会保障と税の一体改革」という国民を欺くスローガンのもとに、法人税率の引き下げと消費税率のさらなる引き上げとが断行されつつある。自ら必死で稼いだ利潤の一部分たりとも日本国民の福祉増進のためには出したくないというのがグローバル企業の本音であろう。日系グローバル企業の利益と国民経済的利益との対立は調停不可能な点にまで達している[3]。

（２）現代日本における地域経済の衰退の現状と
　　　その根本的原因

□現代日本には国民生活を向上させるだけの
　十分な物質的生産力が備わっている

　本章の主題は、（１）で示したグローバル化段階における日本経済の衰退・停滞を、無数の循環型地域経済を各地で創出することを基礎に打開する戦略を

模索することである。この戦略を構想するにあたって、筆者は以下の二つの点を基本的に前提している。

その第一は、国民経済的立場からすれば、現在の日本資本主義の到達点は、物質的生産力の点でも、平和主義・基本的人権・国民主権を柱とする世界に誇る日本国憲法を保持してきた社会環境の点でも、現在のGDP水準を維持するだけで、すなわち経済成長をことさら追求しなくとも十分に国民生活を向上させることができるという立場である。1億3000万人の人口のうち約半数の人々が就労することによって、日本は約500兆円のGDPを毎年生み出す。赤ちゃんやお年寄りも含めて国民1人当たりGDPは400万円弱。これだけの経済力があれば、日本国憲法が定める「健康で文化的な最低限度の生活」をすべての国民に保障できないわけがない。

1955年を起点に1990年代のバブル崩壊に至るまで、戦後日本経済はほぼ40年間にわたり成長体制を維持してきた。この間日本の経済・産業構造は、大量生産方式と日本的経営様式[4]を武器に洪水的輸出によって強蓄積を実現してきた独占的大企業を基軸に構成されてきた。

彼らが、日本経済に見切りをつけ、国内生産から海外生産へ生産の力点を大きくシフトさせようとしていることは、一面では、これまで独占的大企業の蓄積体制に動員・投入されてきた労働力をはじめとする国内の経済諸力を、国民生活向上のために積極的に活用する機会を提供するものである。『資本論』の再生産表式論を持ち出すまでもなく、経済構造・産業構造を転換する過程ではさまざまな困難が予想されるが、労働と資本の部門的配分の組み替えによって国民生活の向上を達成するだけの物質的条件は十分に存在している。それが、戦後の廃墟のなかから、「戦争をしない国」を確立し、そのもとで必死に働いてきた戦争世代が、我々に残してくれた歴史的遺産なのである。

☐カネ・モノはグローバル化してもヒトは定住を求める

第二に、私的な利潤の極大化を求め弱肉強食の競争に駆り立てられている資本主義的企業は、元来、国民国家に縛られない性質を一面で持っている。いずれの国の、いかなる時代の資本主義企業も、儲けが出るとみれば世界を相手に取引（商品の売買）、すなわち貿易を行ってきた。現代の資本主義企業は、世

界をたんに市場としてではなく、自由に行き来できる生産拠点、活動拠点として位置づけるようになっただけである。資本、すなわちカネと生産手段としてのモノは、地球的規模でのメガ・コンペティション（大競争）の現代においてはグローバル化せざるをえない。

　だが、資本に雇われる労働者や自営業者を含む勤労大衆は、企業がグローバル展開をしたからといって、それにくっついて外国を渡り歩くわけにはいかない。なぜなら、彼らは生きた人間であり、生活の安定、平穏な生活には定住が絶対条件だからである。職住接近が当たり前の欧米諸国とは異なり、日本では単身赴任が事実上容認されている。だが、それも家族の定住が前提されており、当人もいずれその地に帰る。その意味で、ヒトは、厳密に言えばグローバル企業で働くサラリーマンも含めて圧倒的大部分の勤労大衆は、自分が生まれ育った国のなかで生涯をおくり、いずれかの地域に定住している。日本の国民経済の再建を、グローバル企業に依存するのではなく、そこで定住する生活者、すなわち地域住民の立場から構想しようという筆者の立場は、この観点からのものである[5]。

□限界集落、基礎自治体の消滅が想定されるほどの人口減少と地域経済の衰退

　限界集落が指摘されるようになって久しい。政府は、2008年をピークに人口減少に転じた日本では、2040年前後には人口は1億人を割り、2060年には8674万人にまで減少すると推計している。2014年、日本創成会議の「成長を続ける21世紀のために『ストップ少子化・地方元気戦略』」（いわゆる増田レポート）は、人口減少率の推定を基準に「2040年までに全国の市町村の半数が消滅する」とセンセーショナルなメッセージを発した。

　少子化と高齢化が同時進行するもとで、日本の人口は急激に減少していくと予想されている。人口減少によって中山間村の小集落やそれらから構成されている小規模自治体が消滅していくのではとの懸念の背景に、地方における多くの地域経済の衰退があることは明らかである。だが、少子化それ自体は東京で最も深刻な状態を示しているのであり、地方における人口減少の原因を地域経済の衰退にのみ求めることはできない。とはいえ、多くの社会学者が指摘しているように、「失われた20年」と短期間に2000万人に達した非正規雇用という

厳しい経済状況のもとで、将来的に経済生活の安定や向上を見通すことができず、結婚や子育てをあきらめる若い世代が都会・地方とを問わず増えていることも事実である。現代日本においては、少子化・人口減少と経済の衰退・停滞とは相互に作用しながら進行している[6]。

　ところで、人口減少時代に突入し、地方を中心に多くの自治体、地域社会の消滅が懸念される一方で、いまなお東京を中心とした首都圏では若年層を中心に地方からの流入が継続している（2014年の東京都・埼玉県・千葉県・神奈川県の転入超過数は10万9408人[7]）。大企業中心の成長体制を追求してきた日本では、政治・行政権力の拠点である東京に大企業の本社機能が集中していることを背景に、人口も含め経済諸力の東京への一極集中が進行してきた。それは人口減少時代にも継続している。現在でも、地方の中小都市や農林漁業を基盤とする農・山・漁村を抱える多くの市町村では、仕事より高い賃金、そして都会生活を求めて故郷を離れる若者が一定数存在しているのであり、日本経済の沈滞や人口減少は地域間格差を伴っている。

　東京一極集中の被害を被っているのは対極にある地方の限界集落だけではない。大阪での一時の橋下フィーバー現象は記憶に新しい。その背後に、戦後長らく関西経済圏の中核都市として、東京には負けていないと自負してきた巨大都市、大阪市の地盤沈下（現在人口数では横浜市に追い抜かれ第3位）と、それに対する大阪市民・大阪府民の鬱積した不満があったことは、容易に推定される。巨大都市・大阪市だけでなく、多くの地方の中核都市も、経済のグローバル化による進出企業の撤退、工場の縮小・閉鎖と、東京への本社機能の移転、雇用を求める若者の東京への流出等の東京一極集中とによって、人口減少の荒波に飲み込まれざるをえない状況が生まれている。先の「まち・ひと・しごと創生基本方針2015」の現状認識もそこから出発している。

□政府主導の国土開発政策の歴史的失敗を反省していない地方創生政策

　日本政府は、成長体制を確立・強化するために、戦後一貫して政府主導で巨額の資金を投入して国土開発計画を実行してきた。新産業都市を打ち出した1962年の池田内閣による全国総合開発計画（全総）、地方臨海工業地帯を掲げた1969年の佐藤内閣による新全総、テクノポリス構想を打ち上げた1977年の福

田内閣による三全総、バブル時代のリゾート開発を促進した1987年の中曽根内閣による四全総、21世紀の国土のグランドデザインを標榜し、多軸型国土構造を提起した1998年の橋本内閣による新全総。これら一連の国土開発計画の帰結[8]が、全国の地方における地域経済の衰退であり、多数の基礎自治体の消滅の危険なのである。

「創生基本方針2015」は、この現実を出発点としながら、それを打開するための方針の具体化に際して、東京一極集中の継続と日本各地における地方経済の衰退の根本的な原因をまったく解明していない。

これに先立って2014年12月27日に創生本部が決定した「まち・ひと・しごと創生総合戦略」の「従来の政策検証」では、①府省庁・制度ごとの「縦割り」構造、②地域特性を考慮しない「全国一律」の手法、③効果検証を伴わない「バラマキ」、④地域に浸透しない「表面的」な施策、⑤「短期的」な成果を求める施策、の5点がわずか1ページで列挙されているのみである（同上、4ページ）。

一連の国土開発政策は、時代状況を反映して、打ち上げられた産業や拠点となる都市構想に変化はあるものの、それらは共通して、日本列島全体を独占的大企業の強蓄積のための効率的な地理的空間として再編成することを目的とするものであった。上記の5点の「反省」は、この国土開発政策の主体である中央政府が、行政の効率化（合理化）という限定された視点から行った一面的なものにすぎない。前鳥取県知事であり元総務相である片山善博氏は、「これまでの施策のどこが悪かったのか、何が欠けていたのかの点検をするところから始めなければならないのに、それをした形跡がない。過去の検証がなければ、今後に生かすべき教訓もない[9]」と厳しく批判している。

□戦後日本の国土開発政策の歴史的失敗の根本原因（その一）
　　——政府主導の地域政策の失敗

一連の国土開発政策が歴史的に失敗した第一の根本原因は、それらが地方主体の取り組みではなく、大企業の成長を促進するための政府主導の産業政策、公共投資政策として展開されたことである。政府はその時々の大企業・財界の要求に沿って、いわゆる重厚長大産業から情報・通信を軸とする知識集約型産

業、さらには大規模商業施設や各種のレジャー産業を全国的な規模で展開・配置しようとした。そのために、欧米諸国では考えられない規模の産業基盤整備や地域開発が大型公共事業として全国各地で遂行された。これらの巨額の財政資金に、ゼネコンなどの建設業者や商社・不動産業者が群らがった。

　大企業にとって儲かる、すなわち効率的で競争力のある工業化、先端産業化、サービス経済化を全国的に展開・配置しようとする財界・政府は、これらの地域開発に際して、それぞれの地域の自然的・地理的条件をどのように活かすのかを十分に考慮しなかった。まして、それぞれの地域の歴史と文化に根ざした地場産業（その大部分は自営業者、小規模・零細企業）の存続や発展などは考慮の外におかれた。総じて、先祖代々その地で働き生活してきた地域住民にとって、どのような地域経済のあり方が本当にふさわしいのかが真剣に問われることなく、政府主導で地域開発が行われた。それが、数十年たった今日、結果的に地域の長期的な経済発展を阻害し、地域社会・地域経済の持続可能性を危うくするに至ったのである。

　これを自治体の側から言えば、大企業誘致に成功しさえすればおのずと地域で新たに産業と雇用が生まれ、地域社会が経済的に発展するという「外発的発展論」に安易に立脚したと言えるであろう。さらに、3割自治と言われるほどに自治権のない地方自治体（首長）にとっては、いたしかたなかった面もあるとはいえ、政府主導の国土開発政策に乗って、まさに縦割りで中央政府の各省庁からさまざまな名目で投入される巨額の公共土木事業費を引き出そうという意図が働いたのである。国から巨額の補助金や地方交付金を引き出すことが、地域社会を手っ取り早く潤すことになるという安易な発想が災いしたのである[10]。

☐戦後日本の国土開発政策の歴史的失敗の根本原因（その二）
　──独占資本主導の農業破壊・農村つぶしの成長戦略の失敗

　第二の根本原因は、政府が、都市と農村という二つの地域社会、地域経済の差異を尊重せず、農村の一方的な都市化、それも工業都市化を図ろうとしてきたことである。言うまでもなく、その背景には資本主義のもとでの工業の農業に対する経済的優位、さらには独占資本主義のもとでの独占的な産業資本によ

る家族主義的な農業経営の支配という経済関係が働いている[11]。

　産業革命以降、機械制大工業の確立によって、主要な製造業では生産手段に対する巨額の資本投下なしには平均利潤すら確保できない（平均的な資本の有機的構成が存在条件）という状況が一般化した。さらに、独占資本主義の成立によって圧倒的な資本力、それゆえ資本の高い有機的な構成を保持し、不断に技術革新を実現できる一握りの巨大独占資本が、非独占部門の諸資本や小商品生産部門の零細企業や自営業者、さらには消費者を支配する（独占価格の強制）という事態が生まれた。

　世界的に見て現代でも、農業部門では、超大規模生産が行われているアメリカやオーストラリアですら家族主義的経営が大きな役割を担っている。それは、歴史的な土地所有関係を別にすれば、土地改良や農機具にどれだけ資本を投入しても、最終的に収穫高は天候次第という面が農業経営にはつきものだからである。それゆえ、資本は農業経営に直接進出するよりは、農業生産物の流通支配や農機具の生産や遺伝子操作による種子開発等のアグリビジネスに力を注いできた。

　それに加えて、日本では、国土の７割が山林・原野からなるという地理的条件から、戦後の農地改革によって大量に創出された自作農経営は零細規模とならざるをえなかったのであり、規模の経済性を追求する条件は根本的に欠けていた。小規模農家が農業協同組合を通じて行ってきたコメの共同販売や肥料や農機具などの共同購入は、独占的産業資本や独占的商業資本による家族主義的農業経営に対する支配・収奪の防波堤の役割を果たしてきた。

　日米安保体制のもとで、独占資本中心の成長体制を国家目的としてきた日本政府の国土開発計画は、低効率の農業経営を独占資本の高効率の工業経営におきかえる、そのために農村を破壊し工業都市に改造することを基本としてきたのである。農産物を安全保障戦略に位置づけるアメリカの農産物輸入の自由化圧力に屈する前から、日本政府は農業つぶし、農村破壊に与してきたのである。

　これが、現在全国各地の中山間村を中心に限界集落が生まれ、それらを含む小さな基礎自治体が消滅しかねない事態に陥っている第二の根本原因なのである。独占資本主義による農業支配、農村破壊に対して政府、地方自治体はどう対応すべきなのか？　この問題設定なしに、現代日本における地方の地域経済の衰退を根本的に打開する処方箋は生まれてこない。

（3）地域経済の再建から国民生活の向上を展望する

□住民主体の地域おこしで地域社会を再建する

　(1) で、グローバル企業の利益と国民経済的利益との対立が調停不可能な事態にまで進んでいることを解明した。(2) では、グローバル企業を中心とする財界の意向を受けて、安倍政権が従来の国土開発政策の歴史的失敗の根本的な反省もないままに地方創生政策（ローカル・アベノミクス）を強行しようとしていることを明らかにした。本節では、これに対抗して、循環型地域経済を基礎にした国民経済の再構築の展望について試論的にいくつかの項目について提起したい。

　従来の国土開発政策では独占的大企業の意向を受けて、政府がカネとモノを各地域経済、地方諸都市に投入・配分しようとして、結局は経済と人口の東京一極集中を招き、各地で多数の限界集落を生み出すほどに地方経済と基礎自治体を衰退させた。ローカル・アベノミクスの基本的性格を一言にすれば、この歴史的失敗に懲りずに、中央政府が民間企業の力と財政誘導を通じて、東京や大都市に集中し過ぎたヒト（それも高齢者を）を過疎化した地方の自治体に移住させようというものである。

　大企業誘致による安易な外発的発展論と、政府が一時的に投入する財政資金の魅力に取りつかれた地方自治体の誤りを、地域住民は二度と許してはならない。地域社会は、その地で暮らし働く住民のものであり、その地域をどのような地域社会として存続・発展させるのか、そのために地方自治体はどうあるべきか、さらに、それらを支える地域経済をどう再建するのかは、中央政府ではなく、そこに住み続ける住民自身が決定すべき、決定しうるものである。

　地方創生政策では、不効率の地方自治体の行政を合理化・効率化するために、民間企業の力を導入・活用し、地方自治体同士を競わせることが意図されている。国家戦略特区はその先駆けである。だが、民間企業、しかもグローバル化するほどに巨大化した大企業にとっては、利潤原理がすべてであり、ある一定

の地域に縛られることは企業活動にとって制約でしかない。それは、国土開発政策に基づき、進出先の地方自治体から手厚い保護を与えられた進出企業が、儲からないと分かればいとも簡単に撤退していった無数の事例からも明らかである。

　地方経済の衰退が一般化している状況下で、国の一連の国土開発計画や財政誘導による平成の広域合併に迎合せず、地域住民の力に依拠して見事に地域社会の存続・発展に成功している事例が、数多く生まれている。「小さくても輝く自治体フォーラム」に参加している多くの自治体で、そこに住む住民が高齢者になっても安心して暮らせる「まち」、若い世代・「ひと」が集い、ここで子育てをしたいと思える「まち」づくり、普通の平穏な生活を支える「しごと」を生み出す持続可能な地域経済づくりが、実践されている。それを根底において支えているのは住民自身の知恵と活動であり、そこでは地域社会がもつ社会的共同性がいかんなく発揮されている。小さな基礎自治体における地域住民によるこれらの地域おこしを、いかにして、より大きな地域経済と中核都市や都道府県単位にまで広げていくのかが、日本経済再建のカギを握っている。

□地域資源をフルに活用して地域経済を活性化させる

　減反政策と生産者の高齢化によって各地で耕作放棄地は増えてきたが、農業に適した日本の気候・風土等の自然的諸条件は1960年代のコメ増産時代のままである。輸入木材を野放しにし、プレハブ住宅への木造住宅の転換が政策的に推進されたがゆえに、日本の山林は荒れ放題であるが、依然として日本国土の約7割は木が生い茂る山間地である。大企業による工業化最優先の産業政策を転換し、日本の地域資源を生かし農林漁業の復活を図ることが地域経済再生の絶対的条件である。今後、長期的に食料危機が深刻化していくことが確実視される時代に、自国に豊富にある農林漁業に適した地域資源を活用することなく、外国産の農産物・畜産物・水産物の輸入を促進しようとするTPP（環太平洋連携協定）ほど不効率で、非経済的な産業政策はない。

　福島原発事故以来、自然エネルギー＝再生可能エネルギーの積極的活用が注目され、本格的に産業化されつつある。ドイツ、オーストリアなどの環境先進国の例から明らかなように、日本の各地でエネルギー源として放置されてきた

太陽光・太陽熱・風力・小水力・地熱・木質バイオマスなどの天然資源を活用すれば、日本のエネルギー・電力のかなりの部分を自給し、その分不必要な原燃料資源の輸入を減らすことができることは明らかである。

　地域に自然かつ豊富に存在している地域資源をフルに活用して、各地で農林漁業を再建し自然エネルギーの開発・普及を担う新たなエネルギー産業を興すことが、地域経済活性化の基本戦略である。外部からカネとモノを移入し、その成果が東京の本社に吸い取られる従来の地域経済の外発的発展に対して、地域主体の内発的発展型の地域経済は、農林漁業と自然エネルギー産業を基礎としなければならない。

□地域の特産品の付加価値を高め、地域経済内の産業連関を強化する

　だが、政府の農業政策、産業・エネルギー政策を根本的に転換し、農林漁業と自然エネルギー産業を地域経済の基礎とするだけでは、地域経済の真の活性化は達成されない。なぜなら、これらの産業だけでは地域経済の担い手としては力不足だからである。地域社会の知恵と協働で、地域の特産品の付加価値を高めなければならない。

　北海道の帯広市を中心とする十勝では、全国に先駆けて中小企業振興基本条例を軸に地域経済の活性化に取り組んできた。小麦等の自然から採取された農産物をそのまま移出するのではなく、地域内で製粉会社を創設し小麦粉を原料とするパン、ケーキ、和菓子、各種麺類等の加工食料品を生産することによって、地域内での付加価値の創造に成功し、農業地帯の産業集積、産業連関づくりの成功例となっている[12]。

　同じ十勝管内で日本一広い町として知られる足寄町では、「農畜林連携構想」のもとに地域内のバイオマスの活用をめざし、手始めに、木質バイオマスの自然エネルギーの創出・普及に町ぐるみで取り組んだ。「とかちペレット協同組合」の設立、ペレット工場の建設がなされ、北海道電力に払っていた電気料金が節約されたばかりではなく、8000名に満たない町で、通年で139名の雇用が生まれた[13]。

　NHKの朝ドラでも話題になった大分県の湯布院では、温泉街の旅館経営者が近隣の農家や市街地のレストランや土産物店、特産品を作る地場業者と協働

して温泉街としての「付加価値」を高め、多くの若者が集まる新たな観光地としての地位を確立している。

　地域経済として付加価値を高める努力をする際に肝要なのは、あくまでも地域に暮らす住民が生業として行っている多様な仕事と、自営業者や零細企業などの経営形態を尊重することであろう。資本力（カネ）・技術力（モノ）に依存するのではなく、その地に根ざして多様な仕事を担ってきた農林漁業者を含め多様な自営業者、地場産業を担う小規模企業経営者の知恵と協働によって、活性化が図られるべきである。

　その地に固有の自然的・歴史的条件に裏打ちされた特産品に、手間・ひまに加えて知恵と協働が加わり、そのオリジナリティが維持・強化されるならば、情報化時代の今日、若い経営者たちにとって自らの商品を、日本を象徴・代表する製品として世界市場に送り出すことはさほど困難なことではないであろう。そして、地域経済が生み出した社会的余剰を、地域経済を支える基礎産業や地場産業に再投資することで、循環型地域経済が確立してゆく。

□地域経済の再建を、
　国民生活を最優先する国民経済の構造転換と結合させる

　住民主体で地域資源をフルに活用し、農林水産業と自然エネルギー産業を基礎産業として再建・創出する。さらに地域の特産物の付加価値を高めるだけでなく、地域的協働で地域経済としての「付加価値」を高めるとしても、それだけで国民経済が安定化し、国民生活全体が向上する展望を見出すことはできない。住民主体の地域経済の変革は、グローバル企業の成長最優先の成長戦略から国民生活を最優先する生活安定化・向上戦略への、政府の経済運営の根本的な転換と結びつかなければならない。日本国憲法を生活と労働のすみずみにまで生かすという立場からすれば、その基本的内容は、労働者の基本的権利の拡充と社会福祉・社会保障の制度的強化である。

　このような経済運営は、経済の再生産構造の均衡という観点からみれば、①社会的総資本の生産手段生産部門（第Ⅰ部門）と消費手段生産部門（第Ⅱ部門）とへの資本配分の変更、第Ⅱ部門の比重の相対的な上昇、それに関連して、②対個人向けサービスの多様化と質的向上が不可避であるとすれば（手間・ひ

まかけた高いサービス内容をもった保育・教育、文化・スポーツ、介護・医療等におけるいわゆる接客労働の充実）、第Ⅰ部門と第Ⅱ部門との間での資本の有機的構成の違いの拡大（一般的に言えば、従来からも大規模な生産設備を必要とする第Ⅰ部門の有機的構成は相対的に高い）、さらに、③社会的な共同消費手段に対する需要の拡大に伴う民間資本に対する社会的資本の比率の相対的な上昇——等が起こらざるをえないであろう。

これらの過程が、国民経済の長期的な動態に重大な影響を及ぼすことは十分に考えられるが、それらを詳細に検討することは今後の課題とせざるをえない。だが、（２）の冒頭の「現代日本には国民生活を向上させるだけの十分な物質的生産力が備わっている」で指摘しておいたように、日本国憲法に基づいて日本に固有の福祉国家を再生し発展させる物質的条件は、EUおける福祉先進国の経験からも明らかに存在しているというのが、筆者の基本的な立場である。

註
（１）日本企業のグローバル展開の最近の詳細な状況については、拙稿「日本企業・日本産業のグローバル化の現局面」（『経済学論纂』第55巻５・６合併号、2015年３月、中央大学経済学研究会）を参照。
（２）以上の成長パターンの時代的特徴づけは、あくまで相対的なものでしかない。いつの時代においても三者は相互作用しながら成長軌道を描いてきた。
（３）グローバル企業の利益と国民経済的利益との根本的な対立の基本論理の詳細は、拙稿「現代日本経済の『失われた20年』とアベノミクス——経済のグローバル化と新自由主義的構造改革に対抗して」（高田太久吉編著『現代資本主義とマルクス経済学——経済学は有効性をとりもどせるか』第３章、新日本出版社、2013年）を参照。
（４）筆者は①終身雇用制という長期安定雇用、②年功序列型賃金体系、③企業別労働組合を主要な契機と考えている。
（５）アントニオ・ネグリとマイケル・ハートは『帝国——グローバル化の世界秩序とマルチチュードの可能性』（水嶋一憲他訳、以文社、2003年）で、資本のグローバリズムに対する真の抵抗勢力として、世界中を自由に移動する権利を主張するグローバル市民としての移民（労働者）＝マルチチュードを位置づけている（第４部参照）。筆者は移民問題の重要性を理解しつつも、ヒト、それも労働者が自由に地球的規模で移動するようになるという立場はとらない。
（６）「増田レポート」と道州制やコンパクトシティ構想との事実上の連携を念頭において、人口動態について多面的な視点から分析を行い、それに基づき批判的な主張

を展開しているものとして、山下祐介『地方消滅の罠──「増田レポート」と人口減少社会の正体』(筑摩書房、2014年)を参照。
(7) 前掲「まち・ひと・しごと創生基本方針2015──ローカル・アベノミクスの実現に向けて」、1ページ。
(8) これら一連の国土開発政策の的確な歴史的特徴付けについては、鈴木誠「地域開発政策の検証」(岡田知弘・川瀬光義・鈴木誠・富樫幸一『国際化時代の地域経済学(第3版)』第3章、有斐閣、2007年)を参照。
(9) 「日本経済新聞」2015年2月4日付。
(10) 福島県民は、致命的欠陥をもつ原発を国策として日本中に配置・建設させてきた日本政府の原発推進政策の被害者である。ただし、そのうえで、東京電力福島第一原発のシビアアクシデントによりそれまでの平穏な生活を一瞬にして失うことになった福島県民、とりわけ原発立地地域の住民は、外発的発展論に基づき危険な原発を誘致した地域開発政策のもっとも深刻な犠牲者という側面をあわせもっている。事故から4年間が経過したにもかかわらず、いまなお約11万5000人(政府の避難指示対象外の避難者約3万6000人の避難者を含む、「朝日新聞」2015年5月17日付)が、本来は一時的なものであるはずの避難生活を余儀なくされている。この状況下で、政府は20mSv(ミリシーベルト)(ICRP、日本政府の一般市民の追加被曝線量の基準値1mSvの20倍)を下回った地域への帰還政策を財政誘導で推進しようとしている。また、福島県も、自主避難者への住宅費補助を2017年に打ち切るとしている。被害者に対する完全賠償ならびに新たな生活への移行措置を含む全面的な救済は、原発の再稼働阻止とあわせて喫緊の国民的課題である。
(11) 宮本憲一は、農村と都市を人類の歴史貫通的な二つの定住地域として区別し、両者の対立関係がいかに資本主義的生産様式のもとに発展してきたのかを、鋭く分析している。「地域経済学の課題と構成」(宮本憲一・横田茂・中村剛治郎編『地域経済学』序章、有斐閣、1990年)を参照。本章は、人類社会の持続可能性、自然環境保護の観点から、営利目的として行われる農林漁業に対して、家族経営とその協同組合である農協や漁協が行っている生業としての農林漁業が、景観も含めて地域の自然環境の保護に果たしている役割に注目している。
(12) 入谷貴夫『地域と雇用をつくる産業連関分析入門』(自治体研究社、2012年、Ⅱ-4)を参照。
(13) 大友詔雄編著『自然エネルギーが生み出す地域の雇用』(自治体研究社、2012年)、Ⅰ「自然エネルギーの利活用で地域産業の未来をひらく」(大友詔雄)、ならびにⅡの「バイオマスタウンの実現をめざして──足寄町の取組み」(岩原榮)を参照。

10　日本の住宅問題
——居住のリスクと格差・貧困

大泉　英次

はじめに

　戦後の1950年代から今日まで、わが国で建設された住宅は累計7400万戸を超える。人口対比でこれだけ大量の住宅を建設してきた国は他にない。この膨大な数の住宅のうち公営住宅や公団住宅はごく一部で、公庫ローン住宅と「民間自力建設」（これは旧建設省の用語）の住宅が大部分である。持家であれ借家であれ、そのために費やされた人々の収入や貯蓄の大きさを想像すると、なんとも言いがたい思いがする。

　だがその大量建設で到達した今日の住宅事情は、けっしてすべての国民に豊かで安全、快適な住生活を保障するものとなってはいない。ふりかえると戦後の住宅問題は、高度成長期から80年代バブル経済期まで、もっぱら地価高騰による住宅価格と家賃の高騰、そして狭小住宅、遠距離郊外住宅の問題であった。ところが90年代初めのバブル崩壊の後、住宅問題の様相は大きく変化し、地価高騰にかわっていま居住の格差・貧困がクローズアップされている。

　また95年1月の阪神淡路大震災、2011年3月の東日本大震災・津波災害そして東京電力福島第一原子力発電所の重大事故、さらに16年4月の熊本・大分地震災害は、人々の住まいと暮らしを根底から破壊する巨大なリスクの存在を私たちに突きつけた。住まいと地域の復興は困難をきわめ、あらたな格差も生まれている。ここでもわが国の住宅政策のありかたが厳しく問われている。

　戦後70年をへた今、私たちは住宅問題の歴史的展開のなかでいかなる地点に立っているのか。小論はまず住宅ストックと住宅市場の現状、そして持家・借

家居住世帯の家計状態を観察する。これは2000年代以降の動向に焦点を当てた現状分析であり住宅問題論である。

つぎに戦後住宅政策と住宅建設の展開をふりかえり、これに照らして今日の住宅政策の特徴と問題点を考察する。そして最後に、居住の格差・貧困の解決に向けて住宅政策の基本的課題を論ずる。

（1）住宅ストック――過剰のなかの格差

□住宅過剰――増え続ける空き家

　総務省「住宅・土地統計調査」（5年ごとに実施）によると、2013年調査時点で全国の総世帯数は5245万世帯、総住宅数（住宅ストック）は6063万戸。そのうち空き家が820万戸、その比率は13.5％である。ここ15年間（1998～2013年）で総住宅数は1038万戸増加、増加率は20.7％だったのに対し、空き家数は243万戸増加、42.2％の増加率である。

　空き家820万戸のうち460万戸（56.1％）は賃貸・販売用住宅、41万戸（5％）は別荘など二次的住宅だが、居住者長期不在・取り壊し予定の住宅も318万戸（38.8％）と多数にのぼる。後者の空き家は、住宅の放置と荒廃によって環境、治安、防災面で周囲に悪影響を及ぼしているケースが多い。

　空き家率（二次的住宅を除く）の上位県は山梨県（17.2％）、愛媛県（16.9％）、高知県（16.8％）、徳島県、香川県（ともに16.6％）とつづき、下位県は宮城県（9.1％）、沖縄県（9.8％）、山形県（10.1％）、埼玉県、神奈川県（ともに10.6％）、東京都（10.9％）、福島県（11.0％）の順である。宮城県や福島県は東日本大震災の影響が大きいし、沖縄県は人口増が続いている。これらを除けば大都市圏で空き家率は相対的に低い。

　とはいえ大都市でも空き家問題は深刻である。東京都の空き家率はここ15年間ほぼ11％台で推移してきたが、共同住宅（集合住宅）について見れば、都心5区（千代田、中央、港、新宿、渋谷）でも平均13.5％の空き家率である。超高層タワーマンションの建設ラッシュが続く一方、周囲の中古マンションで空き

住戸が増えるという「マンション格差」が広がっている。

　東京都心部の空き家は賃貸マンションの割合が大きいのに対し、郊外とくに遠距離郊外では戸建て住宅や狭小住宅の割合が高く、空き家の期間は長期化している。また東京都区内や大阪市内で広範に残存する木造住宅密集市街地では、老朽化した空き家の荒廃、「デッドストック化」が見られる。

　70年代以来、日本の住宅市場は住宅スクラップ・アンド・ビルド（大量の建替えや除却を伴う建設）を繰り返しながら特異な成長を続けてきた。しかし低成長と人口減少の時代を迎えて、スクラップ・アンド・ビルドは大都市の都心部とその周辺に限定され、その外側では空き家ストックが更新されないまま残存し、ついには市場から脱落し放置され荒廃していく。いわばビルドなきスクラップ化が進行している。

□持家と借家の格差

　全国の住宅ストック（人が居住する住宅5210万戸）のうち持家は3217万戸（61.7％）、借家（公営・UR等、民営、給与住宅）は1852万戸（35.5％）である。住宅の建てかた別では、持家は戸建81.5％、長屋建0.9％、共同住宅17.5％で、戸建住宅が大部分である。これに対して借家はそれぞれ9.4％、4.8％、85.7％と共同住宅が大部分である。

　住宅規模を見れば、持家の1戸当たり床面積は122.3㎡であるのに対し、借家の床面積は46.0㎡、とくに民間借家の非木造・共同住宅は39.6㎡にとどまる。

　持家の広さは長期的に見ると大きく改善されてきた（1963年：91.3㎡）。しかし借家の狭さにはほとんど変化がない（63年：38.8㎡）。こうした持家と借家のストック格差は、図10-1に見られるように欧米諸国と比較してわが国にきわめて顕著な問題点であり、しかもこれはまったく改善されていない。また、これはたんに諸外国に遅れをとっているというだけの問題でもない。

　1976～80年の第3期住宅建設5カ年計画の策定にあたって、住宅の質に関わる指標として最低居住水準と平均居住水準（これはのちに誘導居住水準に変更）が導入された。このうち最低居住水準は「健康で文化的な住生活の基礎として必要不可欠な水準」という、憲法第25条の生存権保障に照応する基準であって、旧建設省は85年までにこれをわが国のすべての世帯で達成することを目

標としたのであった。しかしこの目標は、30年たった今日でもなお達成されていない。

現行の最低居住水準は、居住面積について単身者世帯25㎡、2人以上家族世帯は10㎡×世帯人数（6歳未満の幼児は0.5人と算定）＋10㎡という計算式が適用される。たとえば夫婦と8歳児、5歳児の4人世帯なら45㎡となる。ところが、この最低居住水準に達しない狭小住宅に居住する世帯は、国交省によると総世帯数の4.2％、220万3000世帯である。その98.5％（216万9000世帯）が民間借家に居住している。東京都では民間借家（非木造）居住世帯の29.1％（53万5000世帯）、大阪市では30.8％（15万2000世帯）が最低居住水準未満の住宅に居住している。さらに国交省によれば、大都市圏では子育て世帯の6.1％が最低居住水準未満の住宅に居住しているという。

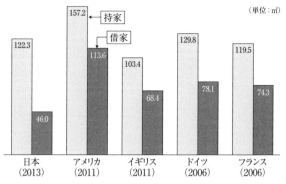

図10-1 持家・借家の1戸当たり床面積の国際比較

（出所）国土交通省「平成26年度住宅経済関連データ」

ストック格差の問題は民間借家、とくに大都市の民間借家に集中して現れている。住宅ストックの「過剰」のなかで「格差」は解消されていない。国交省の住宅政策当局は、住み替えの促進によって住宅ストックの再分配を図り、「過剰」と「格差」の問題を解決することを一つの課題としている。既存住宅（中古住宅）流通市場の成長、拡大が重要な目標とされているのはそのためである。

かつて2000年に定期借家制度が導入されたとき、その効果の一つとして高齢者の持家を子育て世帯向けの借家に転換させることが意図されていたし、「マイホーム借上げ制度」でこれを促進する移住・住み替え支援機構が2006年に設立された。だが住宅市場を通じたストック再分配は期待通りに進んでいない。逆に住宅市場の動態はストックの「過剰」と「格差」をいっそう強める方向に作用している。

(2) 住宅市場——二極化と不安定化

　住宅建設は住宅市場の変動のバロメーターである。バブル崩壊後の住宅建設は1990年代末のデフレ不況まで年平均147万戸だった（バブル最盛期の1987～90年は平均168万戸）。これに対して2000年代の住宅建設は06年まで年平均120万戸で推移した。しかし2008年リーマンショックの影響で09年に78万戸まで急減し、その後は80万～90万戸台で推移している（後掲の図10-4）。

☐住宅市場の二極化

　住宅・不動産市場は二極化の様相が続いている。大都市圏では市況の回復・活発化が見られるのに対し、地方圏では市況の停滞が続いている。つまり成長市場と停滞市場への二極分化である。
　これを象徴するのはマンション建設である。2000年代に入って大都市圏それも首都圏のマンション建設が活発化した。06～07年の高層マンション建設ブームは国際金融危機で崩壊したが、いま再び2020年の東京オリンピック開催を当て込んで建設ブームが到来している。10～14年の5年間に全国のマンション着工戸数は57万5000戸。その56.7％を首都圏が占めている。

☐成長市場の不安定化

　一方の極をなす大都市の住宅市場に住宅需要と住宅投資、住宅融資が集中する。アベノミクスの「異次元金融緩和」のもとでも銀行の企業融資は増えていない。では銀行貸出の実態はどうなっているか。全国銀行の2015年7～9月の設備資金新規貸出額は10.8兆円だった。そのうち不動産業向けの貸出額が3兆円、住宅など個人向け貸出が3.6兆円である。これらで新規貸出総額の61％にのぼる。「土地神話」はすでに過去のものだが、銀行にとって住宅・不動産融資は依然として重要な収益源なのである。
　不動産証券化市場は90年代末から急成長し07年にピークに達した。リーマン

ショックで一気に市場は収縮したが、12年頃から再び成長しはじめている。不動産証券化市場の変動を左右するのはもっぱら外国人投資家の動向である。不動産証券化の主要ツール、Ｊリート（不動産投資信託）市場ではリート株式売買取引額の47％を外国人投資家が占め、国内法人の割合27％を大きく上回っている。大都市の成長市場はグローバルな資金移動の影響を強く受けている。

だがブームは局地的であり、成長市場の範囲が限定される分だけブームとその崩壊の振幅は拡大する。成長市場はめまぐるしい変動をくり返す。そもそも住宅市場は、持家でも借家でも高級市場と低級市場に階層化されている。住宅市場の変動、不安定化は高級市場と低級市場の格差をさらに広げ、市場の底辺でつぎつぎと空き家を生み出している（詳しくは、大泉［2013］）。

□地方都市の住宅市場

もう一方の極である地方都市の住宅市場の状況はどうか。市街地で人口減少、空洞化が深刻となっているにもかかわらず、郊外での住宅開発や大規模商業施設の建設があいかわらず続いている。

都市開発が周囲の農地や山林に無秩序に広がっていくことをスプロールという。かつての人口増加と都市拡張の時代であれば、郊外開発にインフラ整備がいずれ追いつくことで居住環境の改善も期待できた。しかし今は都市の衰退と自治体財政難の時代である。スプロール状態はいつまでたっても改善されないまま住民人口・世帯の減少が続く。その結果、市街地でも郊外でもいわば逆スプロール（空き家、空き地の無秩序な発生）が進行している。

（3）居住のリスクと格差・貧困

□持家層と借家層の所得低下

今日の住宅問題の焦点は居住のリスクと格差・貧困である。その背景として、持家世帯と借家世帯のなかでともに低所得層が顕著に増加していることが注目

される。これは二極化し不安定化する住宅市場を強く制約する要因となっている。

図10-2に見られるように、持家世帯のなかで年収400万円未満世帯の割合は、98年の32.8％から13年の46.3％に大きく増加している。対照的に年収500万〜700万円未満世帯は19％から17.4％に、700万〜1000万円未満世帯は20％から13.2％に減少している。この二つの所得階層は絶対数でも減少しており、持家世帯の所得分布が低所得にシフトしていることは明らかである。

他方、民間借家世帯のなかで年収300万円未満世帯の割合は、98年の42.2％から13年の45％に増加した（図10-3）。年収300万円未満層は656万世帯、そのうち200万円未満層は390万世帯にのぼる。対照的に400万〜700万円未満層は

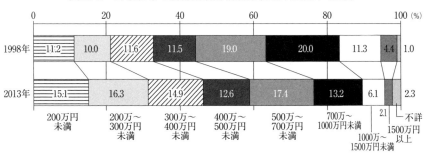

図10-2　持家世帯の所得階層別構成比（1998年と2013年の比較）

（注）持家世帯数は1998年2647万世帯、2013年3217万世帯
（資料）総務省「住宅・土地統計調査」

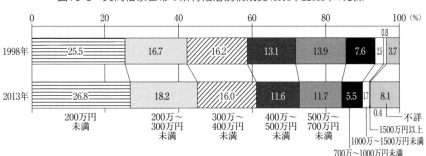

図10-3　民間借家世帯の所得階層別構成比（1998年と2013年の比較）

（注）民間借家世帯数は1998年1205万世帯、2013年1458万世帯
（資料）図10-2に同じ

27％から23.3％に減少した。そもそも持家層と借家層の間に大きな所得格差があることはいうまでもないが、この15年間に借家層の低所得シフトはいっそう進んだのである。

表10-1　住宅ローン返済世帯(勤労者)の所得と住宅ローン負担

(月額:円)

	2000年	2013年	増減率
世帯人員(人)	3.77	3.67	―
世帯主年齢(歳)	46.0	45.9	―
実収入	653,760	601,951	▲7.9％
可処分所得	545,334	485,331	▲11.0％
住宅ローン返済	101,770	99,867	▲1.9％
負担率(％)	18.7	20.6	―

(注1) 勤労者世帯のうち住宅ローン返済中の世帯
(注2) 負担率は住宅ローン返済額／可処分所得
(資料) 総務省「家計調査」

□持家世帯の住宅ローン負担

　持家世帯で低所得層が増加している理由の一つは持家世帯の高齢化の進行である。年金収入がたよりの高齢者持家世帯が増えている。だがそれだけではない。低所得世帯の持家取得が増加しているのである。地価・住宅価格の下落や住宅ローン金利の低下、金融機関の住宅ローン融資競争がそれを後押ししてきた。

　しかし、いくら低金利とはいえ住宅ローン返済の負担は大きい。それに所得の低下が加わる。表10-1は総務省「家計調査」(毎月実施)によって、勤労者世帯のうち住宅ローン返済世帯の平均所得と住宅ローン負担の変化を示す。家計収入、とくに可処分所得の減退(2000年対比で11％減少)で住宅ローン返済の負担はかなり大きくなっている。

　なお、09年までの総務省「全国消費実態調査」(5年ごとに実施)個票データを分析した佐藤慶一氏の研究によると、住宅ローン返済世帯の75.7％は勤労者世帯だが、無職世帯(世帯主の平均年齢65.4歳)も7.1％(約78万世帯)いる。その多くは、現役時代に組んだ住宅ローンを退職後も返済しつづけている世帯であろう。

　これについて99年との対比で09年の家計状況を見ると、実収入は21万1000円(29.8％減)、可処分所得は17万6000円(33.9％減)である。住宅ローン返済額は5万1000円(15.6％減)だが、可処分所得に占める割合は22.6％から28.8％に増加している。消費支出に住宅ローン返済が加わって家計収支は大幅な赤字、そのため預貯金を月12万5000円も取り崩している状況であるという。

　さらに佐藤氏は、独自に行ったインターネット調査の結果を「全国消費実態調査」データで補正することにより、すべての金融機関に関わる住宅ローン返

表10-2 民間借家世帯（勤労者）の所得と家賃負担

(月額：円)

	2000年	2013年	増減率
世帯人員(人)	1.47	1.28	—
世帯主年齢(歳)	38.7	40.6	—
実収入	459,826	369,979	▲19.5%
可処分所得	397,256	305,674	▲23.1%
地代・家賃	62,693	57,295	▲8.6%
負担率(%)	15.8	18.7	—

(注1) 勤労者世帯のうち民間借家に居住する世帯
(注2) 負担率は地代・家賃／可処分所得
(資料) 総務省「家計調査」

済の延滞状況（同じく09年）について推計している。この種のデータは住宅金融支援機構しか公表していないので貴重な研究である。

　それによると、住宅ローン返済を1～3カ月未満延滞しているのは38万1000世帯（住宅ローン返済世帯の3.5％）、同じく3カ月以上の延滞は9万8700世帯（住宅ローン返済世帯の0.9％）で、合計48万世帯（4.4％）である。延滞世帯の比率を世帯主の年齢別で見ると、40歳代（同年代住宅ローン返済世帯の1.02％）と60歳代以上（同じく1.31％）の世帯で多いという（以上は、佐藤［2012］）。

□民間借家世帯の家賃負担

　表10-2は同じく総務省「家計調査」によって、勤労者世帯のうち民間借家居住世帯の平均所得と家賃負担の変化を示す（00年と13年の比較）。ここでも家計収入、とくに可処分所得の減退は大きく（2000年対比で23.1％減少）、家賃も低下してはいるが可処分所得対比の負担率は増加している。

　また総務省「消費実態調査」によると、30歳未満の勤労者単身世帯の1カ月当たり平均消費支出額に占める住居費（家賃等）の割合は、99年と09年を比べると男性で14.6％から21.6％に、女性で24.2％から31.1％に増加している。負担の大きさが男女で顕著に分かれているのは、単身女性の場合、低賃金と不安定雇用がとくに多いこと、そして通勤や生活の安全のため住居のセキュリティ設備や立地の良さを優先している（そのぶん家賃が高くなる）ことが理由であろう。

□リスク持家層とリスク借家層の増加

　このように持家世帯と民間借家世帯の所得低下そして住居費負担増大の状況を見てくると、リスク持家層とリスク借家層の増加という問題が浮かび上がっ

てくる。

　リスク持家層とは、住宅ローン返済が家計を強く圧迫しているため、突然の収入減少やローン金利上昇などのリスクに弱い世帯をいう。子どものいる世帯ではこれに教育費の負担が加わる。日本政策金融公庫の調査によると、住宅ローンのほかに国の教育ローンを借りている世帯では、住宅ローン返済額と教育費の合計が年間収入に占める割合は平均36.8％に達するという（同公庫「教育費負担の実態調査結果」15年2月）。

　リスク借家層とは、低所得ゆえに劣悪で狭小な住居に住まざるをえず、しかもその住居さえ奪われかねないリスクにさらされている世帯をいう。青年層を中心に広がる低賃金・不安定雇用、そして低所得で貯蓄が乏しい高齢者の増加がリスク借家層を拡大させている。

　稲葉剛氏は「貧困ゆえに居住権が侵害されやすい環境で起居せざるをえない状態」を「ハウジングプア」とよび、ワーキングプア（低賃金）とハウジングプア（住まいの貧困、不安定）が両輪となって進行し「暮らしの難民化」を生み出していると指摘する。

　稲葉氏は「ネットカフェ等での生活も路上生活も『ハウジングプア』というひと連なりの問題である」といい、2000年代に入ってこれら生活困窮者を食い物にする住宅貧困ビジネス（ゼロゼロ物件、追い出し屋、囲い屋ビジネスなど）が急成長してきたことを強調している（以上は、稲葉［2009］）。この指摘につづけて言えば、リスク借家層とハウジングプア層との垣根も低下し、両者は「地続き」の問題となっていると見なければならない。

（4）戦後の住宅政策と住宅供給

　居住の格差・貧困の背後には持家・借家のストック格差がある。

　このストック格差は戦後70年の住宅建設・供給がもたらした帰結である。リスク持家層とリスク借家層そしてハウジングプアの増加の背後には、不安定雇用の激増と賃金所得低下、社会保障給付の切下げ、さらに住宅政策の欠陥がある。したがって居住のリスクと格差・貧困の問題は、戦後から今日までの住宅政策および住宅供給の変遷との関わりで歴史的に考察されなければならない。

□戦後の住宅政策

　戦後の住宅政策体系は1950年代に形成された。住宅金融公庫の設立（1950年）、公営住宅制度の成立（1951年）、そして日本住宅公団の設立（1955年）である。これらは公的住宅供給（公的機関がみずから行う直接供給、民間住宅供給を公的機関が支援する間接供給）の三本柱と言われた。これらによって低所得層から大都市サラリーマン世帯、持家取得層までを対象とする公的住宅供給システムがひとまず整備された（なお、日本住宅公団は1981年に住宅・都市整備公団に改組される）。

　この三本柱を用いて大量の住宅建設を推進する住宅政策が展開されていった。1955年に住宅建設10カ年計画が策定され、2年後の57年に5カ年計画に改定された。そして66年に住宅建設計画法が制定され、それにもとづき第1期5カ年計画（66〜70年度）から第8期5カ年計画（2001〜05年度）までの策定、実施が続いた。

□「日本型マスハウジング」の特異さ

　戦後の住宅政策と住宅市場を特徴づけるキーワードは「マスハウジング」、つまり「住宅の大量供給」である。戦後の経済復興そして高度成長を背景とするマスハウジングは欧米諸国にも共通するが、日本のそれはつぎのような特異性をおびていた（詳しくは、大泉［2013］）。

　第一に、住宅不足を解消するため建設計画戸数の目標達成が最優先された。居住水準目標の設定は第3期計画（1976〜80年度）以降のことである（戸数優先主義）。

　第二に、住宅供給の多くを民間市場に依拠し、かつ民間借家に対しては住宅基準の設定や建設費補助、家賃補助といった政策をいっさい欠いていた（民間借家政策の欠如）。

　第三に、急激な都市開発と実効性に乏しい土地利用規制が地価高騰を引き起こすなかで住宅建設が行われた（地価高騰による制約）。

　高度成長期（1955〜73年）の住宅建設は累計1641万戸（年平均91万戸超）に

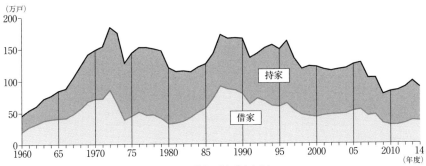

図10-4 持家・借家建設戸数の推移（1960-2014年度）

（注）データは積上げ表示。持家は分譲住宅を含む。借家は給与住宅を含む
（資料）国土交通省「住宅着工統計」

のぼった（図10-4）。その間、持家と借家の建設戸数はほぼ同水準で推移したが、借家建設について見れば、その特徴の一つは社宅（給与住宅）建設の増加である。社宅建設は56〜57年には借家建設の24％を占め、1960〜70年に累計62万8000戸、この期間の借家建設の15％を占めていた。

しかし1970年代以降は、企業の従業員福利が持家取得支援に転換したことで社宅建設は急激に減退した。ただしバブル経済期に、企業財テクの一環として再び社宅建設は活発化するが、バブル崩壊後はいっそう減退し借上げ社宅方式が主流となる。

もう一つの特徴は、大都市における木造共同賃貸住宅、いわゆる「木賃アパート」の大量建設である。1963年住宅統計調査によれば、東京都区部の住宅ストックの43.6％が民間借家であり、民間借家のうち木賃アパートは28.5％を占めた。大阪市では49.9％が民間借家で、そのうち木賃アパートは24.8％であった。木賃アパートの居室数は平均1.4室で居住面積は15〜28㎡（1973年建設省調査）、その居住者は単身世帯と3人以上の家族世帯がそれぞれ36％を占めていた。

木賃アパートは1970年代末に全国で330万戸（総住宅数の10.3％）、うち半数が首都圏に存在した。その65％が1945〜70年に、24％が1971〜75年に建設されたものであった（1978年住宅統計調査）。

他方で公的住宅供給の実績は、公営・公団住宅ともに第1期5カ年計画では

建設計画目標を達成したものの、第2期（71〜75年度）、第3期（76〜80年度）では目標を大きく下回った。これは公庫融資住宅建設が第2期、第3期と目標を20〜30％以上も超過達成したのとはまったく対照的である。

　ちなみに当時の建設省は、建設計画目標の達成を大きく「民間自力建設」に依拠するというスタンスで一貫していた。『建設白書』における各期5カ年計画の実績に関する記述を見ると、「民間自力建設の促進」が繰り返し強調されている。

□住宅スクラップ・アンド・ビルドの展開

　1973年住宅統計調査で、全都道府県において住宅戸数は世帯数を上回ったことが確認された。これを受けて第3期住宅建設5カ年計画（76〜80年度）は住宅政策の目標を「住宅の量的充足」から「居住水準の向上」に転換させた。

　1974年からバブル崩壊の1990年までの住宅建設は、高度成長期を上回って累計2397万戸（年平均141万戸超）に達する。これは、住宅不足が解消されたのち住宅建設が減退していった欧州諸国とはきわめて対照的である（詳しくは、大泉［2013］）。

　住宅不足は解消したとはいえ、形成された住宅ストックは持家、借家ともに劣位だった。「質の向上」をめざしてスクラップ・アンド・ビルド（住宅の除却と建替え）を伴う大量住宅建設が持続したのである。ところが住宅政策の軸足は持家支援にシフトしたために、スクラップ・アンド・ビルドと大量建設は持家と借家のストック格差をさらに広げた。

　1970年代半ば以降、持家が住宅建設の中心となり、図10-4に見られるように借家建設は大きく減退した。1980年代に入ると借家建設は一転して急増し、バブル期には大都市圏の住宅建設の6割以上を占める。だがその大部分は、床面積が20〜30㎡未満という狭小なワンルームマンションの建設だった。これが高度成長期に大量に建設された木賃アパートに代わって、若年単身者の住宅需要の受け皿となった。

　マスハウジング政策は1980年代後半のバブル経済にいたって完全に行きづまる。地価暴騰による住宅費負担の急増、郊外持家の超遠距離化、市街地住宅の零細化、そして乱開発による居住環境の破壊という問題が全国で噴出した。地

価暴騰は公的住宅供給を困難におとしいれ、借家層の住宅難をますます深刻化させた。

（5）90年代以降の住宅政策の転換

□住宅建設計画法から住生活基本法へ

　バブル崩壊後の1990年代における住宅・不動産市場の低迷は、都市政策における根本的な転換の背景となった。低迷する市場に活を入れるために、開発・建築規制を大幅に緩和して民間建設投資を誘導する。公共部門がコストやリスクを負担しながら、民間企業に公共事業をビジネスチャンスとして大きく開放する。こうした動きは2000年代の小泉内閣「都市再生政策」で頂点に達することになる。

　住宅政策においても根本的な変化が現れる。旧建設省の住宅宅地審議会は1995年答申および2000年答申で、「公的主体による直接供給、公的支援を中心とする」戦後の住宅政策から、「民間住宅、公共住宅を合わせた住宅市場全体を対象」とする政策体系への転換を打ち出した。住宅政策の「新たな方向性」は「市場重視」「ストック重視」と定式化され、住宅政策体系は「市場の基盤整備」「市場の誘導」「市場の補完」の三つの機能を果たすべきものとされた。

　これは住宅政策における新自由主義の宣言である。「市場重視」「ストック重視」の意味するところは、バブル崩壊と不良債権の重圧で低迷する住宅・不動産市場のテコ入れであり、住宅ストックの質の向上をめざすスクラップ・アンド・ビルドの再開であった。

　この新方針に従って、戦後住宅政策の三本柱である公営住宅・公団住宅・公庫融資制度は縮小・再編されていった。1996年の公営住宅法改定で公営住宅に対する国庫補助率の引下げと入居収入基準の引下げ、そして自治体による建設・供給戸数の大幅削減。住宅・都市整備公団は1999年に都市基盤整備公団に組織替え、そして2004年に同公団は廃止、都市再生機構（UR）が設立される。三本柱の中心だった住宅金融公庫も2007年に廃止、住宅金融支援機構が設立さ

れた。

　三本柱の縮小・再編は、三本柱の運用を前提して組み立てられてきた住宅建設5カ年計画方式の見直しにもつながる。住宅建設計画法にもとづいて住宅供給や居住水準に関する計画目標を政府が設定し、その達成のための施策を講ずるという方式は根本的に転換された。住宅政策における政府の責任や関与は大きく後退していく。

　こうして2006年に住宅建設計画法は廃止され、住生活基本法が制定された。同法にもとづき2006～2015年度を計画年度とする住生活基本計画（全国計画）が策定され、このたび新たな基本計画が2016年3月に閣議決定された（計画期間は2016～2025年度）。同計画は以下の目標を掲げている。①若年世帯・子育て世帯・高齢者が安心して暮らせる住生活の実現、②住宅確保に特に配慮を要する人々の居住安定の確保、③安全で良質な住宅ストックの形成と中古住宅市場の成長、④空き家の活用・除却の推進、⑤住生活産業の成長、⑥住宅地の魅力の維持・向上。

　環境問題や高齢社会への対応、都市景観や住宅ストックの質の向上など多面的な課題を掲げるのは住宅政策の発展と評価されてよい。しかし「健康で文化的な住生活」をすべての国民に保障することこそが住宅政策の根幹であり、居住の格差・貧困を解決することこそ住宅政策にとって最優先の課題である。住生活基本法が掲げる「住宅セーフティネットの構築」はこれに応えるものとなっているだろうか。

□住宅セーフティネット法

　住生活基本法にもとづき、住宅セーフティネット法（「住宅確保要配慮者に対する賃貸住宅の供給の促進に関する法律」）が2007年に制定された。「要配慮者」とは公的な支援が必要な人々という意味だが、その公的支援の柱となるべき公営住宅は、三位一体改革と自治体財政難で「供給の促進」どころか削減される一方というのが現実である。また「要配慮者」が「低所得者」「被災者」「高齢者」「障がい者」「子育て世帯」に限定され、膨大な「要配慮者の予備軍」である非正規雇用の青年・中年単身層に対する住宅政策が抜け落ちているという批判もある（平山[2011]、住田[2015]）。

住宅セーフティネット法に対応する国交省の住宅政策は「安心居住政策」と称されている。これについては、学識経験者や住宅・不動産業、住宅金融支援機構、URなど関係団体で構成する安心居住政策研究会の「中間とりまとめ」(15年4月)が公表された。
　中間とりまとめは、「高齢者、子育て世帯、障がい者」の「安心な住まいの確保に向けては、公的賃貸住宅の的確な供給に加えて、民間賃貸住宅への円滑な入居を一層促進することが必要」としている。だがこれらの人々に対して入居を拒絶する民間家主がきわめて多く、これを是正するため、19年度までに居住支援協議会をすべての自治体で設置することを「安心居住目標」に掲げている(現状は14年度時点で2割の自治体にとどまる)。
　入居拒絶問題は不安定雇用者や外国人に対してはさらに深刻であり、これが「脱法シェアハウス」(国交省のいう「違法貸しルーム」)などの居住貧困ビジネスを助長している。
　しかし居住支援協議会を設置しても、民間借家や空き家を「要配慮者」の住宅確保につなげるうえでの困難は多い。住宅セーフティネットの整備においても空き家ストックの活用が意図されているわけだが、住宅ストックの再分配を促すことで「過剰」と「格差」を解決するためには、住宅政策の抜本的な組み換えが必要である。

□アベノミクスと住宅政策

　居住のリスクと格差・貧困の広がりを無視した「1億総活躍社会」は虚妄である。異次元金融緩和、国土強靭化、成長戦略という「三本の矢」に見えるアベノミクスの正体は、政権の維持、その1点で組み立てられた経済政策である。GDP600兆円、希望出生率1.8、介護離職ゼロという「新・三本の矢」にいたっては経済政策でもない、たんに参院選挙向けの方便にすぎない。
　だがその安倍政権にとっても二度の消費税率引上げは重い課題である。ともかく2017年4月に向けて「景気回復」の形をつくらねばならない。
　家計消費が減退し企業投資が停滞しつづけているなかでは、住宅投資の増大は経済成長を支える重要な要因である。アベノミクスにとって住宅政策は景気対策でしかなく、住宅投資と耐久消費財購入の増加につながる持家取得の支援

策しか眼中にない。14年4月の消費税率8％引上げ時には住宅ローン大型減税と現金給付を行った。15年度補正予算では、住宅金融支援機構の住宅ローン、フラット35Sの金利引下げと住宅エコポイント制度を盛り込んでいる。16年1月末の日銀マイナス金利政策導入で住宅ローン金利はさらに低下した。

　一方で持家取得の入り口を広げ、他方、労働者派遣法の改定で不安定雇用を拡大し、「日本型新裁量労働制」の導入で残業代ゼロ、長時間労働を助長する。これではリスク持家層とリスク借家層がさらに増加するだけである。

（6）住宅政策に何が求められているか

□借家政策の改革と居住の保障

　表10-3を見ると、90年代以降の25年間で30歳代～40歳代世帯の持家率は大きく低下した。低所得世帯、単身世帯の増加がその背景にあることは明らかだ。良質で低家賃の借家を求めるニーズは高まっている。だが持家と借家のストック格差は大きい。しかもリスク借家層とハウジングプアが増加している。良質で安定した居住の保障こそ借家政策のかなめである。

　いや居住保障は、借家政策だけでなく持家政策にも共通の原則なのである。住宅政策とは本来そういうものだが、それがわが国の住宅政策には欠けており、その欠陥がとくに借家政策に表れているのである。

　ところが、良質で安定した居住の保障という原則は新自由主義、市場主義の政策論とはあい容れない。新自由主義が許容するセーフ

表10-3　世帯主年齢別持家率の推移
（1988-2013年）

(%)

	1988年	1998年	2008年	2013年
25歳未満	4.5	2.7	2.5	3.4
25-29歳	17.9	12.7	11.6	11.3
30-34歳	38.4	29.2	30.0	28.8
35-39歳	56.8	49.1	46.4	46.3
40-44歳	66.2	62.9	58.1	56.2
45-49歳	72.0	70.0	67.2	63.0
50-54歳	75.4	73.4	72.7	69.2
55-59歳	79.6	76.9	76.1	74.2
60-64歳	80.7	79.4	79.0	77.7
65歳以上	77.2	81.0	80.6	80.8

（資料）総務省「住宅・土地統計調査」

ティネットは、市場へのアクセスが困難な「弱者」に対する最小限の「救済措置」である。これに対して居住保障は借家・持家の別なく、すべての人々に対する一般原則である。

　居住保障の政策は市場主義とはあい容れないが、市場とあい容れないわけではない。居住保障と住宅市場の関係について考えてみよう。

　今日の住宅市場が直面しているのはつぎのような需要構造である。人口の減少と高齢化、そして雇用劣化によって住宅需要の総量は減少している。かつ需要のなかで格差が広がっている。需要の格差とは、一方で需要の地域的な偏在という格差であり、他方で需要者のなかでの所得と支払能力の格差である。こうした需要の減少と格差が大都市でも地方都市でも住宅市場の二極分化を生み出している。

　この需要構造は市場にとっては与件であって、市場にこの需要構造を変化させる力はない。これに対して居住保障の制度や政策は、所得・支払能力の格差の是正をつうじて需要構造の変化に作用する。その意味で居住保障は住宅市場にとって安定成長の一つの条件たりうる。

□家賃補助と公的住宅供給

　借家政策において居住保障を達成する手段は、家賃補助と公的住宅の供給増加である。住宅ストックの「過剰」と「格差」の解決を住宅市場での再分配に期待するのであれば、何よりも必要な「市場の基盤整備」はこれである。

　第一に、正社員に対する住宅手当給付や限定的な住宅扶助給付を超えた、低所得者に対する一般的かつ恒常的な家賃補助制度を整備すべきである。2009年の国交省調査によれば、全国75自治体で民間借家に対する家賃補助が行われている。地域的には大都市から農村まで、補助対象は新婚・子育て世帯、高齢者、障がい者、1人親世帯など、多種多様な補助事業が行われている。しかし多くは自治体の独自事業で、国の補助事業は件数・金額ともわずかである。国からの補助を拡充し、家賃補助制度を多くの自治体に広げるべきである。

　第二に、公的住宅の供給増加によって借家ストックの質の向上を促進する。公営住宅やUR住宅の建設や借上げ・買取り公営住宅の供給を増加させる。さらに欧州諸国の社会住宅制度に学び、民間借家の供給に対して質の向上と家賃

引下げを条件とした公的資金援助に取り組むことである。公的住宅供給と家賃補助の双方がパッケージで展開されてこそ、民間借家市場でも良質で低家賃の借家の建設・供給という効果が期待できる。

　良質で安定した居住の保障という原則は災害からの住宅復興政策にも共通する課題である。東日本大震災・原発事故からすでに5年。被災者の居住再建が抱える諸困難を打開することは、居住の格差・貧困の解決と並んでわが国が直面している最大の課題である。その分析と対策については、日本住宅会議編『居住貧困と震災復興——住宅白書2014-2016』(ドメス出版、2016年9月刊行予定) をご覧いただきたい。

　　参考文献
　　稲葉剛［2009］『ハウジングプア——「住まいの貧困」と向きあう』山吹書店
　　大泉英次［2013］『不安定と格差の住宅市場論——住宅市場のガバナンスのために』白桃書房
　　佐藤慶一［2012］「家計から見た日本の住宅ローン市場の状況」住宅金融支援機構『季報住宅金融』2012年冬号
　　住田昌二［2015］『現代日本ハウジング史 1914～2006』ミネルヴァ書房
　　平山洋介［2011］『都市の条件——住まい、人生、社会持続』NTT出版

データで見る戦後70年　中小企業

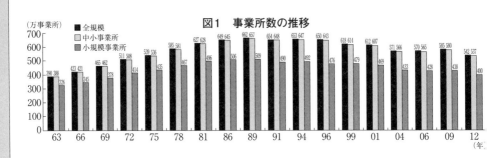

図1　事業所数の推移

表1　規模別従業者数　上段:実数(単位:千人)、下段:構成比(単位:%)

従業者規模＼年	1995	1996	1997	1998	1999	2000	2001	2002	2003	2004	2005	2006	2007	2008	2009	2010	2011	2012
4～9人	1,272 12.3	1,199 11.9	1,155 11.6	1,231 12.5	1,119 11.9	1,111 12.1	957 10.8	860 10.3	879 10.7	777 9.6	852 10.4	731 8.9	712 8.4	746 8.9	650 8.4	603 7.9	664 8.9	57 7
10～19人	1,061 10.3	1,036 10.3	1,007 10.1	1,021 10.4	971 10.4	938 10.2	976 11.0	921 11.1	894 10.9	870 10.7	792 9.7	824 10.0	849 10.0	819 9.8	765 9.9	742 9.7	708 9.5	72 9
20～99人	3,192 30.9	3,152 31.2	3,107 31.3	3,044 30.9	2,921 31.1	2,846 31.0	2,722 30.7	2,579 31.0	2,533 30.8	2,508 30.9	2,479 30.4	2,480 30.1	2,541 29.8	2,457 29.4	2,303 29.8	2,276 29.7	2,271 30.4	2,23 30
100～299人	1,897 18.4	1,879 18.6	1,881 18.9	1,834 18.6	1,776 18.9	1,776 19.3	1,739 19.6	1,664 20.0	1,675 20.4	1,696 20.9	1,712 21.0	1,743 21.2	1,800 21.1	1,767 21.1	1,639 21.2	1,640 21.4	1,554 20.8	21
300～999人	1,539 14.9	1,528 15.1	1,511 15.2	1,484 15.1	1,427 15.2	1,417 15.4	1,405 15.8	1,337 16.1	1,328 16.1	1,321 16.3	1,353 16.6	1,425 17.3	1,488 17.5	1,445 17.3	1,350 17.5	1,378 18.0	1,290 17.3	1,30 17
1,000人以上	1,359 13.2	1,309 13.0	1,276 12.8	1,224 12.4	1,164 12.4	1,097 11.9	1,067 12.0	963 11.6	918 11.2	944 11.6	970 11.9	1,022 12.4	1,127 13.2	1,131 13.5	1,029 13.3	1,026 13.4	984 13.2	13
4～299人	7,422 71.9	7,266 71.9	7,150 72.0	7,129 72.5	6,787 72.4	6,670 72.6	6,395 72.1	6,024 72.4	5,980 72.7	5,851 72.1	5,834 71.5	5,778 70.2	5,904 69.3	5,789 69.2	5,357 69.3	5,307 69.3	5,198 69.6	5,1 69
300人以上	2,898 28.1	2,837 28.1	2,787 28.0	2,708 27.5	2,591 27.6	2,513 27.4	2,471 27.9	2,300 27.6	2,247 27.3	2,264 27.5	2,323 28.5	2,448 29.8	2,615 30.7	2,576 30.8	2,379 30.7	2,404 31.4	2,274 30.4	30
合計	10,321 100.0	10,103 100.0	9,937 100.0	9,837 100.0	9,378 100.0	9,184 100.0	8,866 100.0	8,324 100.0	8,226 100.0	8,116 100.0	8,157 100.0	8,225 100.0	8,519 100.0	8,365 100.0	7,736 100.0	7,664 100.0	7,472 100.0	7,4 100

(出所) 中小企業庁「中小企業白書」2015年版。図1も同じ

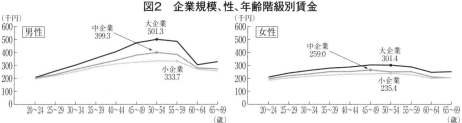

図2　企業規模、性、年齢階級別賃金

(出所）厚生労働省「平成26年 賃金構造基本調査報告」(2015年、2月)

　戦後の事業所数は、89年までは増加傾向にあったが、89年以降は減少傾向に転じている。これは中小企業も同様である（図1）。

　表1は規模別の従業者数の推移を示している。従業者数は90年代半ばまで増加基調で推移。中小企業の従業員の割合は95年時点で71.9％、2012年では69.4％と、ほぼ横ばいで推移。ただし、4〜9人の小規模は、12.3％から7.7％に減少している。小規模事業所の倒産・統廃合が進んだことが読み取れる。

　企業規模別の賃金を比較すると、いぜん格差が著しい。くわえて、男女の賃金格差は大企業ほど大きいことがわかる（図2）。

データで見る戦後70年　農業・水産業

表1　農産物の自給率と輸入量

(単位:%、カッコ内輸入量〔万t〕)

区分		1955	60	65	70	75	80	85	90	95	97	2000年
主要農産物の自給率	コ　　メ	109	102	95	106	110	100	107	100	103	99	95
	コ　ム　ギ	41 (266)	39 (266)	28 (353)	9 (462)	4 (572)	10 (568)	14 (266)	15 (548)	7 (561)	9 (599)	11
	雑　　穀		21 (151)	5 (355)	1 (602)	1 (747)	(1,283)	(1,422)	(1,600)	(1,598)	(1,608)	
	大　　豆	41 (77)	28 (108)	11 (185)	4 (324)	4 (333)	4 (440)	5 (491)	5 (468)	2 (481)	3 (506)	
	野　　菜	100	100 (2)	100 (4)	99 (10)	99 (23)	97 (50)	95 (87)	91 (155)	85 (263)	86 (239)	82
	果　　実	104 (2)	100 (12)	90 (57)	84 (118)	84 (138)	81	77	63 (160)	49 (360)	53 (427)	44
	肉　　類	100 (0.1)	91 (4)	90 (12)	89 (22)	77 (73)	81 (74)	81 (85)	70 (149)	57 (199)	56 (237)	52
	鶏　　卵	100	101	100	97	97	98	98	98	96	96	95
	牛乳・乳製品	90 (12)	89 (24)	86 (51)	89 (55)	81 (102)	82 (141)	85 (158)	78 (224)	72 (329)	71 (350)	68
供給熱量自給率			79	73	60	54	53	52	47	43	41	40
主食用穀物自給率			89	80	74	69	69	69	67	64	62	60
参考:穀物(食用+飼料用)		88	83	62	46	40	33	31	30	30	28	28

(出所)　暉峻衆三編『日本の農業150年』(有斐閣、2003年)、175ページ。『経済』2012年4月号

表2　農業就業人口の推移

(全国、男女計、カッコ内実数:1,000人)

	1960年を100とする指数				Aを100とする割合(%)		
	15歳以上の農家世帯員数(A)	就業人口(B)	農業就業人口(C)	Cのうち基幹的農業従事者(D)	B	C	D
1960年	100.0 (22,486)	100.0 (19,462)	100.0 (14,542)	100.0 (11,750)	86.5	64.6	58.2
65	91.6	89.4	79.2	76.1	84.5	55.9	46.7
70	87.2	87.4	70.5	60.5	86.8	52.3	43.0
75	80.5	78.3	54.4	41.6	84.2	43.7	36.3
80	75.9	73.0	48.0	35.1	83.2	40.8	35.4
85	73.2	69.9	43.8	31.3	82.7	38.7	22.3
90	62.6	60.4	38.9	26.6	83.5	40.1	22.2
95	57.2		33.6	23.6	82.0*	37.9	21.5
2000*	46.2		26.8	20.4		37.1	22.9

(出所)　表1に同じく『日本の農業150年』191ページ。『経済』2012年5月号

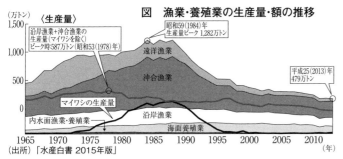

図　漁業・養殖業の生産量・額の推移

(出所)「水産白書 2015年版」

		平成25年(2013) (千トン)
合　　　計		4,791
生産量	海　面	4,730
	漁　業	3,734
	遠洋漁業	396
	沖合漁業	2,188
	沿岸漁業	1,150
	養殖業	996
	内　水　面	61
	漁　業	31
	養　殖　業	30

　戦後70年間、日本の農業は厳しい状況におかれてきた。熱量ベースの食料自給率は減少し続け、今は4割を切っている。表1の農産物ごとの日本の自給率を見ると、コメくらいしか守られていないことが分かる。TPPが日本の農業を壊滅させることは必至である。

　農業従事者は減少を続けている。農業従事者の推移をみると、60年は1454万人だったのが、2000年には4分の1に減少している(表2)。

　漁業も厳しい。1984年に生産量はピークを迎え、遠洋漁業、沖合漁業ともに、その後の減少傾向は著しい。2013年の生産量は479万トンと、84年の半分以下である(図)。

Ⅲ

変容する日本社会と
「新自由主義」

11　労働政策の戦後70年と「新自由主義」

牧野　富夫

　戦後70年にあたり、労働政策の歩みをふり返る。とはいえ70年といえば、ほぼ人の一生に匹敵する長さだ。それを網羅するだけの紙幅も能力もない。二点にしぼる。第一に、戦後7年近くに及んだ占領下の労働政策を、戦後70年の眼でみておきたい。以後の労働政策へ与えた影響が大きいと考えるからである。第二に、いつ日本の労働政策が「新自由主義」に感染し、以後の労働者状態がどう変わったのか、ふり返りながら考えたい。

（1）占領下の労働政策

　アメリカの対日占領政策（1945～52年）は、前半と後半に大別できる。「民主化」を基調とした前半と、「逆コース」・「反動期」の後半がそれで、対照的な前半と後半である。そうなったのは、つぎのような事情による。①占領政策の主体は日本を事実上単独占領した帝国主義国アメリカであり、その政策は連合軍（国）の総意によるのではなく、アメリカのエゴ・野望そのものであった。②ポツダム宣言の具体化・実施はタテマエにすぎず、ホンネはそれを隠れ蓑としたアメリカのアジア戦略・世界戦略の追求にあった。③中国革命の進展・中華人民共和国の誕生、米ソを軸とした「冷戦」の深刻化が、「民主化」を基調とした前半の占領政策を後半の「逆コース」へと暗転させた。
　少々敷衍する。連合国軍総司令部＝GHQの最高司令官ダグラス・マッカーサーは、天皇や日本政府の上に立ち超憲法的な権勢をふるった。そのような特権を連合国のなかでアメリカが独占できたのは、日本を敗北に追い込む過程で

史上初の原爆を広島・長崎に投下するなど突出した「貢献」があったからだ。その独占的地位が、上記の②と③を可能とした。

　当初アメリカは、日本資本主義の軍事的・経済的な弱体化を図った。財閥解体・農地改革・労働組合結成促進など一連の「民主化」政策は、その手段であった。中国市場をめぐる強敵（とくに地理的条件面で）として復活する可能性の大きい日本を、敗戦を機に「民主化」の名において徹底的に弱体化させること、これが「民主化」政策に託したアメリカの〝隠されたねらい〟であった。

　ところが、1948年になると上記③のような新たな国際情勢が出現し、アメリカの世界戦略上の〝日本観〟が逆転した。もはやアメリカにとって日本は、中国市場をめぐる「敵」ではなく、対ソ・対中の「熱い戦争」に備え前進基地・同盟国とみなされる存在へと変わった。そうなればアメリカは、重要な極東の戦略基地・同盟国としての日本を軍事的・経済的に強化しなければならない。こうしてアメリカの占領政策が〝逆転〟した。つぎにみる占領下の労働政策の展開も、このような占領政策の一環である。

□「民主化」下の労働政策・労働運動

　戦後まもなく（1945年10月）、マッカーサーが「五大改革指令」を発した。①婦人解放、②労働組合結成の奨励、③教育の自由化・民主化、④秘密的弾圧機構の廃止、⑤経済機構の民主化——がそれである。これにより、「政治犯の釈放、労働運動や社会主義的政治活動を弾圧した特別高等警察（特高）の解体、強力な権力をもっていた内務大臣・警保局長・警視総監・府県警察部長などの罷免、治安警察法などの弾圧法規の撤廃などを実現し、それまで日本国民の頭上にのしかかっていた重圧を取りのぞいた」[1]。そのような改革は、1947年5月3日の新憲法（日本国憲法）施行後、より確かな根拠をえることとなった。

　労働組合が法認（1945年12月公布、翌46年3月施行の労働組合法）され、労働者の団結権・団体交渉権・争議権（労働三権）が保障された。46年12月には、日本占領に関する連合国の監督機関＝極東委員会が「日本の労働組合に関する16原則」を決定し、労働組合の結成を奨励し、活動を保障した。ILO（国際労働機関）の基準により労働基準法が施行された（1947年）。これは「賃金、就業時間、休息その他の勤労条件に関する基準は、法律でこれを定める」とした憲法

第27条の具体化である。憲法を根拠法として、労働基準法など労働者保護法があいついで整備・拡充されたのである。

　占領軍が「労働改革」にとりわけ熱心であった理由として、上記のほか、つぎのような側面もあろう。戦前のような日本のダンピング攻勢を再興させないということである。戦前の日本は繊維など軽工業製品を極度の低賃金と長時間労働で生産し、低価格を武器とした輸出攻勢をかけていた。資本・企業がそのようなチープレーバー（安い労働力）を利用できた最大の理由は労働者の組織化がほとんど進んでいなかったからだ、という認識が占領軍には強かった。この認識は欧米の経験に立つもので、当否は別として、占領軍が「労働改革」でとくに労働組合の組織化を重視した理由として理解できよう。

　そのような労働政策の新展開のもとで、燎原の火のごとく労働運動が全国各地に広まり高揚した。敗戦時にゼロであった労働組合の組織率も破竹の勢いで上昇し、ピークの49年には55.8％に達した（この年にはすでに「民主化」が「逆コース」に転じていたため、以後は組織率が下がる）。戦時下の爆撃・空襲で多くの企業・工場が破壊され、そこへ各戦地からの復員や中国・朝鮮などからの引き揚げラッシュが重なり、失業者が約1000万人におよんだ。職をもつ労働者も日々高進するインフレと食料・住居などの欠乏で、飢餓・貧困の極みであった。実質賃金が戦前の約10％まで低下した。

　「たたかわなければ生きてゆけない」という緊迫した状況下で、GHQの「労働組合をつくれ」という指示・政策のなか、労働組合が雨後の竹の子のように誕生した。最初に立ち上がったのは、「戦争中もっともひどい虐待を受けた炭鉱、鉱山などの朝鮮人と中国人俘虜であった。敗戦後まもなくかれらが動きはじめ、10月はじめには、北海道夕張炭鉱や福島県常磐炭鉱で朝鮮人労働者のストライキがおこり、暴動化した」[(2)]。

　その一方で、敗戦により自信を喪失し、労働組合対策の経験も乏しい資本・企業は、空前のインフレ下で企業・工場を地道に稼動させるよりも、手持ちの原料・資材（隠匿物資）の値上がりを待つという戦術から「生産サボタージュ」策に走った。これに対して労働組合は自ら経営を管理運営する「生産管理」闘争・「業務管理」闘争という創造的なたたかいを展開した。

　その最初の例が「読売新聞」での争議であった。社内機構民主化や組合承認などを要求し、「新聞の自主管理」を宣言した。そのほかの要求もほぼ実現し

た（読売新聞第一次争議）。京成電鉄では、労働組合が一時無料で電車を走らせるなど、乗客の支持をえる戦法をとった。三井美唄炭鉱、日本鋼管鶴見製鉄所、古河電工横浜電線工場などでも「生産・業務管理」闘争が展開され、ひろく注目された。

　このようなたたかいは、資本家・経営者がいなくても企業は動くということ、労働者さえいれば生産活動ができることを天下に示す「未来社会の実験」でもあった。そのため財界・企業の危機感は強く、GHQもこれを許さず、まもなく「暴行・脅迫・所有権侵害等の違法行為を断固取締まる」旨の四相声明（内務・司法・厚生・商工）が発せられた。以後、労働者・労働組合は、未曽有のインフレによる狂乱物価のもと、ストライキを構えたオーソドックスな戦法で２倍・３倍の大幅賃上げを実現した。NHKでは労働組合が22日のストを敢行し、初めて長期間にわたり放送をとめた。

　石炭、金属機械、鉄鋼、映画演劇、印刷出版、東宝映画砧撮影所（東京世田谷区）などでもあいついでストライキ闘争に入った。「来なかったのは軍艦だけ」といわれた東宝争議はすさまじかった。進歩的映画製作の先頭に立っていた砧撮影所で組合幹部をふくむ270名の解雇が通告され、これに反対するたたかいが４カ月に長期化していた。そこにアメリカ軍が出動し、戦車７台、騎兵一個中隊、飛行機３機に守られた武装警官1800名によって撮影所が包囲された[3]。これは48年４月から８月にかけての「民主化」期の争議であったが、占領政策の本質的な反動ぶりが露呈している。

　国鉄・海員の９月闘争、産別10月闘争（このたたかいは、「電産型賃金」を生み出し、生活を重視した賃金体系のさきがけとなった）につづき、クライマックスは47年２月１日に設定された「２・１ゼネスト」であった。官公労働者の経済要求（賃上げ要求）から出発した闘争が、吉田内閣打倒、民主人民政府の樹立をめざした全国的な政治闘争へと発展した。民間企業の労働者も含めて多くがこれに結集した。だが、突入の前日、マッカーサーがこれを禁止する命令を発した。それは「連合国軍最高司令官として余に託された権限にもとづき、余はゼネストを決行せんとする労働組合の指導者にたいし、現下のごとく窮乏にあえぎ、衰弱した日本の実情において、かかる致命的な社会的武器に訴えることを許さない旨を通告し、かかる行動をとらざるよう指令した」というものであった。

このマッカーサーのゼネスト中止命令を占領政策後半の「逆コース」への転換の前兆とみるか、もともと占領下の「民主化」政策がもつ限界のあらわれなのか、判定が難しいが、ここでは一応「前兆」とみなす。いずれにせよ、「２・１ゼネスト」そのものは中止をよぎなくされたが、このたたかいが官業労働者の賃金水準（月額）を600円から1200円に引き上げ、産別・総同盟ほか労働組合の中央組織の協議体である全労連（全国労働組合連絡協議会）を発足させた。

□「逆コース」下の労働政策と労働運動

　労働政策の「民主化」局面から「逆コース」への転換は、すでに47年の「２・１ゼネスト」の中止命令（マッカーサー声明）や、48年の官公労働者のスト権などの剥奪（政令201号）などにその「前兆」がみられた。ついに49年には、「逆コース」への転換を明確に決定づけるような一連の事態が続発した。下山・三鷹・松川事件といった謀略事件が連続して引き起こされ、政府はこれらの事件が共産党員や国鉄労働者の仕業であるかのように喧伝し、国鉄での10万人もの（第一次と第二次を合わせて）人員整理を容易にした。
　なお、「逆コース」という表現の由来は定かでないが、「51年11月２日から『読売新聞』朝刊が『逆コース』と題するシリーズを連載し、政治・社会・風俗などの戦前・戦中への復古調を皮肉ってから流行語となった。戦後改革と民主化措置の逆転を意味しており、再軍備の進展、治安立法の再登場、中央集権的警察制度や政府による教育統制などがふくまれる」[4]。
　また同じ49年、「竹馬経済からの脱却」を吹聴するドッジ・プランが実施され、人員整理＝首切り「合理化」が全国に広がった。ドッジ・プランの本質は、「アメリカ帝国主義が日本独占資本を目したの同盟者として復活させるため、『合理化』『供出』『徴税』などによる労働者・農民・中小企業にたいする搾取の強化と労働運動をはじめ民主運動にたいする弾圧の強化とによって、ドル支配をかためるものであった」[5]。
　そのもとで100万人におよぶ労働者が職を奪われた。
　翌年（50年）には朝鮮戦争が勃発し、この国は米軍の文字通りの軍事基地と化した。レッド・パージが猛威をふるい、基地＝日本での階級的な労働運動や

共産党の活動が弾圧された。全労連もマッカーサーの命令で解散させられ、その幹部12名が追放された。レッド・パージ反対全国連絡センターの権田圭助事務局次長は「レッド・パージは、アメリカ占領軍の示唆を受けて、政府と財界が共謀し、強行したもので、戦後最大の人権侵害、弾圧事件です。その被害者、家族らは苦難な生活を強いられ、労働運動や民主的運動に大きな打撃を与えました。49年から51年にかけて、全国で推定4万人にものぼる共産党員、支持者、労働組合活動家が『企業・社会の破壊者』『公務を阻害する』と烙印を押され、一方的に職場から追放されました」と述懐する[6]。そのころが「戦後第一の反動期」といわれるゆえんである。

広義のレッド・パージについて、『日本の労働組合100年』（大原社会問題研究所編、旬報社、1999年）はつぎのように三段階に整理している。①48年～49年、米軍は直接・間接に雇用する日本の民間労働者から、日本共産党員とその同調者を強制的に排除する政策をとった。これはアメリカ本国における「赤狩り」の開始に対応している。②49～50年、経済安定9原則とドッジ・ライン下の企業整備・行政整理のなかで、共産党員とその支持者が、企業や官公庁・自治体から集中的に排除された。ただし、その場合の名目は、共産党員やその同調者であるがゆえだとされていなかった。③50～51年、文部省の示唆により全国の学校で、学校運営に非協力的であるなどの名目で、辞職を勧告するという形で事実上のレッド・パージが実施された。

また、朝鮮戦争勃発を目前に労使協調主義の労働組合の中央組織として総評（日本労働組合総評議会）が GHQ の強い意向で上から結成された。総評は反共民同幹部が指導する労働組合を全国的に結集したものであった。結成大会での「宣言」は、「日本共産党の組合支配と暴力革命的方針を排除し」、「自由にして民主的なる労働組合によって労働戦線統一の巨大な礎をすえた」としている。これは50年暮れに結成予定の国際自由労連への加盟を見込んだ泥縄式の結成ドラマでもあった。階級的な労働組合の国際的な結集体である世界労連と、これを割って新たに結成された労資協調主義の労働組合の結集体である国際自由労連との対立が、そこにも影を落としている。

以上、占領下の労働政策の「民主化」期と「逆コース」期（そもそも両期を画すボーダーラインは曖昧）をそれぞれみてきた。だが、「民主化」期であっても、非暴力に徹し整然とたたかっていた東宝争議の労働者にたいする米軍の戦

車や飛行機まで出動させた弾圧の異常をどう考えるべきか。労働政策の基本が反共・労使協調主義であり、この基準に反する労働者・労働組合にたいしては「民主化」下であっても鋭い牙をむき出す、ということなのだろう。米国内で47年にタフト・ハートレー法（「アカ狩り」法）が制定され、これが占領下の労働政策にも適用されたのかと思うほどの反動化であった。タ・ハ法は、組合役員に共産主義者ではないという宣誓を義務づけるなどひどいものだが、公務員労働者のストライキを禁じた部分は、日本での公務員のスト権を剥奪した48年の政令201号に通じる。

　なお、占領期にはじまり、いまなおつづいている労働関連の慣行がいくつかある。その一つが企業別組合である。この国の労働組合の企業別・企業内という独特な組織形態は、敗戦直後の特殊な条件下でうまれた。ところが、そのときの「特殊な条件」のほとんどが存在しなくなったいまも、「企業別」は日本の労働組合の支配的な組織形態として存続している。これまで何回も「企業別組合からの脱皮」が問題にされながら、大きな変化はないようである。非正規雇用が増大し、その組織化が企業別組合では困難であるという理由で、組織の横断化が非正規雇用の労働者などを中心に進んでいるが、これが主流になる見通しはまだ立っていない。「労使協調主義」の克服の課題ともからめて、改めて考えたい問題である。

　こうした問題への対応にあたっても、一人でも加入できる非正規労働者のための組合＝青年ユニオンや、戦争法案に反対して立ち上がったシールズ（SEALDs、自由と民主主義のための学生緊急行動）など若者たちの運動・たたかいに期待したい。かれらにはどんな壁も乗り越えて前進する情熱とパワーがある。「８・30国会大行動」などを共にし、つよく実感した。

（２）労働政策（国家政策）と「新自由主義」

　ここでは、日本経済の高度成長の破綻後、またニクソン・ショックで戦後IMF（国際通貨基金）体制の破綻後、この国でも「新自由主義」が台頭し、それが労働政策をとらえる経緯をみる。それには大まかにでも、日本の「独立」

から高度成長期までの労働政策の推移をスケッチしておかなくては、すでにみた占領期と話がつながらない。

　この国が「独立」した1952年に、破防法（破壊活動防止法）という弾圧法規が制定された。これは民主的な政党や団体の活動を、「暴力主義的活動」という名目で取り締まる、名うての治安立法である。これに対する反対運動が国民的規模で繰り広げられ、政府を追いつめたが、一部修正のうえ国会を通過した。施行後、支配階級にこの治安立法の本格的な発動を許していない理由として、制定時の国民的な大運動があったことが大きい。運動が同法を縛っている。運動の意義は深く多様であることを教えている。

　このような弾圧法規が制定された背景には、「単独講和」反対の運動の広がりにくわえ、共産党の活動や総評が「ニワトリからアヒルへ」の転換をとげ、労働運動がふたたび戦闘化したことがあった。また、警察予備隊（50年発足）が保安隊になり（52年）、さらに自衛隊へとエスカレートした（54年）という日米安保による再軍備強化があった。

　破防法の制定後も、52年の電産スト・炭労スト、53年の内灘基地反対闘争・三鉱連の「英雄なき113日のたたかい」、54年の日教組教育二法案反対闘争・近江絹糸人権争議など、労働者・国民のたたかいは続いた。55年に総評が春闘をスタートさせ、並行して砂川基地反対闘争、日教組勤評反対闘争、警職法反対闘争などを経て安保・三池闘争へと運動は発展した。

　こうしたなか、アメリカの支援で55年に日本生産性本部が設置され、「パイの理論」による「労使協調主義」の育成・普及が、政府・財界一体のキャンペーンとして大々的に展開された。これとタイアップして、安保・三池闘争のような全国規模の大闘争の再発を防ごうと、「ケネディ・ライシャワー路線」なる反共シフトが全国的にしかれた。それは共産党や労働運動の階級的潮流を「古典的マルクス主義」だと難じ、かれらを政治や労働運動の世界で孤立させ排除するという支配階級の反動的なたくらみであった。

　こうした支配階級のアクション・労働政策が一定の効果をもった背景には、労働組合の特定政党支持・反共主義があった。また、日本経済の高度成長があった。春闘で大幅賃上げが実現した。労働者生活にも電気掃除機・電気洗濯機・テレビなどが闖入（ちんにゅう）した。こうした現象の表面を切り取り、メディアがはしゃいだ。これがまた需要をあおり、高度成長（急テンポの資本蓄積）に拍車

をかけた。

　だが、60年代後半になるとインフレ・公害などが高度成長の矛盾として露呈するにいたった。70年代に入るとニクソン・ショック、オイル・ショックという形で資本主義の世界体制の〝ヒビ〟が表面化した。これへの対応として資本主義延命のためのエセ理論＝「新自由主義」が日本でも喧伝されるようになった。以下、労働政策を念頭に、その展開をみていく。

□イデオロギーとしての「新自由主義」

　「新自由主義」は、まずはイデオロギー（理論・思想）として生産され、存在する[7]。その形成期はかなり古く、ハイエクの『隷従への道』（1944年）、フリードマンの『資本主義と自由』（1962年）が出版されたころである。それが現実の政治・経済・政策をとらえ、自らを政策として具体化させたのは、80年前後からである（79年発足のサッチャー英国政権、81年発足のレーガン米国政権、82年発足の日本中曽根政権がトリオとされる）。

　それに先立ち、この国で「新自由主義」がイデオロギーとして台頭したのは1970年代初頭である（日本生産性本部の72年版「労使関係白書」＝『社会福祉実現への道』ほか）。その背景には、まず日本経済の高度成長の破綻など前記のごとく国内外での資本主義の矛盾の深化があった。ここでは、その代表的な一つである経済企画庁編『総合社会政策を求めて――福祉社会の論理』（1977年）を俎上にのせる。肝とみられる箇所を引く。

　「もともと我が国の社会政策は国家責任論の色彩が強かった。しかし、貧困や生活困窮が中心であったとき、有効に機能した国家責任論も、予防や治療が中心となってくると、現に限界が出てきている。さらに国家責任論は、家庭、地域、企業などの国と個人の間の中間項や個人を無視しがちであって、これらに正当な位置を与え、正しい機能をよりよく発揮できるようにしなければならない。すなわち、このミニマム水準の達成は、政府公共部門による基礎的な支持のうえに立って、あらゆるレベルの社会組織とその中での個人の自発性と責任において達成されるべきものである」（38ページ）。

　もってまわった表現に辟易するが、国民を騙す「ご苦労」のあらわれと観念し、コメントしよう。これは日本の伝統的な社会政策論を否定し、社会政策に

たいする国家責任を免責した「総合社会政策」論の提唱である。その思想が「新自由主義」に立つことは明白である。「自立・自助」、「小さな政府」の賛美を基本とした立論だから、である。立ち入って検討する。

　まず、冒頭の「もともと我が国の社会政策は国家責任論の色彩が強かった」というくだりが、この「理論」を方向づけている。これは憲法否定・憲法敵視の主張でもある。社会保障など国民にむけた社会政策＝公的サービスの施行・拡充は憲法（第25条）が国家に義務づけたもので、「国家責任論の色彩が強かった」どころか、国家が最優先すべきテーマである。

　つづく「貧困や生活困窮が中心……」の記述は、「貧困・生活困窮＝むかしばなし」論であり、これは高度成長期に支配階級がメディアも動員して意図的につくりあげた〝国民総中流神話〟にもとづく。現実を直視せよ、といいたい。

　さらに「国家責任論は、家庭、地域、企業などの国と個人の間の中間項や個人を無視しがち」という部分は、国家の社会保障責任を免責し、「自立・自助」を国民に押しつけるもので、「新自由主義」イデオロギーそのものだ。

　そのあとの「ミニマム水準」論は、ナショナル・ミニマムを「ソーシャル・ミニマム」と言い換えたナショナル・ミニマム破壊論である。お上に頼らず「共助」プラス「自助」で生活すべし、というお説教に説得力はない。「ナショナル・ミニマム」を「ソーシャル・ミニマム」とか「セーフティ・ネット」などと言い換えられるようになった70年代半ばが、「新自由主義」なる妖怪が徘徊しはじめた時期だとみて、大過あるまい。

　安倍晋三が自著でこれと同じことを披瀝している。「日本という国は古来、朝早く起きて、汗を流して田畑を耕し、水を分かちあいながら、秋になれば天皇家を中心に五穀豊穣を祈ってきた『瑞穂の国』であります。自立自助を基本とし、不幸にして誰かが病で倒れれば、村の人たちみんなでこれを助ける。これが日本古来の社会保障であり、日本人のDNAに組み込まれているものです」[8]。安倍と総合社会政策論のDNAは同じらしい。

□「新自由主義」の具体化としての臨調「行革」

　この国における「新自由主義」の具体化・政策化の第一号は臨調「行革」である。臨調「行革」について土光敏夫臨調会長（元経団連会長）が、行革審第

一次答申の会長談話で「行政改革は、21世紀へ向けての新しい国づくりの基礎作業と言うべき大事業だ」とうそぶいている。かれによれば、臨調「行革」がめざすところは、明治維新、戦後改革につぐ第三の「改革」である、とのことだ。たしかにそれは、80年代後半からの「経済構造調整」とセットで、「政府・財界の21世紀戦略」の二大支柱であった。

臨調「行革」の「基本答申」は、「21世紀における国家機構の改造」を正面にかかげ、つぎの二点を「基本政策」として打ち出している。

第一は、「経済大国」として「国際社会における貢献の増大をはかる」ということだ。これは、日米安全保障条約による「対米協調を基本とした国際貢献」を意味する。日米相互安全保障のために、軍事費とODA（政府開発援助）の面で積極的にアメリカに肩入れしようというわけである。これは結局、対米従属下で軍国主義復活を急ぐ、という宣言にほかならない。

第二に、国内的には「活力ある福祉社会の実現」をはかる、という。国家が国民の福祉に責任をもつ「福祉国家」から、国民も自ら福祉に責任を負う「福祉社会」に転換しなければならないと主張する。さきにみた「総合社会政策論」と瓜二つだ。この転換にくわえて、「活力ある福祉社会」は「民間活力」、すなわち民間資本の蓄積活動をより活性化させることによって実現される、ということである。これは福祉の市場化・営利化の追求であり、「市場原理主義」を全面開花させる「規制緩和」徹底の主張にほかならない。

こうした臨調「行革」の「成果」として、老人医療費の有料化（83年）、防衛費のGNP１％枠の見直し、国鉄の分割・民営化（87年）、マル優制度の廃止（88年）、消費税のスタート（89年）などがあり、国民を苦しめる悪政のオンパレードなのである。とりわけ、国鉄の分割・民営化の強行は、いくつものローカル線の廃止で住民の足を奪った。国鉄労働者を大量解雇で路頭に迷わせた。日本の労働運動に重大な負の影響を与えた。たたかう国鉄の労働組合を露骨に差別し攻撃した。日本の労働組合運動を弱体化させた。このような国鉄のたたかう労働組合つぶしは、臨調「行革」＝「新自由主義」改革のたんなる結果ではない。当初からねらわれていた。臨調「行革」の大きなターゲットだった。そうみてこそ辻褄があう。

85年の労働者派遣法の制定や、88年の労働基準法の労働時間部分の大改悪も、こうした臨調路線の理念を反映しつつ強行された。

労働者派遣法は当初、専門的な16業務（13プラス３）に限って例外的に労働者派遣を認め（ポジティブリスト方式）、派遣期間の上限は同一労働者について３年とした。ところが96年には対象業務が26業務に緩和され、さらに99年には派遣期間の上限を専門業務の26業務３年、その他は１年とし、紹介予定派遣まで解禁した（ネガティブリスト方式へ変更）。また、世紀が変わり04年から、専門業務の派遣期間の上限が廃止され、物の製造業務での派遣が解禁された。結果、派遣労働者が自動車や電機産業などで急増し、08年のリーマン・ショックでその多くが「派遣切り」され、09年は年越し派遣村で明けた。
　88年４月施行の労働時間法制の改悪は、もともと労基法第36条で抜け道のあった８時間労働制を、変形労働時間制の導入などで労働時間管理の大幅な「弾力化」を許し、労働時間法制をいっそう形骸化した。安倍政権のもとで、後述のとおり、派遣法と労働時間法に対する新手の攻撃がかけられている。
　このように「政府・財界の21世紀戦略」の強行は、労働者・国民に多大な犠牲を強いるものだ。だから当然、労働者・国民の激しい抵抗が予想された。そこで政府・財界は、これへの対策として一足先に労働戦線と政治戦線の反動的再編に着手した。それは、激しい抵抗・反対をどう阻止するかではなく、激しい抵抗そのものを起こさせない抜本策づくりであった。もっと欲深い。財界戦略へ労働組合を積極的に協力させること、そこまで射程にいれた労働戦線の右翼的再編と、共産党をのぞく「野党抱き込み」作戦だった。
　以下、この二点について概観しよう[9]。
　労働戦線の右翼再編は、米日独占資本の意を体した政府の労働政策の重要な柱である。その総仕上げは80年代であったが、少なくとも60年代半ばまで遡ることができる。
　まず、民間大企業で「労資運命共同体」意識を醸成して「労資協調主義」を徹底させた。これをベースに80年代をつうじて総評や同盟など在来の労働四中央組織を解消して新組織「連合」を結成すべく、全民労協（82年）、民間連合（87年）、連合（89年）と労働戦線の右翼再編の駒が進められた。
　駒を動かしたのは米日独占資本であった。理由は単純で、対米従属下で「政府・財界の21世紀戦略」を実現するためである。いま安倍晋三がその目的を〝自白〟している。「企業が世界一活動しやすい日本」をめざす、と。それは労働者・国民にとって「世界一暮らしにくい日本づくり」にほかならない。

このような労働戦線の右翼再編は、政治戦線の反動的再編を掃き清めるものであった。労働戦線における米日独占資本にとっての最大の〝邪魔者〟は、統一労組懇に結集し、のち階級的ナショナルセンター全労連を結成した勢力である。政治戦線における最大の〝邪魔者〟は、60年代来革新自治体の支柱となり、70年代には国政選挙でも躍進した共産党である（それを裏づけるように、60年代末に自民党元副総裁の川島正次郎が「70年代の、自民党の最後の相手は共産党になる」と警告を発していた）。これを防ぐために総評が友人である社会党の袖をひき、80年に「社公合意」（＝政治戦線での共産党排除）におよんだ。
　この間の事情を大原社研の前出『日本の労働組合100年』が詳述している。「この『社公合意』については、総評が深くかかわった。前年10月の総選挙後の社会党と総評との協議で、富塚事務局長は『社会党・総評ブロックを軸とする選挙闘争はこれが限界である』と述べ、『野党第一党の社会党と第二党の公明党との間で一致させて広範な協力関係の確立が望ましい』と強調した」。中略で「社会党は、この総評の申し入れを受け入れ、翌5日に緊急中央執行委員会を開いて『社公両党間で政権協議の場をすみやかにもつ』ことを決定したのだった」（425ページ）。総評の社会党一党支持は「社会党引回し」にいたったのだ。
　80年1月、「社公合意」が成立した。これが「戦後第二の反動攻勢」を本格化させた。

□労働者派遣法改悪と残業代ゼロ制度

　ここでは、雇用と労働時間に関する労働政策を取り上げる。雇用は「労働者派遣法の改悪」問題、労働時間では「残業代ゼロ制度」問題にそれぞれ限定して検討する。この二つは、いま安倍政権が改悪ないし導入しようとしている大問題で、その経過なども含めてみておく（本章脱稿直後の2015年9月11日に派遣法改悪案は、基本的にそのまま衆議院本会議で可決成立した）。

〈労働者派遣法の改悪〉
　80年代の前半まで、労働者派遣事業は禁じられていた。ピンハネの横行など戦前の苦い経験を繰り返さないためだった。ところが、85年に財界の圧力で、

それを一部容認する労働者派遣法が制定された。それは対象を「少数の専門性の高い業務」と「臨時的・一時的な業務」に限定した法律であった。この二つの〝しばり〟をかけ、「常用雇用の代替防止」が派遣法の大原則である。だが、しだいに〝しばり〟がゆるみ（規制緩和）、いまや「専門性の高い業務」が26業務に増大し、当初にくらべ大幅な増加になっている。それでも「臨時的・一時的な業務」という〝しばり〟はなんとか守られてきた。

　ところが、いま大原則を否定するような派遣法の大改悪がもくろまれている。改悪が強行されたら、専門性は問われなくなる。代わりに、派遣元に無期契約で雇われるか、有期雇用で雇われるかによって、派遣期間に差が出る。無期の場合、期間制限はない。「生涯ハケンOK」なのだ。有期の場合、一応「最長3年」という制限がある。しかし、派遣会社が3年ごとに労働者を入れ替えれば、いつまでも派遣労働者として使い続けることができる。また、派遣先企業で働く部署（部や課）を3年ごとに変えれば、同じ企業で同じ労働者を働かせ続けることができる。

　結局、いずれのケースでも、企業は派遣労働者を長期にわたって利用できる、ということだ。これは「常用雇用の代替防止」という派遣法制定の大原則を捨て去るもので、これまでの改悪とちがって本質的な改悪である。直接雇用への道として、「みなし制度」があると政府は宣伝しているが、改悪によりその条件（期間制限超過という違法行為）そのものが発生しなくなるので、この制度は有名無実となる。

〈残業代ゼロ制度〉

　財界は、企業イメージを損ねず追加搾取の道を探った結果、「残業代ゼロ制度」（これは制度の本質をあらわした表現。「高度プロフェッショナル制度」が正式名称。第一次安倍政権で法案提出が準備された「ホワイトカラーエグゼンプション制度」と同じもの）を制度化・導入する構えである。名称は変えたものの、残業や深夜労働を追加賃金なしで「働かせ放題」にするという中身は、まったく前と同じである。ただ、抵抗をそらすために、対象者を「年収1075万円以上」と設定し、それ以下の賃金層には「無関係」と思わせ、労働者を分断しようとしている。しかし、推進者の魂胆は「小さく産んで大きく育てる」というもので、ひとたび導入されたら次々と対象が広がることは疑いない。

また、「残業代ゼロ制度」の特徴とされる「賃金を時間ではなく、成果で決める」という点も大問題である。これは事実上、「近代賃金労働」制度を根本から否定し、「近代奴隷労働」に変質させるものだからである。資本主義社会の賃金労働者は、自己の労働力を「時間決め」で売り、その代価である賃金で生活している。一日の労働時間が何時に終わるかあらかじめわからなければ、生活時間の予定も立たず、人間らしい生活が根底から掘り崩される。さらに、「賃金を時間ではなく、成果で決める」論は、ドサクサにまぎれて「成果主義賃金」の全面化をねらっている。

　以上ここでは、安倍政権下の派遣法改悪と残業代ゼロ制度策動について、その内実・ねらいを明らかにしたが、これは労基法などの母体である憲法に対する攻撃でもある。憲法を守るには、憲法の重要性を主張するだけでなく、憲法を根拠法とする労働法制などの改悪を許さず、徹底的にたたかうことであろう。

おわりに――「新自由主義」の本質

　いま私たちは資本主義社会で暮らしている。しかし、人類はずっと資本主義社会で生きてきたわけではない。原始共同体、奴隷制社会、封建制社会という、いくつもの社会体制を経験してきた。遅速に多少の差があっても、どの国もそのような歴史をへて、現在の資本主義社会に到達している。ということは、このような歩みが恣意的な体制選択の歴史ではなく、法則に導かれた必然の歴史であることを示している。

　人びとは一つの社会体制のもとでも、知恵をだしあい、さまざまな工夫をこらし、生産力を上げ、よりよい社会を追求してきた。しかし、一つの社会体制＝生産関係のもとでは、それ以上の生産力の発展が見込めない限界に突き当たる。そこで、つぎの新たな社会体制＝生産関係へとジャンプし、その新しい環境＝生産関係のもとで、いっそう生産力を高め、社会を高度化させる、という営みを繰り返してきたのである。

　このような人間社会の歴史の一コマである資本主義社会にも、独自の展開がある。一つ前の社会体制＝封建制社会から転じてまもない初期資本主義の段階、自由競争が支配的な産業資本主義の段階、自由競争が生み出した独占資本主義

という段階が、その基本である。20世紀になって資本主義は独占資本主義の段階に入り、それがさらに第二次世界大戦後には国家独占資本主義＝現代資本主義とよばれるステージにすすんだ。

　そこでは、国家が生産・流通・消費ほか国民生活のさまざまな面にわたって関与・介入する相対的に「大きな政府」とならざるをえない。そうした国家の関与・介入なしには、資本主義社会の管理・運営ができないのである。いくら国民が「自助・自立」で生活しようと思っても、一部の支配階級は別として、「自助・自立」ができない社会になってしまったのである。「自助・自立」論と「自己責任」論は裏腹の関係にある。「自助・自立」ができない人は、ホームレスになったり、自殺したりして「自己責任」をとらされる。国民の多くがそんな状態に追い込まれたら、その社会そのものが破綻に追い込まれる。

　こうした歴史上の現実＝必然の社会を無視して、「市場原理主義」の〝哲学〟にもとづき「自立・自助」そして「小さな政府」を主張し、その実践を迫っているのが「新自由主義」であり、その実践者にほかならない。かれらはテロリスト顔負けの破壊主義者である。上述のように、人間社会は段階を踏んで歩んできた。「老化した現代資本主義」を青年期・壮年期の自由競争段階に戻したくても、歴史の歯車は逆には回らない。「老化した社会」に愛想をつかしたら、道はただ一つ、未来社会へジャンプすることだ。

註
（1）竹前栄治『占領と戦後改革』（岩波ブックレット、1988年）、21ページ。より詳しくは竹前栄治『アメリカ対日労働政策の研究』（日本評論社、1970年）。
（2）塩田庄兵衛・中林賢二郎・田沼肇『戦後労働組合運動の歴史』（新日本出版社、1970年）、30ページ。
（3）同上、94〜95ページ。
（4）法政大学大原社会問題研究所編『日本の労働組合100年』（旬報社、1999年）、258ページ。
（5）『社会科学総合辞典』（新日本出版社、1992年）、472ページ。
（6）労働者教育協会編『学習の友別冊　戦後70年と憲法・民主主義・安保』（学習の友社、2015年）、74ページ。
（7）「新自由主義」の理論・歴史については、友寄英隆『「新自由主義」とは何か』（新日本出版社、2006年）が丁寧で、わかりやすい。
（8）安倍晋三『新しい国へ──美しい国へ完全版』（文春新書、2013年）、245〜246

ページ。
（9）政府・財界の21世紀戦略と労働戦線の右翼再編についてトータルに究明した文献として、辻岡靖仁・高木督夫・戸木田嘉久・黒川俊雄『これからの労働組合と日本』（大月書店、1989年）がある。

12　戦後70年と日本の教育の行方
——「戦後社会」の根本的改変と新自由主義教育改革

佐貫　浩

　2000年代に入ってからの新自由主義的教育改革による教育の構造的改変の結果、日本の教育は、かつてない姿を現しつつある。この変容と出現しつつある公教育の姿をとらえ直し、今私たちは、教育をどのように把握し、対抗の構想をどのように提起すべきかを考えてみたい。

（1）「戦後社会」期と「戦後社会」の根本的改変期という把握

　今日の日本の教育を理解する上で、戦後70年の教育の展開史をどうとらえるかが大きな課題となる。時期区分については**表12**を示しておく。
　この構図で強調したい点は、戦後70年間を、1945〜1993年の「戦後社会」期とそれ以降のおよそ20年間の「戦後社会」の根本的改変期とに大きく二分するということにある。「根本的改変期」は、明らかに「戦後社会」期の展開が生み出した矛盾——グローバル化の下での世界的経済競争力の喪失という矛盾——への対応策として、その社会構造を根本的に組み替えるものとして登場している。その改変の理念が新自由主義にほかならない。
　「戦後社会」期は、高度経済成長と55年体制の保守と革新の対抗をとおして形成された。その基本構造は、企業社会として把握され、同時に憲法第9条によって軍事的展開を抑制された社会であった[1]。その構造の下で、日本は、朝鮮特需やベトナム特需という「恩恵」を受けつつ、1億総中流とも称される

表12　戦後70年の教育をめぐる時期区分表

	「戦後社会」期			「戦後社会」の根本的改変期	
時期区分	第一期　1945〜1955(注1) ・戦後改革とそれへの逆流の対抗 ・「民主化」vs「国家主義への復帰」	第二期　1955〜1993 55年体制と高度経済成長期(注2)		第三期　1993〜現在 グローバル化の下での新自由主義の展開	
		1955〜1975 高成長期	1975〜1993 低成長期	1993〜2006 「市場化、規制緩和」期(注3)	2006〜 公教育の全面的改造期
教育における競争の基本性格	抑制された教育	競争の教育 （開かれた競争）(注4)	競争の教育 （閉じられた競争）	階層化された競争	
教育と権力の関係	・教育の自由の実現、民主化vs国家統制化 ・公選制教育委員会	・任命制教育委員会 ・「国民の教育権」vs「国家の教育権」		・教育の市場化と規制緩和	・2006年教基法改悪 ・教育の目標管理体制 ・教育委員会法改定（2014）
雇用		・終身型雇用 ・年功型賃金 ・企業内組合		・日経連「新時代の『日本的経営』」方針—格差と非正規雇用の拡大	
ナショナリズムと歴史認識	「戦争反省」vs「復古主義」	・経済的ナショナリズム ・1980年代—「侵略」の再検証		・「歴史修正主義」の登場 ・「侵略」認識の争点化 ・1999年「国旗国歌法」制定	
進学率 （文科省データによる）	・高校 1950-42.5% ・大学 1955-10.19% （含−短大、以下同じ）	・高校1974-90.8% ・大学1960-10.3% 　　　1970-23.6% 　　　1980-37.4% 　　　1990-36.3%		・高校2000-98.0% ・大学1995-45.2% 　　　2000-49.1% 　　　2010-50.9% ・高等教育機関進学率 　　　2010-79.7%	
教育矛盾の性格	・戦後の貧困 ・平和の探求	・落ちこぼれ、学習嫌いの増大 ・競争の激化	・競争の早期化 ・教育病理噴出 （不登校、いじめ、学級崩壊等）	・若者の社会排除 ・格差と貧困と教育の悪循環 ・命と平和の危機 ・公教育の格差化と貧困、自由の剥奪	

(注1)　第一期の終わりを政治的指標としてサンフランシスコ体制の出発（1952年）におくことも可能であるが、ここでは高度成長の開始と、55年体制の出発という指標で、1955年とする

(注2)　第二期の終わりをどこに設定するかは、設定指標によって、5年間ほどの幅がある。グローバル化を含む世界的な政治的区分を重視するときは1989-91年、55年体制の終結という意味では1993年（自民党政権の崩壊）、意識的な新自由主義政策の採用という点では第二次橋本内閣（1996年）、経済的にはバブルの崩壊1993年、雇用政策の転換では1993-1995年などを挙げることができる。ここでは一応の区分として1993年とする

(注3)　新自由主義政策の展開を2つの期に区分するとき、その転換点をどこに置くかは、取り上げる指標によって多様となる。権力による公教育の新自由主義的な包括的構造改変は石原都政下で2000年代に入って推進され、2003年の国旗国歌への忠誠を強要したいわゆる「10・23通達」もその一環である。国家政策レベルでは、第一次安倍内閣時の教基法改革（2006年）、学テ実施（2007年）を転換点としておきたいが、その後民主政権への「交代」が起こり、第二次安倍内閣（2012年末）からの本格的な展開を見る

(注4)　「競争の教育」の性格による戦後教育の時期区分については、久冨善之氏の提起に依拠している。本文参照

高度経済成長を遂げ、豊かな先進国として、高い人権や労働権の水準、世界の平均以上の平等社会を実現した。確かに、1970年代後半以降の低成長下で矛盾が激化したが、強固で安定した戦後社会の政治・経済構造の下でのやむを得ない矛盾として、「戦後社会」の基本構造の改変自体は切実な課題とはならなかった。しかし90年代半ばから、このような「戦後社会」の構造の大改変なしには日本のグローバル資本の未来がないとして、一挙に激烈な新自由主義的社会改変が断行された。明確な新自由主義に変身した自民党が小泉内閣として出現し、「規制緩和」のスローガンの下に人権や労働権の切り下げ、雇用の格差化、非正規化を推進した。その結果、一挙に賃金格差、若者の貧困、ワーキングプアが拡大した。

しかしそれは、国家権力と国民との関係を、一挙に不安定化した。格差貧困の拡大、新規学卒採用による終身型雇用への参加回路の収縮、社会排除の増大とその「自己責任化」、等々。その矛盾を覆い隠すために、国民の声が政治に反映する民主主義の回路を封じ、国民統合のイデオロギーとしてナショナリズムを強力に利用し操作するようになった。そして政府の政策形成過程に、財界人やそれと結びついたイデオローグを多用し、安倍内閣においては靖国派のイデオロギー勢力を各所に配置するようになった。さらに加えて、アメリカの主導する世界支配の戦略に軍事力を持って参加する集団的自衛権の行使へと踏みだし、憲法改正へも挑戦しようとしている。

1990年代後半からのおよそ20年間、「戦後社会」の国民国家体制を、グローバル資本の世界競争戦略と、その覇権的管理者アメリカの世界戦略に全面的に従属、協力する国家体制へと組み替えようとしている。新自由主義の理念がそれを主導している。日本の公教育の戦後70年間の歴史、その時期区分も、その変化を踏まえて把握される必要がある。

（2）新自由主義の20年間の「教育改革」の帰結

「戦後社会」の根本的改変期の20年間に、教育はどう組み替えられてきたか、またそれが、「戦後社会」期のいかなる改変となるのかを検討しよう。

□雇用構造の激変と学力競争の意味の変容

　それは、第一に、雇用構造の激変に連動して、学校教育の性格が正規雇用を獲得するための競争の場へと変化したことである。高度成長時代には、新規学卒採用慣行の下、多くの若者が、正規雇用（終身雇用、年功型賃金）へと橋渡しされていった。しかし1993年のバブル崩壊から非正規雇用が拡大し、95年の日経連の「新時代の『日本的経営』方針」に沿った格差的雇用（①「長期蓄積能力活用型」の正規雇用と②有期の「高度専門能力活用型」、③「雇用柔軟型」の非正規型雇用に区分）が展開され、非正規労働者は、流動的労働力市場と低賃金の短期非正規雇用との間を繰り返し往復する事態が出現した。若者をその正規か非正規かに配分する競争として学力競争が機能し、非正規雇用に入るのは個人の学力の弱さのせいであるとする自己責任イデオロギーが強まった。そのため、生涯を貧困と社会排除にさらされ続ける社会的弱者をその底辺に生み出す苛酷なセレクションの場へと学校が変化した。

　戦後を競争の性格で時期区分した久冨善之は、①「抑制された競争」期（1945～50年代後半）、②「開かれた競争」期（60年前後～70年代半ば）、③「閉じられた競争」期（70年代半ば～90年代初頭）、④「階層化した競争」期（90年代半ば～今日）の４期に戦後を区分した[2]。

　①～③期は私のいう「戦後社会」期に対応し、④期は、新自由主義の下での「戦後社会」の根本的改変期に当たる。その最も大きな特徴は、階層化された競争の底辺に、社会排除がセットとなった底辺階層が組み込まれたこと、そして雇用格差や貧困と子育ての格差と教育の競争が連動し悪循環する社会排除スパイラルが起動したことにある。現代の学校病理、子どもたちの学校ストレスの拡大は、このことと深く結びついている。

　現代の学校改革の第一の課題は、成長する世代の学習・教育の場を、この過酷で多くの子どもの未来への希望を奪う関係の中から脱出させることにある。それは何よりも、新自由主義的な雇用政策を転換することによって、若者に人間的に生きられる労働の場を権利として保障することと、貧困をなくする強力な福祉政策の実現によってこそ可能になるものである。

□教育に対する市場的管理と民営化の展開

　戦後教育改革は、戦前・戦中の複線型学校制度体系への反省から、完全な単線型の6・3制を実現し、またその改革の基本に、民主主義が組み込まれた。思想信条の自由と学問の自由を基本とした憲法の下に制定された1947年教育基本法は、権力と教育との関係を律する「不当な支配の禁止」「教育の直接責任性」「教育の条件整備義務」を規定した。

　いわゆる「逆コース」の起動する中で、再び国家による教育統制が強まっていくが、それに対抗するたたかいが組織され、家永教科書訴訟が展開され、国民の教育権論が提起され、教育の民主主義を大きく推し進めた。教育の公共性の基本は、憲法的自由と民主主義の実現にあるとして、教育運動や教育実践が展開された。しかし同時に、教育の現実は、高度経済成長の中で明確な形をとることになった企業社会の仕組みの下で、「競争の教育」[3]へと組み替えられ、学校病理が噴出する状況へ変化していった。

　このような矛盾を肥大化させていった「戦後社会」期の公教育の仕組みを改変する政府の動きは、中曽根内閣時代の臨時教育審議会から始まった。しかしその具体的展開は、日本型雇用を大きく改変する必要が明確に意識された90年代半ばからのことであった。90年代末には、新自由主義の「市場の論理」が持ち込まれ、学区の自由化による学校選択制が東京の足立区や品川区などから始まった。導入された自治体では、学校格差が拡大されていった。政府の提示する学校達成目標を指標として市場で競争させることによって、公教育を国家が管理する新たな仕組みが組み込まれた。日本の場合、現状では、学校選択制はいったん拡大がストップしているが、義務教育学校などの小中一貫校の設置（学校教育法の改正、2015年成立）に連動して再度拡大に転ずる可能性もある。

　民間資本による学校設立は、未だごく少数にとどまってはいる。しかし日本の場合、すでに民間の教育産業が蓄積しつつある教育のビッグデータ、受験産業の展開を通して蓄積したカリキュラムや教育方法、受験対策指導のノウハウ、膨大な指導スタッフの組織化と指導技術の訓練システム等の点で、世界的に見ても最も強力な教育資産を蓄積しつつある。加えて、教育のための電子システム開発の動向も結びついて、日本の教育産業は、公然と公教育を教育サービス

の市場として独占的に支配する機会をうかがっている。

　この変化は、教育の内容や価値を誰がコントロールするかという問題に根底的変容を引き起こす可能性をもっている。例えば、はたして塾産業は、本当の意味での主権者教育に関心をもつことができるのだろうか。受験産業は、おそらくグローバル資本の人材戦略に対して敏感に反応し、それに応じるカリキュラムを開発するだろう。学力テストシステムと受験産業とは相互に循環的に強化し合うだろう。国と自治体の学力テストのほとんどが何らかの形で、受験産業によって担われている。すでに塾・受験産業による学校教育への指南や教員研修の引き受けが始まっている[4]。

　しかし、このような子どもの教育権を担うサービスを提供する民間資本を、国民が統御する回路はあるのだろうか。教育の主権者は誰かが、民営化の中で、すっかり組み替えられる危険性がある。ベネッセのような教育産業が、日本の公教育を支配し、その内容と方法を中心的に開発し、教師も民間企業の社員として会社の目標とマニュアルに従い、利潤を獲得する戦略にそってその教育文化資産が資本に私的に占有されるという事態が現実化する可能性も否定できない。はたしてそういう企業の支配する公教育が出現しても良いのか。その時、子どもの学習権保障はどう担保されうるのか。教育権は誰が掌握することになるのか。資本の経営する学校が公教育を商品として提供するようなアメリカの教育の現実を、日本の明日の教育のモデルにしてはならない[5]。

□教育基本法の改悪と目標管理システムの整備

　学校教育の内容や達成を、政府や財界の要求に沿ったものへ組み替えていくための教育内容に対する緻密かつ強権的な国家的管理のシステムが作り出されてきた。それは、「戦後社会」期の権力の教育支配の手法とは異なるものとして出現しつつある。その根幹に教育基本法の改悪（2006年）がある。

　それは、①教育基本法に教育内容の価値方向を統制できるような「教育の目標」規定（第2条）を置き、②学習指導要領でそれを詳細に具体化し、③文科省による一方的な学習指導要領解釈にもとづく教科書検定を行い、④教育振興基本計画で子どもや教師が達成すべき学力や人格成長の目標を数値すら伴って押しつけ、⑤加えて首長や教育行政が直接教育内容や授業に干渉・監視し、⑥

校長やその下にある主任グループによる命令と統制で上からの目標達成を指示監視する学校管理体制を作り、⑦その目標実現のためのPDCAサイクル（plan-do-check-action）を組み込んで、教師に目標達成を自主的に工夫させ、⑧その達成度が人事考課され、その評価が給与や昇進に反映され、⑧子どもは学力テストでその達成度を評価される、という仕組みである。

　これは、企業的目標管理システムを応用して、①NPM（ニュー・パブリック・マネジメント）という教育行政が実現すべき価値を統制するシステム、②学校教育の教育内容・価値の管理システム、③人事考課という労働者（教師）管理システム、④子ども自身の達成度管理システムの四つが、一段と権力性を強めた国家および地方自治体、学校管理職層の支配の下で統合された支配のメカニズムである。

　それは、資本と権力の利潤に沿って教育に関する人間の行動と価値観を管理する目標管理権力を構成している。その下での今日の教育統制の特質は、その剥き出しの権力性とともに、教育＝学習活動のすべてのプロセスに、上からの目標を実現する忠誠と自発的創意をどれだけ注ぎ込んでいるかを緻密に評価する仕組みを埋め込んだことにある。そしてその評価の目によって、教師と学校の一挙手一投足が監視・管理される状況が作り出されたのである。

　この目標管理権力による統制は、新自由主義社会の人間統制の一つの基本パターンと見て良い。ミシェル・フーコーは、「生政治」という概念を提起したが(6)、彼は、新自由主義政治が、市場で競争する主体としてのホモ・エコノミクス（経済人）を作り出す環境管理の統治技術として展開すると捉える。競争の環境とは、「失業の放置」、「不平等の必要」、「（平等化に向けた）所得移転政策の禁止」、「社会政策の個人化、民営化」などである。その環境の下で、ホモ・エコノミクスは自らの労働力を「資本」ととらえ、市場競争でその資本からより高い利潤を引き出すために、自己の資本の価値を高めようとして自分への教育や養育に自らの財をより多く投入する。かくしてホモ・エコノミクスは、市場における活力ある競争主体へと形成される。そして環境管理の統治技術は、人間の「生」のすべてをコントロールする「生政治」という質を獲得すると把握する。

　日本の場合、確かに権力による剥き出しの統制という側面が前面に出ているが、新自由主義の中心的方法は、社会の労働と生活の中に競争の場を広範に作

り出し、人々の「生」を包囲して、自己責任の競争で生きる以外にすべがないと決意して行動する競争主体を生み出す統治技術にある。新自由主義は、資本の利潤獲得の論理で再構成された生活空間に個人を自ら積極的に参加させていく「主体化の権力」として機能している。教育の場でも、教育関係者を無限に競争的に生きさせる目標管理の仕組みが形成され、その競争が全体としては資本の利益に沿った国家的な教育目標を実現していく忠誠競争として展開する仕組みとなっているのである。

　国民の教育権論は、教育の自由の世界が権力によって弾圧、抑圧されることを批判し、それと闘う理論として、多くの教育関係者が感動をもって受け止めてきた。しかし今、国家権力の支配は、教育に関わる人々の行動を評価し制裁と賞罰を与える目標管理権力として、日々の教育の営みの一つ一つの過程を監視し、方向付けるものとして機能している。それに抗う者の行為は、提起された目標を達成しようとして「自主的」な工夫をも発揮する人々のPDCA実現の共同的努力に敵対するものとして、周囲の人々の眼差しに内在化された監視によって孤立化させられるという相互監視メカニズムが働いている。

　そのため、最近の学力テスト体制は、権力が方向づけた学力の質に向けて、教育実践と子どもの学習の質を同化させる価値的忠誠競争としての質をも強くもつに至っている。OECD（経済協力開発機構）のPISA（Programme for International Student Assessment）テストは、学力調査のためのテストとして開発された面もあったが、グローバル競争のための人材育成に向けて各国の子どもと教育現場の達成度を目標管理するシステムとして機能している。特に日本では、悉皆（しっかい）調査であること、学校毎の達成度を競わせる意図をもって機能させられていることなどがそういう性格を強めている。またそのため、毎年異なった問題をつくる必要が生まれ、比較調査が困難となり、結局学校や自治体間の学力順位がこの調査の重要な指標となり、いわばコンクール化し、反教育性を強めている。

　またPISAテストの初発の理念には、数値化できるリテラシーのほかに、共同性や目的性などが組み込まれた学力概念（コンピテンシー）も提示されていたが、日本の学力テストへと組み込まれる過程で、学力競争を強化する方法の上に乗っかってPISA型学力テストが実施され、その結果、日本型受験学力を強化する性格を併せもったテストという性格を強めた。加えてそのような学力

テストに人格を方向づける目標を組み込み（例えば「生きる力」という学力概念など）、それを PISA 型学力の創造的発展だと主張する危うい傾向——人格を目標管理するテスト——への危険な傾斜も組み込まれつつある。

□格差を生み出す教育システムと学力観

　新自由主義は、極めて格差的な人材養成を求める。その背景には、グローバル資本の世界競争のための極めて差別的かつ利己的な労働力要求がある。
　世界競争に勝ち抜くためには、第一に、商品の生産に直接携わる安価な一般的労働力、グローバル資本の商品とサービスの普及、流通、販売戦略を推進していく膨大かつ安価な労働力が求められ、第二に、世界競争に勝つことのできる技術開発と経営管理能力を持った高度の知的能力が不可欠となる。第一の労働分野の国内労働者は、発展途上国の低賃金雇用とフラットな労働力市場で競争させられ、また、海外への商品生産のアウトソーシングにもさらされ、低賃金、非正規労働化が進む。第二の労働のみが、圧倒的な不足状況におかれ、高賃金を給付される。その結果、全体としては世界レベルでも、一国内でも、賃金格差が拡大し、労働力市場の底辺に労働力の過剰と失業が広まる。
　重要なことは、グローバル資本とそれに一体化した新自由主義政府の視点から、高利潤獲得戦略の対象にならない産業領域への投資が縮小され、そこで生活が成り立たなくなる労働と産業の「空白」——「過疎」、「限界集落」、産業崩壊、失業などに襲われる地域と領域——が出現することである。そしてそのようにして作り出された「空白」の出現が、あたかも自然現象であるかに捉えられ、多くの若者がまっとうな労働につけないことが、グローバルな競争環境に対応できない個人の学力の弱さ、競争力の欠如の自己責任であるかに見なされるのである。
　労働力と学力はどう関係するのかということ自体は、複雑で難しい問題を含んでいるが、ここではあえて、労働能力＝学力として話を進める。そうすると、すべての人間の労働力は、その労働力の再生産（すなわち人間としての生存）を可能にする賃金を支給されなければならないということになる。ということは、すべての学力は、誇りある生存を支えることができる誇りある学力として、正当な給与に値するものとして処されなければならないし、その結果、それぞれ

の学力は、その人間の誇りを実現する力として、個々人にとってかけがえのない、自分にとって愛しいものとなることができるということを意味する。

　一体何が言いたいのかと思われるかもしれないが、第一に、学力競争によって底辺におかれた人間の学力は、生存を支える価値を生産できないとして、人間的な生存を支えられない低賃金が当然とされることの不当性である。

　第二に、いかなる学力も本来価値を生産することのできる力であること、いかなるレベルの学力もかけがえのない人間的な能力、自分をも社会をも豊かにする力として人間の存在の価値を実現する力をもっているということ、にもかかわらずそのことが否定され、競争の順位の低い学力所有者は、価値を生み出す労働の場から排除されることは不当だということである。

　第三に、「学力向上」という教育政策のスローガン——学力競争で勝ち残ることのできる高い学力を獲得させることが学力問題の解決方法であるという対処方法——は永遠に学力問題を解決し得ないということである。新自由主義の、学力格差を根拠として、底辺の学力は正規雇用に値しない、ワーキングプアになるのも学力の低さに原因がある、まっとうな雇用に値しない労働力の低さが問題なのだという「学力観」こそが、今日の学力問題の本質を隠しているのだ。

　人間の経済的な価値は、労働者では、労働力としての価値として計られる。誤解を恐れずいえば、確かに、人間の値打ちや教育の目的を労働力形成の側面だけで判断することは不当だとしても、教育の目的の一つを労働力の形成という側面で把握し、その側面においては人間の価値を労働力への評価として行うこと自体が間違いであるわけではない。そこで決定的に重要なことは、労働能力としての評価において、すべての人間が、生存に必要な価値を生み出す労働（能）力の所有者として評価されねばならないということである。

　いささか、強引な論理だと思われるかもしれない。しかし、新自由主義社会が作り出した労働力の差別と切り捨てこそが、いま私たちが解決しなければならない教育と人間評価における焦点的課題である。補足すれば、労働力として経済的価値を生産する能力は、生物学的な個人の孤立した能力で直接決まるものではない。今日では、蓄積された膨大な富（システムや機械などの固定資本、知識や技術、コンピュータなど）と人間の力との結合として、そして多数の労働者の共同の力として生産力が決定される。その意味では現代人の富の生産力は、史上最高のものとなっている。

今日では、底辺の学力であっても、その生産力は大変高いものであろう。にもかかわらず、学力が低いとなぜワーキングプアになって、生存権を支えられない現実があるのか。なぜ能力が低い学力は生産に参加する値打ちがないとされるのか。それはグローバル資本の世界的な利潤獲得戦略から見た偏見ではないのか。現代日本の膨大な富の生産は、すでに今、すべての労働力（学力）が、労働の場を得て、生存権を豊かに実現することが可能な水準を作り出しているのではないか。新自由主義という独特の、差別的な、富をグローバル資本とその意に沿った政府が一方的に世界競争のために占有し独占的に活用・投資する社会と経済システムが、そういう可能性を見えなくしているのではないか。そのことを見通さない限り、世界競争の下で、日本が勝ち残れない、だから国民は低賃金で我慢しろというイデオロギーを打破することはできないのではないか。

　新自由主義の政策では、世界競争に勝利するための一部の人材養成に教育戦略が焦点化される。普通の労働は、コンピュータ社会の基礎スキルと、できればグローバル社会に対応した語学力があれば、そしてそういう一般の平均的労働者が絶えず非正規雇用として学校や流動的短期労働力市場から安価に供給されれば、加えて、そういう労働を世界の労働力市場の低賃金競争に曝して、ダンピングの圧力を掛ければ良いということになる。すでに日本の高等教育段階への進学率は80％近くに達しており、日々変化する平均的な技術水準に追いつく再教育は、市場の競争圧力を掛けて、自己責任で再訓練を受けさせれば良いということになる。

　したがって教育改革は、一部の世界競争の前線で戦いうる戦略的人材養成に重点化した、格差的な教育制度体系を整備することにおかれる。そのために、小中一貫教育（2015年6月学校教育法改定）を口実にして、小学校段階から複線化し、中学は3〜4コース（小中一貫の中学、中高一貫の中学、普通の6・3の中学、そして進学に特化された私立中学）へと区分される。かくして戦後教育で辛くも維持されてきた6・3の単線型学校体系の制度が、公然と解体されようとしている[7]。

　全体として国民の高い教養と技術の水準の保障、したがってすべての子どもに対する高い水準の教育の保障が日本経済の世界的競争力を生み出しているとする高度成長期の認識はすでに捨て去られ、むしろ制度の格差化で肥大化する

国家の公教育費を削減することが中心関心になっている。

　教育制度の格差化の今日のひとつの焦点は、大学の格差化である。課題は、いかにしてスーパーエリート養成の高等教育システムを創出するかである。いま文科省はそういう大学教育の改変に正面から乗り出しつつある。学長の専断的な決裁権の導入（2014年6月、学校教育法等の改正）、競争的資金による政府の大学構想への誘導、「文系学部の廃止・転換」（人文・社会科学や教員養成系の学部・大学院の廃止や「社会的要請の高い学部」への転換）など、大学の激しい破壊的再編が始まりつつある。大学での国旗・国歌の強制の暴挙も企図されている[8]。

□教育における民主主義の破壊

　これらの人権と生存権を脅かす生活の仕組みと雇用の仕組み、その恐怖と不安の下に学力を競わせる格差的な教育システムの広がりは、生きられない矛盾を引き起こし、広範な批判を生み出さざるを得ない。そのことへの抵抗と批判を突破するために、教育の制度に組み込まれた民主主義の回路を塞ぎ、政府の教育改革を受容させ協力させる強権的体制の構築が必要になる。2000年代に入ってから、そのような仕組みが強力に構築されてきた。

　学校の自由、教職員の自由は、先に指摘した緻密で強権的な目標管理システムによって、深く侵されてきた。職員会議で教育方針を議論し決定するという学校教育の自由と専門性の保障の根幹が崩されている。首長権限が格段に強化された自治体の教育委員会が、首長の意を受けて、歴史修正主義に立つ育鵬社版の教科書を一方的に採択する動きが広がっている。国旗・国歌に対する忠誠を示さない教員に対する大量の処分が東京や大阪で行われてきた。中教審での審議は、政策決定における専門性、権力からの一定の自律性を保障するというタテマエすら投げ捨て、首相のお気に入りの人物を集めた諮問機関（教育再生会議06〜08年、教育再生実行会議13年〜）や政権党内部の教育政策検討機関（教育再生実行本部、13年〜）の提言を素通りさせるものへと組み替えられつつある。

　財界と内閣の協議内容を直ちに政策へと具体化する経済財政諮問会議（01年〜）や規制改革会議（01年〜、名称は多様）が設置され、その提言が政府の教育政策を方向付ける強権的な政策決定過程が、常態化した。

また「地方分権化」と「規制緩和」の下で、自治体が、教育学的に検証されていない危うい教育改革（学校選択制、小中一貫校の設置、自治体ごとの学力テストの導入など）を強引に実施し、教育の自律性が深く侵されている。その結果、人権や子どもの権利の視点は教育政策から奪われ、いかにグローバル競争に勝ち抜く人材形成を進めるか、いかに教育予算支出を削減するか、どう子どもを競争させるかが自治体教育改革の最大の関心事となっている。

　教育の民主主義を侵すもう一つの仕組みが、今日の新自由主義教育改革の根幹に位置している。それは教育費政策による統制と誘導である。教師の給与は、人事考課と深く結びつけられ、目標達成評価と教育行政や学校管理体制への忠誠度に従って差別的・懲罰的に配分されるシステムが広がっている。これは教師の批判精神と創造性を奪っている[9]。

　先に見たように、大学再編は、競争的補助金を強力な手段として遂行されている。義務教育では教員給与が抑えられ、その結果、非正規雇用の教員比が増加している（2014年度で小中学校の教員の16.19％、産休代替等を含む[10]）。その一方で、教育条件整備は放置され、教師の超過勤務時間は平均で、月95時間32分（持ち帰りの仕事を含む）という超過労死状態が出現している[11]。それらの結果、教育の質の低下が引き起こされざるを得ない。

　補足的に述べておきたいことは、教育・ケア・福祉の専門性のあり方である。格差貧困社会が拡大し、公教育の過程がこの貧困スパイラルが展開するプロセスとなっている。そういう貧困と格差の犠牲になって、子どもの成長にも大きな格差が生まれ、それが多くの子どもの発達権、学習権をも脅かしている。

　幼児教育の段階では、必要な保育・教育費全体の中で、私費による負担が50％を超え（OECD 調査、2011年度で54.6％。OECD 平均で18.7％）、その結果、貧困と幼児教育格差とが連動しつつある。義務教育段階もまた異常な私的教育（塾・予備校など）のバック・アップが不可欠となり、教育に注ぎ込める私的資産の差が、教育の格差化に直接反映する教育競争が広まっている。さらに高等教育での私費負担は2011年度で65.5％に達している（OECD 調査、OECD 平均は30.8％）。人間の成長と私的資産の格差とが連動する新自由主義的不平等社会の克服が、大きな課題となっている。

　そしてそのためには、大きな力と専門性をもった教育・子育ての公務労働者が、すなわち公費によって提供される発達に関わるサービスが、どれだけ地域

に細かく配置されているかが非常に重要となる。これらの教育ニーズを、教育・子育て産業のサービス商品として自己責任化するのではなく、公的な責務において給付する政策が、対置されなければならない。

□国家による直接の人格管理の危険性

　新自由主義権力の目的が、グローバル資本の利潤を増大させる社会システムを、人権や労働権の切り下げをいとうことなく構築することにあるならば、そこで生じた矛盾をナショナリズムをあおり、国民の価値観の統制によって押し隠し乗り切ることもまた、新自由主義政策の必然的な帰結となる。

　加えて、グローバル資本の世界戦略のために、安価な労働力と世界の資源を有利に調達する世界秩序を維持し、世界のならず者——格差・貧困が生み出す抵抗やテロリズム——に対処する軍事的プレゼンスを実現することもまた、新自由主義政権の不可避の課題となる。安倍政権はその課題へとまっしぐらに向かいつつある。

　補足しておくならば、道徳の教科化が、教育支配の新たな段階を生み出そうとしている。一般の教科の内容は、学習指導要領がその内容を指定しているとしても、まずはそれぞれの教科に対応した科学によって吟味され、提供される。文科省といえども、科学の世界にない内容をもってくることはできない。ところが、道徳にはその教科内容を体系的に提起する土台となる科学が認定されていない。また道徳科の内容を権力から自律して検討する仕組みもない。そのため、道徳科では文科省が恣意的に選んだものが、ストレートに教科内容となる危険性がある。

　新たに改定された道徳科学習指導要領をみると、人権、平和、民主主義、生存権保障などの項目（扱うべき価値内容）が欠落している。しかも道徳科に関する教科書検定基準（2015年9月30日告示）では、「図書の主たる記述と小学校学習指導要領第3章の第2『内容』及び中学校学習指導要領第3章の第2『内容』に示す項目との関係が明示されており、その関係は適切であること」が指示されている。もし「平和」という項目を立てて展開した教科書が作られても、その項目は学習指導要領にないとして検定不合格になる可能性がある。

　それは、どんな道徳教科書を作成するかというバトルが、すでに始まってお

り、それが文科省と教科書出版社との密室審議で進行するならば、教科書検定の前の段階で、民主主義や人権や平和などの項目が取り除かれて、一方的な愛国心や自己責任論に埋め尽くされた国民の人格管理のための道徳教科書が一斉に出現する可能性が高いことを示している[12]。

（3）戦後70年をいかなる出発点とするか

　これらの社会、政治、教育の仕組みの根本的な破壊的改変、憲法的価値規範の後退は、日本社会の新自由主義化の必然的な帰結である。そしてその挑戦は、戦後の民主主義と平和主義、その総括的規範としての日本国憲法を、直接に改廃のターゲットとしつつある。最初に述べた時期区分論からすれば、「戦後社会」期において合意され通用したこの価値のシステムを転換するほかに、グローバル資本が世界競争に勝ち抜く未来はないという決断の下に、「戦後社会」の根本的改変が推進されているのである。そして今、安倍内閣は、憲法第9条の明文改憲へと突き進もうとしている。

　今日の教育改革においては、その価値統制の法的根拠が、改悪教基法第2条の「教育の目標」規定に置かれている。この条項が、その上位法である憲法の規定する教育の自由、思想信条の自由、国家による国民の価値統制の禁止という規範を転覆するものとして機能させられるという、恐れていた事態が、現実のものとなる可能性がある。達成されてきた憲法的理念を転覆して、現代的人権の基本を突き崩すような論理が、日本の新自由主義の帰結として出現しつつある。

　このような新自由主義による「戦後社会」の根本的改変に代えて、「戦後社会」が獲得し蓄積した憲法的価値、憲法的正義を、グローバル化という新たな歴史段階において、新たに、そしてより高度に、継承・展開させることが課題となっている。それは、かつてない高い生産力を条件としてすべての人々の労働能力が生かされ、すべての人々の生存権が保障され、戦争を回避する新たな智恵の探究と共同が世界の本流となり、国家と民族間の対立を平和的な共同へと組み替える歴史認識の形成、地球的な課題に人類が全力で取り組む新たなあゆみを踏み出す転換点となるのではないか。

そのために、グローバル化した資本の恣意的で利己的な利潤獲得欲求を「規制」する、国民主権と世界の民衆の主権とが共同する新たな仕組み、新自由主義をこえる政治の仕組みを作り出していかなければならない。

戦後70年の到達点が突き出している教育改革の課題を、そのようなものとして把握できるのではないだろうか。

註
（1）渡辺治『企業支配と国家』（青木書店、1991年）、同『憲法9条と25条・その力と可能性』（かもがわ出版、2009年）等参照。
（2）久冨善之「第3章 教育社会学と教育実践との出会い──教育の社会性と実践性との関連を追究して」（教育科学研究会編『講座「教育実践と教育学の再生」』別巻・戦後日本の教育と教育学』かもがわ出版、2014年）。
（3）久冨善之『競争の教育──なぜ受験戦争はかくも激化するのか』（労働旬報社、1993年）。
（4）児玉洋介「足立区が主導する公教育破壊と市場化──「学力向上」施策がはらむ危険」（『教育』2015年9月号、かもがわ出版）参照。
（5）山本由美『教育改革はアメリカの失敗を追いかける──学力テスト、小中一貫、学校統廃合の全体像』（花伝社、2015年）参照。
（6）ミシェル・フーコー『生政治の誕生──コレージュ・ド・フランス講義1978～1979年度』（ミシェル・フーコー講義集成Ⅷ、慎改康之訳、筑摩書房、2008年）。佐貫浩「M・フーコーの新自由主義把握の検討」（『生涯学習とキャリアデザイン』Vol.13 No.1、法政大学キャリアデザイン学会紀要、2015年9月）参照。
（7）拙稿「『平成の学制大改革』批判──いま6・3・3制をどう考えるか」（『教育』2015年3月号、かもがわ出版）参照。
（8）2015年4月9日、下村文科相は入学式や卒業式で国旗掲揚・国歌斉唱をしていない国立大学に対して「適切な対応を要請したい」と圧力をかけた。
（9）高橋哲「教育統制としての教員給与問題」（『教育』2013年6月号、かもがわ出版）参照。
（10）文科省データにもとづく全日本教職員組合まとめ。
（11）全日本教職員組合の「勤務実態調査2012」のまとめ（2013年10月17日）。
（12）佐貫浩『道徳性の教育をどう進めるか──道徳の「教科化」批判』（新日本出版社、2015年）参照。

13　日本の「人口減少」問題を考える
——安倍内閣の「少子化社会対策」批判

友寄　英隆

はじめに——本章の課題について

　安倍内閣・自公政権のもとで、「人口減少」と「少子化」傾向はいちだんと悪化している。日本の総人口は、2011年から4年連続で減少し、ピーク時から約100万人も減った。2014年の合計特殊出生率（1人の女性が生涯に産む子どもの推定人数）は、1.42と9年ぶりに低下した。

　安倍首相は、安保法制を強行採決・成立させたあと、自民党総裁再選後の就任会見（2015年9月24日）で、「アベノミクスの第2ステージ」の第二の矢の「子育て支援」によって「出生率1.8を実現」し、「少子高齢化に歯止めをかけ（る）」などと言明した。しかし、安倍内閣の「少子化社会対策大綱」（15年3月決定）では、現代日本の「少子化」傾向にストップをかけることは、とうていできないであろう。現代日本の人口問題の特徴を科学的に分析したうえでの対策には、まったくなっていないからである。

　本章の課題は、戦後日本資本主義における人口問題の特徴をどうみるか、とりわけ「人口減少」と「少子化」の原因をどうとらえるか、安倍内閣の「少子化」対策には何が欠けているのか、これらの点について、できるだけ簡潔に論点を整理してみることである。

　人口問題は、経済問題、政治問題、社会や教育の問題など社会科学的な問題だけでなく、妊娠、出産、保健、医療などの医学的・生物学的な問題も深くかかわっている。また結婚や育児、家族の問題、避妊や中絶などは宗教や文化の問題ともかかわってくる。出産や死亡などは人間の一生にかかわることである

から、個々人の人権や倫理的哲学的問題にも関係してくる。国際的にも、人口問題は、リプロダクティブ・ヘルス／ライツ（性と生殖に関する健康／権利）の保障が前提とならねばならないとされている。

　本章では、主として政治経済学の視点に限定して、現代日本の人口問題というテーマを考えてみたい。人口問題には、複雑な側面があるとはいえ、政治経済学的な視点が大事であり、それを抜きにしては今日の人口問題の抱えている諸問題を解明することができないからである。

（1）戦後70年の人口問題と「少子化対策」の経過
——人口統計表と人口ピラミッドによる概観

　最初に、戦後日本の人口の実態、その歴史的推移、人口問題の議論の経過を一覧するための表13-1を見ながら、戦後70年の日本の人口問題の歴史的経過を、概括的にとらえておこう。人口問題は、経済情勢のように四半期ごとや1年先の景気の見通しのような短期的な動きとしてではなく、10年、20年という長期的な経過、さらに50年、100年という超長期的な流れ、つまり歴史的な視点で考えることが不可欠だからである。

□基本的な人口指標

　この表で、総人口をみると、明治維新のころは約3500万人だったものが1945年に約7200万人に、1967年に1億人を突破して、2010年の1億2805万人をピークに、それ以後は毎年人口が減少している。ここで、「総人口」という場合、日本に住む外国人も含んでいる（その数は、2014年10月1日現在、165万人、総人口の1.3％である）。

　出生数は、敗戦直後の第一次ベビーブームの時には10年近く毎年200万人前後もの出生数があり、1949年には269万6638人というピークを記録した。また1970年代前半の第二次ベビーブームの時代にも年間200万人以上の赤ちゃんが誕生していた。合計特殊出生率（以下、特に断らない場合は、「出生率」と表記する）も、第一次ベビーブームの時には4前後もあったものが、2005年には1.26

にまで下がり、最近は1台前半が続いている。

□人口問題の論議の経過

　戦後70年の日本の人口問題をめぐる論議の経過をみると、大きく三つの波があった。
　第一の波は、敗戦直後から1950年代にかけての第一次ベビーブームを背景とした産児制限をめぐる動きである。戦前は「富国強兵」が国策だったから、「産めよ増やせよ」が叫ばれ、受胎調節や人工中絶は厳しく禁止されていた。敗戦とともに、1952年には厚生省が「受胎調節普及実施要領」を発表し、1954年に人口問題審議会が「家族計画」の推進を進言して、日本家族計画連盟が発足した。
　第二の波は、1970年代に入るころからはじまった「高齢化社会」をめぐるさまざまな議論である。国連が定める「高齢化社会」とは65歳以上人口が総人口の7％を超える社会とされているが、日本がそうなったのはちょうど1970年だった。高齢者が増えるとともに、公的年金や医療などの社会保障制度のあり方、その財源の問題などが大きな政治的課題となっていった。
　第三の波は、1980年代末からはじまる「少子化」問題をめぐる議論である。これは、1989年（ちょうど元号が「昭和」から「平成」に代わった年）に、出生率が丙午の年（1966年＝1.58）をも下回って「1.57ショック」などと言われたことが一つのきっかけだった。この「少子化」をめぐる論議は今日まで続いており、そのなかで二つの時期、ブームがあった。
　第一の時期は、2000年代に入って21世紀がはじまったころである。2003年に当時の小泉内閣のもとで少子化社会対策基本法が制定され、少子化社会対策会議が設置された。翌2004年には最初の「少子化社会対策大綱」が策定され、政府の『少子化社会白書』の第一回が発表された。
　第二の時期は、まさに現在進行中の動きである。2011年に日本の総人口が初めて減少し、人口減少が現実のものとなってきた。2010年の国勢調査をもとにした2012年の「将来人口推計」では50年後には日本の総人口は8674万人に縮小するというショッキングな数字が発表された。安倍内閣や財界は、相次いで「少子化」対策を決めた。マスメディアも人口問題を大きくとりあげるように

表13-1　戦後70年　日本の人口─基本統計と論議の経過

(2015年9月15日作成)

西暦	元号	総人口 (外国人含む)	日本人人口 (注)	出生数 (千人)	死亡数 (千人)	自然増減 (千人)	出生率 (注)	年少人口 (万人)	高齢人口 (万人)	生産年齢人口 (万人)	労働力人口 (万人)		人口問題の経過
1872	明治5	34,806											
1900	明治33	43,847											
1945	昭和20	72,147						2,648	370	4,182			
46	21	75,750						2,528	388	4,395			敗戦後、産児制限の動き一気に広がる
47	22	78,101		2,679	1,138	1,541	4.54	2,757	374	4,678			
48	23	80,002		2,682	951	1,731	4.40	2,830	384	4,786			
49	24	81,773		2,697	945	1,751	4.32	2,903	397	4,877		「優生保護法」成立	
1950	25	83,200		2,338	905	1,433	3.65	2,943	411	4,966			
51	26	84,541		2,138	839	1,299	3.26	2,966	418	5,073			
52	27	85,808		2,005	765	1,240	2.98	2,970	431	5,184			
53	28	86,981		1,868	773	1,095	2.69	2,975	443	5,285	3,989		
54	29	88,239		1,770	721	1,048	2.48	2,989	460	5,381	4,055	日本家族計画連盟発足	
55	30	89,276		1,731	694	1,037	2.37	2,980	475	5,473	4,194		
56	31	90,172		1,665	724	941	2.22	2,941	484	5,600	4,268		
57	32	90,928		1,567	752	814	2.04	2,891	494	5,724	4,363		
58	33	91,767		1,653	684	969	2.11	2,851	507	5,843	4,387		
59	34	92,641		1,626	690	936	2.04	2,811	521	5,966	4,433		
1960	35	93,419		1,606	707	899	2.00	2,807	535	6,000	4,511		
61	36	94,287		1,589	696	894	1.96	2,807	550	6,072	4,562		
62	37	95,181		1,619	710	908	1.98	2,727	564	6,226	4,614		
63	38	96,156		1,660	671	989	2.00	2,642	584	6,390	4,652		
64	39	97,182		1,717	673	1,044	2.05	2,559	602	6,558	4,710		
65	40	98,275		1,824	700	1,123	2.14	2,517	618	6,693	4,787		
66	41	99,036		1,361	670	691	1.58	2,452	642	6,811	4,891	(丙午。前は1906年、次は2026年)	
67	42	100,196	99,637	1,936	675	1,261	2.23	2,442	667	6,916	4,983		
68	43	101,331	100,794	1,872	687	1,185	2.13	2,442	690	7,009	5,061	総人口1億人突破	
69	44	102,536	102,022	1,890	694	1,196	2.13	2,460	711	7,094	5,098		
1970	45	103,720	103,119	1,934	713	1,221	2.13	2,482	733	7,157	5,153	高齢化社会(7.1%)	
71	46	105,145	104,345	2,001	685	1,316	2.16	2,517	752	7,232	5,186		このころから「高齢化社会」論が盛んになる
72	47	107,595	105,742	2,039	684	1,355	2.14	2,597	788	7,348	5,199		
73	48	109,104	108,079	2,092	709	1,383	2.14	2,645	816	7,410	5,326	(この年から沖縄県含む)	
74	49	110,573	109,410	2,030	711	1,319	2.05	2,685	846	7,474	5,310		
75	50	111,940	111,252	1,901	702	1,199	1.91	2,723	887	7,584	5,323		
76	51	113,094	112,420	1,833	703	1,129	1.85	2,749	920	7,640	5,378		
77	52	114,165	113,499	1,755	690	1,065	1.80	2,765	956	7,694	5,452		
78	53	115,190	114,511	1,709	696	1,013	1.79	2,771	992	7,754	5,532		
79	54	116,155	115,465	1,643	690	953	1.77	2,766	1,031	7,816	5,596		
1980	55	117,060	116,320	1,577	723	854	1.75	2,752	1,065	7,888	5,650		
81	56	117,902	117,204	1,529	720	809	1.74	2,760	1,101	7,927	5,707		
82	57	118,728	118,008	1,515	712	804	1.77	2,725	1,135	8,009	5,774		
83	58	119,536	118,786	1,509	740	769	1.80	2,691	1,167	8,090	5,889		
84	59	120,305	119,523	1,490	740	750	1.81	2,650	1,196	8,178	5,927		

		総人口	日本人人口									
85	60	121,049	120,266	1,432	752	679	1.76	2,604	1,247	8,254	5,963	総人口1億2000万人	
86	61	121,660	120,946	1,383	751	632	1.72	2,543	1,287	8,337	6,020		
87	62	122,239	121,535	1,347	751	595	1.69	2,475	1,332	8,419	6,084		
88	63	122,745	122,026	1,314	793	521	1.66	2,399	1,378	8,501	6,166		
89	平成元	123,205	122,460	1,247	789	458	1.57	2,320	1,431	8,575	6,270	1.57ショック	このころから「少子化」問題の論議が盛んになる
1990	2	123,611	122,721	1,222	820	401	1.54	2,254	1,493	8,614	6,384	バブルの崩壊	
91	3	124,101	123,102	1,223	830	393	1.53	2,190	1,558	8,656	6,505		
92	4	124,567	123,476	1,209	857	352	1.50	2,136	1,624	8,685	6,578		
93	5	124,938	123,788	1,188	879	310	1.46	2,084	1,690	8,702	6,615		
94	6	125,265	124,069	1,238	876	362	1.50	2,041	1,759	8,703	6,645		
95	7	125,570	124,299	1,187	922	265	1.42	2,003	1,828	8,726	6,666	高齢社会(14.5%)	
96	8	125,859	124,709	1,207	896	310	1.43	1,969	1,902	8,716	6,711	母体保護法	
97	9	126,157	124,963	1,192	913	278	1.39	1,937	1,976	8,704	6,787		
98	10	126,472	125,252	1,203	936	267	1.38	1,906	2,051	8,692	6,793		
99	11	126,667	125,432	1,178	982	196	1.34	1,874	2,119	8,676	6,779		
2000	12	126,926	125,613	1,191	962	229	1.36	1,851	2,204	8,638	6,766		〈人口問題論議の第I期ブーム〉
1	13	127,316	125,908	1,171	970	200	1.33	1,828	2,287	8,614	6,752	小泉内閣	
2	14	127,486	126,008	1,154	982	171	1.32	1,810	2,363	8,571	6,689		少子化社会対策基本法、少子化社会対策会議
3	15	127,694	126,139	1,124	1,015	109	1.29	1,791	2,431	8,541	6,666		少子化社会対策大綱、『少子化社会白書』
4	16	127,787	126,176	1,111	1,029	82	1.29	1,773	2,488	8,508	6,642		
5	17	127,768	126,205	1,063	1,084	▲21	1.26	1,759	2,576	8,442	6,650	初の自然減	
6	18	127,901	126,154	1,093	1,084	8	1.32	1,743	2,660	8,373	6,664	日本人人口減開始	
7	19	128,033	126,085	1,090	1,108	▲19	1.34	1,729	2,746	8,301	6,684	超高齢社会(21.5%)	
8	20	128,084	125,947	1,091	1,142	▲51	1.37	1,718	2,822	8,230	6,674		世界金融危機
9	21	128,032	125,820	1,070	1,142	▲72	1.37	1,701	2,901	8,149	6,650		世界恐慌
2010	22	128,057	126,382	1,071	1,197	▲126	1.39	1,680	2,925	8,103	6,632	民主政権	『子ども・子育て白書』(名称変更)
11	23	127,799	126,180	1,051	1,253	▲202	1.39	1,671	2,975	8,134	(6,591)	3・11東日本大震災	〈人口問題論議の第II期ブーム〉
12	24	127,515	125,957	1,037	1,256	▲219	1.41	1,655	3,079	8,018	6,555	総人口減開始(2011)	『少子化対策白書』(名称変更)
13	25	127,298	125,704	1,030	1,268	▲239	1.43	1,639	3,190	7,901	6,577	安倍内閣 アベノミクス	少子化危機突破緊急対策(6月)
14	26	127,083	125,445	1,004	1,273	▲269	1.42	1,623	3,300	7,785	6,587	少子化非常事態宣言	新たな「少子化社会対策大綱」(15.3)
15	27												

（注）1968年からは、日本人だけ（外国人含まない）。1972年までは沖縄県を含まない。「出生率」は合計特殊出生率
（資料）総人口、日本人人口、出生数、死亡率、自然増減、出生率は、2013年までは『我が国の人口動態』(2015年3月)。2014年は「人口動態統計」(2015年9月公表)。年少人口、高齢人口、生産年齢人口は、2009年までは、総務省『日本の長期統計系列』、2010年以降は、厚生労働統計協会『人口統計資料集』などにより集計。労働力人口は、総務省『労働力統計』(2011年は、東日本大震災のため推計値)

なり、国民の関心もかつてなく高まっている。

□人口ピラミッドと出生コーホート、三区分構成の推移

　ある時点での人口構成を出生コーホートごとに男女別に左右に横組みの棒グラフで視覚的に示したものを人口ピラミッドとよんでいる。コーホートとは、同じ時期に同じことを経験した人口集団のことである。図13-1は、2014年10月1日の日本の人口ピラミッドである。

　この日本人口のピラミッドでは、年少人口（0～14歳）、生産年齢人口（15～64歳）、高齢人口（65歳以上）に三区分してある。こうした総人口の年齢構成

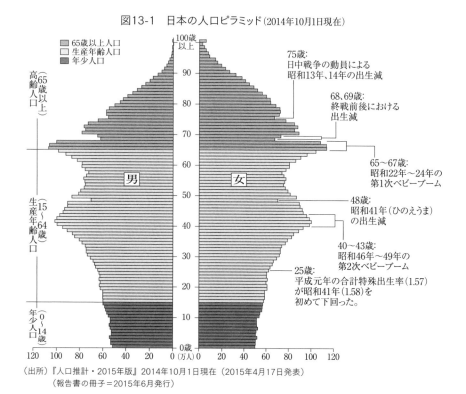

図13-1　日本の人口ピラミッド（2014年10月1日現在）

（出所）『人口推計・2015年版』2014年10月1日現在（2015年4月17日発表）
　　　　（報告書の冊子＝2015年6月発行）

による人口分布の三区分は、人口分析のもっとも基礎的な資料であり、高齢化社会の進行や労働力人口の条件などを調べるために用いられる。

　本章では、(2)以降で、年齢構造三区分にもとづいて、より立ち入って、戦後日本の人口問題の変遷と特徴、最近の問題点を見ていくことにする。

(2)【生産年齢人口】
　　──「人口ボーナス」から「人口オーナス」の時代へ

　総人口の三区分のうち、(2)では「生産年齢人口」、(3)では「高齢人口」、(4)では、「年少人口」について、とりあげる。これは、戦後の人口問題の議論の焦点が、この順序で展開されてきたからである（なお、人口分析においては、男女比の区分、人口の地域的な分布、移民〔人口の国際移動〕なども重要な論点であるが、これらについては、(7)の政策論のなかで簡潔に触れることにする）。

□生産年齢人口、労働力人口、労働力率

　「生産年齢人口」は、総人口を単純に年齢だけを基準に三区分したうちの15～64歳の年齢階層であるから、そのなかには、就学中の高校生・大学生、就労の意思のない家庭の主婦、病弱な方々なども、すべて含まれている。

　人口問題を政治経済学的な視点から検討するさいには、もっとも基礎的な概念として「生産年齢人口」と「労働力人口」との区別と関係を明確につかんでおくことが前提となる。両者の関係を図で示せば、図13-2のようになる。

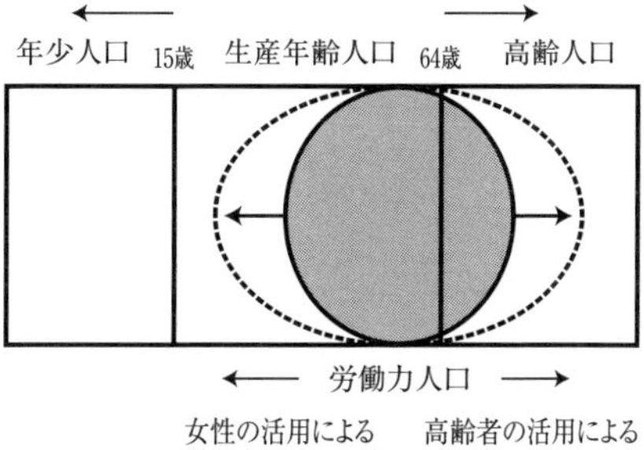

　「労働力人口」は、15歳以上で、労働する能力と意思をもつ者の数である。より具体的に言えば、15歳以上の人口のうち就業者（休業者も含

図13-2　「生産年齢人口」と「労働力人口」の関係

年少人口　15歳　生産年齢人口　64歳　高齢人口

←──労働力人口──→

女性の活用による　　　高齢者の活用による
労働力人口の拡大　　　労働力人口の拡大

む）と失業者の合計を指している（ここで、就業者と失業者との統計的な線引きは各国ごとに異なり、日本の場合は失業者の範囲をきわめて小さくするように定義しているが、本章では、この点には立ち入らない）。

　このように、「労働力人口」には、「生産年齢人口」に含まれる主婦や学生は含んでいないが、そのかわり65歳以上の就労している人たちは年齢がどれほど高齢でも、すべて含んでいる。そのために、「生産年齢人口」にくらべると、「労働力人口」はより流動的であり、経済政策や社会政策によって増大したり減少したりする。図13-2に示したように、「生産年齢人口」のうちで働いていない家庭の主婦がパートなどで就労すると「労働力人口」は増大する。また65歳以上の高齢者が新たに就労すると、「生産年齢人口」には変化はないが、「労働力人口」は増加する。また、「労働力人口」のなかには、いま仕事がなくて失業している人も含んでいる。

　政府の「労働力調査」の統計で、「労働力率」を計算するときには、（労働力人口÷15歳以上人口）となっているので、この計算式では、100歳の高齢者も含めて15歳以上のすべての人びとが労働力になる可能性のある人と見なしていることになる。

□日本の「高度経済成長」と生産年齢人口、労働力人口の増大

　戦後日本の人口問題の長期的推移を振り返るとき、まず特筆すべき特徴は、敗戦直後のベビーブームのころに出生した「年少人口」が「生産年齢人口」に成長する時代、すなわち1960年代半ばから70年代にかけて、「生産年齢人口」が急増したことである。たんに出生者数が多かったということだけでなく、死亡率が急減する「長寿革命」が同時的に進行したために、驚くべき短期間に「生産年齢人口」が増大した。表13-1をみると、日本の「生産年齢人口」は1945年の4182万人から1975年には7584万人へと、30年間で実に3402万人（81.3％）も激増している。

　この戦後日本の「生産年齢人口」の急激な増大にいち早く着目して、それを戦後日本経済の「高度成長」の深部の要因としてとらえたのは林直道大阪市大名誉教授であった。林教授は、「生産年齢人口」に注目した背景について、次のように述べている。

「そのきっかけは日本の高度経済成長・恐慌なき発展の原因の探求であった」。「1950年代・60年代、そして70年代半ばまで日本経済は不況らしい不況を見ることなく超ロングランの高度成長を続けた。その理由を合理的に説明しないことには、恐慌論専攻の人間として格好がつかなかった。技術革新とか、農地改革とか、石油エネルギーへの転換とか、臨海工業立地とか、寡占競争体制とか、いろいろの要因を数え上げたが、それ以外に何かとんでもない型破りの要因がひそんでいたのではないかと模索し続けた」。「『生産年齢人口』＝経済活動年齢人口が世界史上空前の70％へと大膨張をとげた。それによる潤沢な労働力の供給、消費市場の爆発的継続的拡大、財政の社会保障負担の軽減効果、これこそ高度成長の究極の秘密ではないだろうか、と考えた」[1]。

□「人口転換」と「人口ボーナス」、「人口オーナス」

　戦後の日本で起こったような「生産年齢人口」が急増する人口現象は、世界では「人口ボーナス（bonus）」と呼ばれている。多産多死社会から少産少子社会へ変わる過程（「人口転換」の前半期）に現れる各国共通の人口現象である。相対的に「年少人口」と「高齢人口」が少なくて「生産年齢人口」が２倍以上ある状態が「人口ボーナス」期であり、豊富な労働力で高度の経済成長が可能になる。

　「人口ボーナス」期の国や地域は「若い国」とよばれ、都市化の進展、工業化による所得増、消費活発化により高い経済成長率を実現する潜在能力がある。日本は1960年代から1990年代初頭まで「人口ボーナス」期にあり、続いて中国、インドネシア、韓国、タイ、ベトナムなどの諸国も「人口ボーナス」期を経験した。

　「人口ボーナス」の反対の語は「人口オーナス（onus）」である。「人口オーナス」期にある国では「生産年齢人口」の比率が減少し、潜在的な経済成長の能力が量的には低下していく。日本は1990年代なかばから「人口オーナス」期に入っていると言われている。

(3)【高齢人口】
　——「超高齢化社会」は、日本の宿命ではない

　人口の年齢構成の③「高齢人口」を総人口で割ったものが高齢化率である。国連は、1956年の報告書のなかで、高齢化率が7〜14％の社会を「高齢化社会」、14〜21％になると「高齢社会」、21〜24％を「超高齢社会」とした。この区分によれば、日本は1970年に「高齢化社会」、1995年に「高齢社会」、2007年には「超高齢社会」に入ったことになる。

　日本社会の高齢化が急速に進んできた要因の一つは、いうまでもなく戦後急速に平均寿命が伸びてきて高齢まで生きる人が増えてきたからである。言い換えれば65歳以上の高齢者の数(「高齢人口」)が年々増えてきたからだ。しかし、社会の高齢化率が進むのは、高齢者の数が増えることが最大の原因ではない。これは、よく誤解されていることなので、少し詳しく見ておこう。

　政府や財界の文献では、よく「日本はこれからますます超高齢化社会になるので、年金や医療費をおさえて、消費税を引き上げないと、財源がもたなくなる」という趣旨のことが言われている。こういう宣伝を繰り返し聞かされていると、日本の「超高齢化社会」は、これから未来永劫に続く、日本社会の宿命であるかのような錯覚に陥る。しかし、こうした理解はけっして正しくない。

　現在つまり2015年に65歳にたっして「高齢人口」に入る人たちは、65年前のちょうどベビーブームの時に誕生した人たちである。このころは年に260万〜270万人もの出生者がいた。しかし、2015年に生まれた人たちは約100万人であるから、65年後に65歳入りする人たちは、決して100万人を超えることはない。つまり、現在の65歳に比べると、そのころは2.5分の1の数になってしまう。現在の出生数の減少は、将来は高齢者数の減少をもたらすのである。

　つまり、高齢化比率、総人口に占める高齢者の割合は、高齢者の人口が増えるかどうかよりも、新しく生まれてくる「年少人口」や「生産年齢人口」の状態によって左右されるということである。

　「長寿化がどんなに進んでも、出生率さえ十分高ければ、人口高齢化は一定の水準に収まり、それ以上は進行しない。一般に日本の人口高齢化が他の先進

国に比べても著しい原因は、世界一の平均寿命を擁するためであると理解されていることが多いが、これはまったくの誤解である」。「長寿化は今後の人口高齢化の一因ではあるが、人口高齢化を引き起こす主因は出生率の低下、すなわち『少子化』である」[2]。

金子隆一氏は、さらに具体的な事例としてフランスの場合をとりあげて、フランスは日本と同じように長寿国で、平均寿命は高いが、出生率も高いために、「日本では人口高齢化が著しく進行するのに対して、フランスでは比較的安定した年齢構造を持つことになる」[3]と述べている。このことは、日仏両国の将来推計の人口ピラミッドを比べてみると、図13-3のように一目瞭然である。

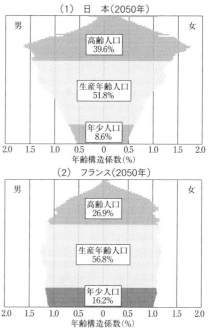

図13-3　将来の人口ピラミッドの比較

（出所）金子隆一「長寿革命のもたらす社会」（『人口問題研究』66巻3号、2010年9月）

（4）【年少人口】
——現代日本の「人口減少」と「第二の人口転換」論

次に、人口の年齢三区分の「年少人口」について見てみよう。表13-1によると、日本の1年間の出生者数は、年々減少し、最近では100万人すれすれになっている。出生者数の減少は、当然のことながら、0～14歳の「年少人口」の減少となって現れる。

□「人口置換水準」を大幅に下回る「減少モメンタム」

　出生率の推移をみると、**図13-4**の出生率の推移でわかるように、1974年いらい「人口置換水準」を大幅に下回る状態が続いている。「人口置換水準」とは、出生者数と死亡者数がちょうど同じレベルになって置き換わり、人口が一定の静止状態になるという出生率水準である。

　「人口置換水準」の出生率は、国や時代によって異なる。欧米日の発達した資本主義諸国の現在の「人口置換水準」の出生率は、だいたい2.1弱と言われている。日本の場合は、2.07となっている[4]。

　日本の出生率は、1974年いらい40年以上も「人口置換水準」の2.07を下回っている。にもかかわらず直ちに人口減にならなかったのは、出生率と年々の人口動態との間には、一定のタイムラグがあるからである。

　つまり、1974年より前の時代には、「人口置換水準」を超える出生率が数十年も続いていた。その時代に生まれた女性たちが新たな出産可能な人口に続々と加わってきたから、1人平均の出生率は「人口置換水準」を下回っていても、出生児の総数でいえば死亡者数を上回っていたために、人口増が続いてきたわけである。

　こうしたタイムラグのことを、人口学では「人口モメンタム（慣性・惰性）」と呼んでいる。この「人口モメンタム」には、「増加モメンタム」と「減少モメンタム」の二つの相反する方向がある。日本は「減少モメンタム」の時期に入ってきたために、これから出生率が「人口置換水準」を上回った場合でも、「減少モメンタム」を反転させるには数十年が必要になる。

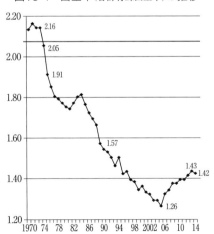

図13-4　出生率（合計特殊出生率）の推移

（出所）人口動態統計など

□日本の「人口転換」と「第二の人口転換」論

　さて、1970年代後半から現在まで続いている日本の出生率の低下──「少子化」「超少子化」の現象をどう見るか。日本の人口学者の間での注目すべき研究動向としては、日本の急激な「超少子化」の動きを「第二の人口転換」としてとらえる試みがある。
　「人口転換」とは、人口が前近代社会の多産多死の人口停滞状態から、多産少死の人口急増期をへて、少産少死の人口安定・静止状態へいたるという一連の人口動態革命のことを意味している。「人口転換」は、先進諸国では20世紀の半ばには終了した。「人口転換」が終了すると、人口は少産・少死の人口動態の増減のない状態に入ると思われていた。ところが、そうした予想に反して、1960年代以降には先進諸国の出生率はいっせいに低下して、70年代、80年代も各国とも「人口置換水準」を下回るようになった。未婚者や晩婚者が増え、それとともに晩産化、婚外子、離婚も増えてきた。こうした新しい人口現象にたいして、「第二の人口転換」という議論が国際的に起こってきた。ただし、「第二の人口転換」は、まだはじまったばかりなので、「(第一の) 人口転換論ほどの一般性を持ちうるか否かは、現時点ではまだはっきりしない」[5]とされている。
　日本の場合は、先進諸国の中で最も遅れて「(第一の) 人口転換」がはじまり、それが1970年代に終了した。しかし、その後も、人口静止状態に入るのではなく、かなり急激な出生率の低下による「少子化」の時代に入った。そこで、日本の人口学者の間でも、こうした人口減少を「第二の人口転換」のはじまりとして、とらえようとする考え方が生まれている。

□日本の「人口減少」と「少子化」のテンポは、異常である

　最近の日本の出生率の長期的な低下と「超少子化」の傾向は、たしかに欧州でいわれている「第二の人口転換」現象と共通の側面がある。しかし、日本の場合は、それだけでは説明できない特殊な性格をもっていると思われる。人口増大から減少への急激な転換、出生率低下の長期的な継続があまりにも異常な

特徴を示しつつあるからである。

　欧州の「第二の人口転換」の議論では、若者の結婚や性行動にたいする価値観の変化、家族やライフスタイルについての意識の変化などが背景にあると指摘されてきた。たしかに日本でも、こうした価値観や意識の面での共通した変化はあるといえるだろう。

　しかし、日本の場合は、より根源的な変化の要因として、日本資本主義の経済的な状態の客観的な変化がある。戦後の日本資本主義の急激な経済成長とその後の政治経済の行き詰まり、とりわけ日本資本主義の経済的矛盾の深まり、その現れの一つとして「人口減少」問題をとらえる必要がある。

　この点について検討する前に、「将来人口推計」の問題について、見ておく必要がある。「将来推計人口」は、公的年金・医療・介護など社会保障の財政見通しをはじめ、さまざまな政策立案の基礎データに使われているからである。

（5）「将来人口推計」とはなにか

　最近の日本における人口問題の議論は、現実にいま進行しはじめている人口減少、少子化の問題とともに、50年後の日本の総人口は現在の約3分の2の8674万人にまで縮小するというショッキングな「将来人口推計」が背景になっている。「将来人口推計」とはなにか、検討してみよう。

□「将来人口推計」結果のポイント

　「将来人口推計」は、国立社会保障・人口問題研究所が5年ごとに実施される国勢調査を基礎データとして、やはり5年ごとにおこなっているものである。今回の2010年国勢調査をもとにした2012年推計は、旧人口問題研究所時代の推計を含めて、すでに14回目になる。

　今回の「将来人口推計」（2012年1月推計）の結論を整理すると、**別掲**のようになる。

□人口減少の推計は、現在の政治・経済・社会の歪みを
　将来に「拡大投影」したもの

　政府や財界は、「将来人口推計」の結果を前提として、「だから年金や医療の削減もやむをえない」とか、「だから消費税の増税が必要だ」などと宣伝している。
　しかし、その「推計結果」の意味は、よく吟味してみることが必要である。
　なによりもまず、「将来人口推計」は、天気予報のような自然現象の予測とは根本的に意味が違うということである。国連などでは人口推計のことを「人口投影」（Population Projection）と呼んでおり、それは「人口動態事象（出生、死亡、ならびに人口移動）の現在までの趨勢を前提として、それが帰結する人口の姿を提示することを役割としている」。「したがって今後生ずる可能性のある経済変動や政治的転換、自然災害などこれまでの趨勢に含まれない事象は反映されていない」。つまり、最近の少子化や長寿化の傾向が50年間続くと仮定して、それらの数値をそのまま将来へ「投影」したらどうなるか、「将来というスクリーンに拡大投影して詳細に観察するための作業」なのである[6]。

□「将来人口推計」は、出生率
　＝1.35を前提としている

　これから50年後には約8674万人に減少するという「将来人口推計」は、最近の日本の出生率の急激な低下をそのまま50年後

【「将来人口推計」のポイント】

1　今後人口減少が進み、2060（平成72）年の推計人口は8,674万人
・今後の人口は、2010年国勢調査による1億2,806万人から、2030年に1億1,662万人、2048年には1億人を割って9,913万人、2060年には8,674万人と推計される（出生中位〔死亡中位〕推計による）。

2　人口高齢化が進行し、2060（平成72）年の65歳以上人口割合は39.9％
・同推計期間に、年少人口（0－14歳）は当初の1,684万人から791万人へ減少、生産年齢人口（15－64歳）は8,173万人から4,418万人へ減少。高齢人口（65歳以上）は2,948万人から3,464万人へ増加。高齢人口割合は23.0％から2060年には39.9％へと増加する。

3　長期仮定、合計特殊出生率は1.35、平均寿命は男性84.19年、女性90.93年
・推計の前提となる合計特殊出生率は、2010年1.39から途中2024年に最低値1.33を経て、長期的には1.35に収束する。平均寿命は、2010年男性79.64年、女性86.39年から、2060年に男性84.19年、女性90.93年に到達する。

にまで「拡大投影」したものである。

　この「投影」の前提となっている出生率は、1.35となっている。この前提そのものは、決して恣意(しいてき)的なものとはいえない。現在までの趨勢をもとに、人口学的な緻(ちみつ)密な理論と統計的推論を重ねて、割り出された客観的な数値だといってもよいだろう。

　しかし、その出生率＝1.35は、若い人の低賃金、不安定雇用、保育条件の悪化、教育費の負担高騰など、まさに経済、社会、政治の条件の悪化のもとでの「出生率」の趨勢である。逆に言えば、出生率などの数値が変われば、50年後の「人口投影」は大きく変動する可能性がある。

　ちなみに出生率とともに前提となっている平均寿命は、現在よりもさらに伸びて、女性は90歳を超え、男性も84歳を超えるとされている。こうした長寿化の進行は、社会の高齢化率を高めるが、人口減少にとってはそれを緩やかにする意味をもっている。

□現代日本は、「人口の減少モメンタム」の時代に入っている

　先に述べたように、日本はすでに人口の「減少モメンタム」の時代に入っており、そのトンネルを潜り抜けない限り、人口減少を止めることはできない。この「減少モメンタム」の作用は、たんなる現在の趨勢の「投影」ではない。きわめて蓋(がいぜん)然性のある客観的な見通しである。

　いわば20世紀後半から今日まで、戦後70年の間に、歴代自民党政権と財界支配の経済体制が続き、そのもとで「人口置換水準」を割って出生率が低下しはじめて以降も四十数年にわたって「少子化」傾向を放置してきたために、その「悪しき遺産」としての「減少モメンタム」の時代が21世紀のこれからも、しばらくは続かざるをえないということである。

（6）「少子化」「人口減少」と日本資本主義

　日本の総人口が減少しはじめたのは2011年からであるが、その原因は、日本の「人口ボーナス」期の最中にあった1970年代後半からすでにはじまっていた。

先に（4）で見たように、1974年に人口置換水準を割り込み、1975年以降、出生率は2以下の水準を今日まで続けてきている。日本人口が「減少モメンタム」の時期に入る起源は1970年代にあった。いったいなぜ1970年代の半ば以降、出生率の低下がはじまったのだろうか。

□現代日本資本主義の「高度成長」の破綻と「出生率低下」のはじまり

　戦後日本の出生率の低下には、さまざまな要因が重なっていたと思われるが、なによりも指摘すべきことは、1970年代の「高度経済成長」の破綻とともに、戦後日本資本主義の資本蓄積様式が行き詰まり、新しい段階的な変化をはじめたことである。
　1970年代は、「高度経済成長」の破綻とともに、本来だったなら、行き詰まった輸出主導型蓄積・再生産構造を転換して、国民生活中心の、内需を軸にすえた再生産構造に切り換えていくこと、そのためには、国家的な戦略のもとに経済政策を総動員して、内需中心に資本蓄積と再生産の軌道を主導していくこと、それが課題となっていた。しかし、現実の日本資本主義は、そうした変革ではなく、まったく逆行する方向への変化を強めていった。
　たとえば、このころから、国民のあいだでは「豊かさとは何か」という論議が盛んになった。「高度経済成長」の時代が終了してから、むしろ「豊かさ」への国民の関心と疑問が高まったのは、大資本が「高度成長」して「世界第二の経済大国」となり、「世界一の金持ち国（けんでん）」が喧伝されるようになったのに、国民の暮らし向きは少しも良くならず、むしろ長時間労働、超過密労働など「過労死」をうむ過酷な労働条件、「日本型企業社会」の異常な搾取・抑圧体制への批判が強まっていたからであった。また、兎小屋（うさぎ）といわれるほどの日本の住宅の貧困、地価の高さ、東京一極集中と過密問題などなどへの批判が、しだいに土地問題からゴミ問題、食品安全・製造物責任問題、農業・食糧問題、自然・地球環境問題へと広がっていった。出生率が2を割り込むようになった背景には、こうした戦後日本資本主義のあり方にたいする国民の疑問、労働と暮らしの条件への不満が反映していた。

□「新自由主義」路線による資本の強蓄積、労働力再生産の条件の危機

　現代日本の出生率の低下は、1989年の1.57ショックをへて、90年代以降は、さらに1.50の水準を下回り1台の前半にまで落ち込むようになった。

　90年代以降の日本では、「新自由主義」路線のもとで、労働者の賃金と雇用、国民の暮らしを犠牲にして、一握りの巨大企業だけが大儲けをして、それを「内部留保」したり、海外投資に回すという異常な成長方式が20年以上も続いてきた。そのために、貧困と格差が拡大し、若者と女性のワーキングプアが増大して、労働力の再生産の危機が深まってきた。とりわけ相次ぐ労働法制の改悪による非正規雇用の急増は、長期的視点で見るなら、結局は、将来にわたって若者の雇用を不安定にし、労働力再生産の矛盾を深刻にして、未婚率、晩婚率を高めて、出生率をさらに押し下げることになった。

　急速な「少子化」現象の背景には、こうした「新自由主義」路線の強行による資本の強蓄積があったと言わねばならない。

□マルクスの指摘――資本の搾取欲と「人口の減少」

　日本でいま深刻化している「人口減少」と「少子化」傾向を考えるとき、『資本論』でのマルクスの指摘は、まさに傾聴すべき警告だと言える。マルクスは、『資本論』のなかで、資本の搾取欲が際限なく放置されていく場合には、「人類の退化」や「人口の減少」という事態も生まれうると指摘している。『資本論』第Ⅰ巻第8章「労働日」のなかで、次のように述べている。

　「自分を取り巻いている労働者世代の苦悩を否認する実に『十分な理由』をもつ資本は、その実際の運動において、人類の将来の退化や結局は食い止めることのできない人口の減少という予想によっては、少しも左右されないのであって、それは地球が太陽に墜落するかもしれないということによって少しも左右されないのと同じことである」。「それゆえ、資本は、社会によって強制されるのでなければ、労働者の健康と寿命にたいし、なんらの顧慮も払わない」[7]。

　やや回りくどい言い方であるが、要するにマルクスがここで述べていることは、資本の搾取欲を野放しにしたなら、労働者の健康や生命はぼろぼろになり、

しまいには「人口の減少」が起こるだろうということである。
　ここでマルクスが「人口の減少」で想定しているのは、「労働者の健康と寿命」が破壊されて、早死が起こることなどであるから、今日のような「出生率の低下」による「人口の減少」ではない。しかし、どのような経路によるものであれ、「人口の減少」の根源を「資本の搾取欲」が野放しにされることだという指摘は、きわめて示唆的である。

（7）「人口減少社会」と「人口静止社会」の違いについて

　現在の政府・財界の「少子化」対策を検討するさいには、その前に、もう一つだけ明らかにしておかねばならない論点がある。
　最近の日本の人口問題をめぐる議論のなかで、政府・財界の「少子化」対策にたいして、「少子化対策など必要ない」、「人口は静止社会のほうがよい」という批判がなされることがある。とりわけ財界・大企業の〝人口減少は「労働力不足」を招き、「経済成長」にとってマイナスだ〟、などという主張を批判するために、「ゼロ成長でも、国民の暮らしは豊かにすることができる」という主張の一環として、「人口静止社会」の意義が論じられることがある。
　こうした主張は、「経済成長」よりも、日本の歪んだ経済社会の構造を変えることこそ必要だということを強調するためになされる場合が多く、その意味では積極的なのではあるが、そうだとしても、日本の人口動態の現実には、必ずしも噛み合っていない議論だといわなければならない。「人口減少社会」と「人口静止社会」という二つの人口現象には根本的な違いがあるということを看過しているからである。この二つの人口現象を混同して論ずると、人口政策上は意図せざる間違いをおかすことになる。そこで、「人口減少社会」と「人口静止社会」の意味を、あらためて確認しておこう。
　「人口減少社会」とは、文字通り人口が年々減少していく社会のことである。一国の出生率が「人口置換水準」を下回る状態が続いて「減少モメンタム」の時期に入ると、人口は減少しはじめる。出生率の水準が「人口置換水準」を下回る状態が長く続けば続くほど「減少モメンタム」の時期も長くなり、人口減少はなかなか止められなくなる。これは、まさに現在の日本が陥りつつある人

口動態に示されている。

　さきに紹介したように、国立社会保障・人口問題研究所の「将来人口推計」（2012年１月推計）によると、出生中位〔死亡中位〕の場合、2060年には日本の人口は8674万人に減少すると推計しているが、さらに、その趨勢が続くなら、「参考値」の推計として、100年後の2110年には4286万人となり、現在の約３分の１にまで減少するとしている。これは、先に述べたとおり現在の歪んだ社会の人口要因をそのまま将来に「拡大投影」した「推計」であるが、「人口減少社会」とはまさにこうした人口現象のことである。

　これにたいして「人口静止社会」とは、出生者数と死亡者数が同数となり、人口の自然増減率がゼロになることであり、人口増減において「静止」状態になることである。この「人口静止社会」は、出生率が「人口置換水準」になったからといって、直ちに実現するわけではない。人口の「減少モメンタム」があるために、そのモメンタムがなくなった時、その時点の人口水準で「静止」するのである。

　具体的に現在の日本の人口動態についてみるならば、現在1.4前後の出生率が仮に今ただちに急上昇して2.07の「人口置換水準」に回復したとしても、これから数十年の間は「減少モメンタム」が続くために、その間は人口減少が続いて、数十年後にやっとその減少した水準で「静止」状態に入るのである。この点について、国立社会保障・人口問題研究所の「将来人口推計」では、次のように述べている。

　「極端な例として2010年以降、出生率が人口置換水準に復帰して、以降その水準を保ったとしても、2070年代頃までは人口減少が続き、当初人口（１億2806万人――引用者註）の約82％（１億0494万人――同）に縮小してようやく安定化することがわかる」[8]。

　つまり、現在の日本の人口動態の現実は、「人口減少社会」か、「人口静止社会」か、という単純な選択の問題というよりも、はるかに深刻な状態にあるということである。

　言い換えるならば、「人口静止社会」をめざすためにも、現在の日本社会の「人口減少」と「少子化」の進行にストップをかける必要があるということである。それを放置するならば、人口が静止する安定状態はますます遠ざかり、その静止人口の水準も下がり続けていくことになる。

(8) 政府・財界の「少子化」対策批判

　日本の政府や財界が「人口減少」や「少子化」問題に危機感をもちはじめてから、すでに20年以上になる。本章の表13-1でみたように、現行の「少子化対策基本法」は2003年に制定され、それにもとづいて発表された『少子化社会白書』（のちに『子ども・子育て白書』、『少子化社会対策白書』などと改名）も、すでに最新の2015年版で12冊を数える。人口減少が現実にすすみはじめた2010年代に入ってからは、「少子化」への危機感はいっそう強まり、安倍内閣の少子化社会対策会議が「少子化危機突破緊急対策」（2013年6月7日）、全国知事会も「少子化非常事態宣言」（2014年7月15日）を発表した。
　これらの政府・自治体や財界の「少子化」対策について、個々の施策にそっての詳細な検討は、紙数の関係で割愛して、これらの対策に通底する共通の弱点、基本的な考え方の問題点について、箇条書き的に指摘しておくことにする。

□なぜ人口が減少しているのか──「少子化」の原因分析の欠如

　政府や財界の「少子化」に関する文献を読んでいると、「少子化は社会全体の問題である」という趣旨の文言がいやというほど出てくる。しかし、「少子化」対策は「社会全体」の課題であると強調することは、「少子化」現象の社会経済的な原因の解明をおこなわないこと、「少子化」問題の客観的な分析の欠如と結びついている。現実に政府の「少子化」問題の現状認識をまとめた『少子化社会白書』を見ると、これまで12冊の各年版のなかで「なぜ少子化が進行しているのか」という「少子化の原因」について分析しているのは、第1回の2004年版だけである。第2回目以降は、「少子化の現状」と「対策の現状」の説明に終始している。
　しかも、その第1回の「少子化の原因」の分析も、図13-5の「少子化フローチャート」に示されるように、その原因論の視野はきわめて現象的なものにとどまっている。このフローチャートには、戦後日本資本主義の「資本」の活動のあり方が「少子化」を促進してきたというリアルな認識は、まったく欠落

図13-5　政府のえがく「少子化フローチャート」

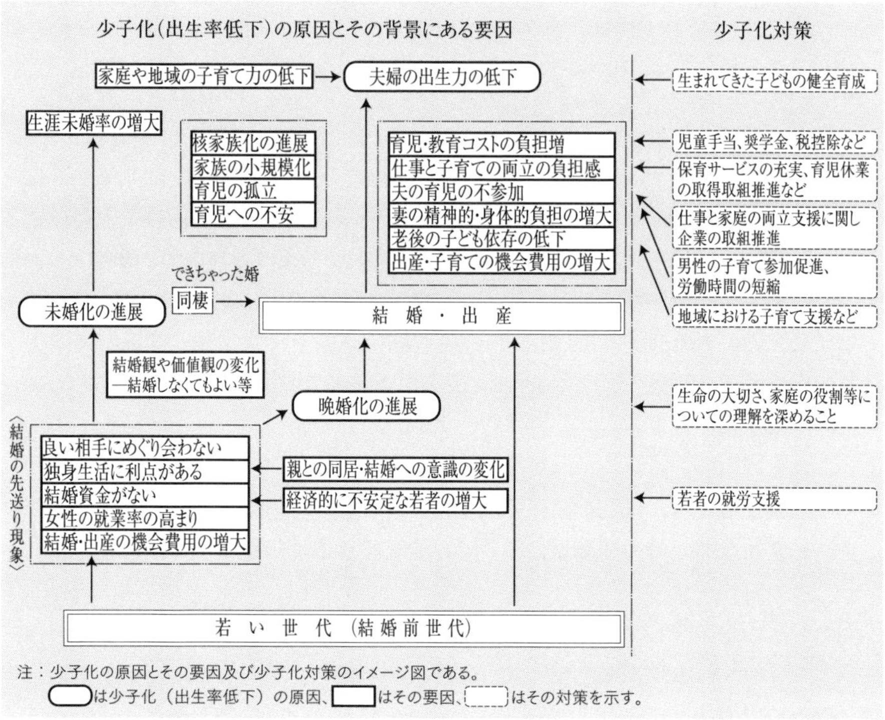

少子化（出生率低下）の原因とその背景にある要因　　　　少子化対策

- 家庭や地域の子育て力の低下 → 夫婦の出生力の低下
- 生涯未婚率の増大
- 核家族化の進展
- 家族の小規模化
- 育児の孤立
- 育児への不安
- 育児・教育コストの負担増
- 仕事と子育ての両立の負担感
- 夫の育児の不参加
- 妻の精神的・身体的負担の増大
- 老後の子ども依存の低下
- 出産・子育ての機会費用の増大

- 未婚化の進展
- できちゃった婚／同棲
- 結婚・出産
- 結婚観や価値観の変化──結婚しなくてもよい等
- 晩婚化の進展
- 親との同居・結婚への意識の変化
- 経済的に不安定な若者の増大

〈結婚の先送り現象〉
- 良い相手にめぐり会わない
- 独身生活に利点がある
- 結婚資金がない
- 女性の就業率の高まり
- 結婚・出産の機会費用の増大

若い世代（結婚前世代）

少子化対策：
- 生まれてきた子どもの健全育成
- 児童手当、奨学金、税控除など
- 保育サービスの充実、育児休業の取得取組推進など
- 仕事と家庭の両立支援に関し企業の取組推進
- 男性の子育て参加促進、労働時間の短縮
- 地域における子育て支援など
- 生命の大切さ、家庭の役割等についての理解を深めること
- 若者の就労支援

注：少子化の原因とその要因及び少子化対策のイメージ図である。
◯は少子化（出生率低下）の原因、□はその要因、⌐ ¬はその対策を示す。

（出所）『少子化社会白書』（2004年版）

している。というより、そのような客観的事実を正面から分析することを避けているのである。

□企業（資本）の無責任な対応、それを放置・促進する政府の対策

　日本経団連は、2015年4月に「人口減少への対応は待ったなし──総人口1億人の維持に向けて」という「少子化対策」の提言を発表した。この提言では、第Ⅱ章「人口問題に関する諸分析」の「1.なぜ日本で人口が減少しているか」で、「人口減少の分析」をおこなっている。そして、人口減少の最大の要因は「未婚率の上昇」であると強調し、若者の「未婚率の上昇」の背景として、次

のような問題をあげている。
○「非正規雇用労働者の未婚率は、男性では高い傾向にあり、若い世代の経済的基盤を安定させることが重要である」
○「長時間労働などにより、男性の家事・育児への参画が少ないことが、少子化の原因の一つ」
○「３人以上の子供を持つことは、子育て、教育、子供部屋の確保など、様々な面での経済的負担が大きくなり、それが第３子以降を持てない最大の理由となっている」
○「結婚、妊娠・出産、子育ての各段階のいずれにおいても、就労を望む場合に、望むタイミングで望む働き方ができるという希望がかなう環境を整備することが重要である」

ここで、財界提言があげている諸論点は、それなりにあたっている。だが、こうした雇用や賃金、暮らしや子育てなどの劣悪な労働・生活条件を一体だれがつくってきたのか。こうした「未婚率上昇」の悪条件を労働者・国民に押し付けてきた根源、その責任はどこにあるのか、という「自覚」と「反省」はまったく感じられない。

政府も財界も、国民にたいしては「少子化」問題の深刻さ、緊急性を盛んに強調している。しかし、現実に実行していることは、まったく逆のことである。世の中には〝マッチ・ポンプ〟という言い方があるが、政府・財界の「少子化対策」は、〝マッチ・ポンプ〟どころか〝ポンプ・マッチ〟とでも言うべき倒錯ぶりである。

□出産、子育てへの支援策、家族政策の不十分さ

安倍内閣の新しい「少子化社会対策大綱」は、冒頭部分で、こう述べている。
「我が国は、世界で最も少子化の進んだ国の一つとなった。合計特殊出生率は過去30年間、人口を維持するのに必要な水準を下回ったまま、ほぼ一貫して下がり続け、この流れが変わる気配は見えていない。日本が『子どもを生み、育てにくい社会』となっている現実を、我々は直視すべき時にきている」。

しかし「少子化社会」の現実を直視できていないのは、政府と財界にほかならない。あらゆる課題をとりあげることはできないので、ここでは一つだけ例

を示そう。

　2015年４月にスタートした「子ども・子育て支援新制度」は、「待機児童解消」とうたっているが、認可保育所を増やすのではなく公費支出を抑え、安上がりな保育で対応する新制度である。同制度をスタートさせた最初の年に、待機児童数は、2014年４月の２万1371人から15年４月には２万3167人へと５年ぶりに増加に転じた。しかも、この約２万3000人という数値そのものが、政府が「待機児童数」を小さく見せようと定義を大改悪してきた結果であり、最近やっと厚労省も「育児休業延長者などを含めれば８万人を超える」などと発表せざるを得なくなっている。しかし実態は、さらにその数倍に上るといわれており、これまで政府が公的な責任で保育所建設に真剣に取り組んでこなかった結果を表わしている。

□根強い「女性差別社会」の放置

　安倍内閣の「成長戦略」では、労働力再生産の危機に直面して、にわかに「人材こそが日本が世界に誇る最大の資源である」などと言いだして、女性や高齢者、若者の力を引き出すことを強調している。

　しかし、「女性が活躍しやすい環境を整える」ためになによりも必要なのは、日本の女性が置かれている差別と格差を解決すること、そのために社会と経済の構造を変えることである。労働法制のあり方をその視点から根本的に見直して、男女の賃金格差をなくし、同じ仕事をしている非正規と正規の労働者に同じ待遇を保障することである。

　安倍内閣は、「女性活躍推進法案」なるものを2014年秋の臨時国会に目玉法案として提出したが、突然の国会解散で廃案になり、15年の通常国会でようやく成立した。しかし、この法律には、賃金格差はじめ男女差別の抜本的是正・均等待遇など、肝心の視点が欠けている。男女差別の抜本的改善の政策の欠けた「労働力としての女性の活用」は、労働力再生産の危機における悪循環を拡大し、いっそうの「少子化」傾向に拍車をかける懸念がある。

□外国人材問題と移民政策

　最後に、財界の「少子化対策」の提言では、「2020年代から2030年代の20年間にかけて毎年10万人ずつの外国人材の受入れ・定住を実行」して、「2040年時点の外国人材の倍増（200万人→400万人）」をKPI（数値目標）とすべきとしている。21世紀のグローバル化した世界のなかで、人材が国際的に交流することは必然的な動きである。その意味では、日本の総人口に占める外国人が増加することは予想される。しかし、財界が「少子化」対策として「外国人材の倍増」をかかげているのは、財界が懸念する労働力不足対策として安上がりの移民の流入・定住を図ろうということである。

　すでに戦後70年の間にも、日本の外国人労働者問題は、その人権無視、劣悪な労働条件に対して国際社会から厳しい批判を受けてきた。安価な労働力対策としてのなし崩しの移民の拡大は、けっして許すべきではない。

むすびにかえて——いま日本で真に必要なことはなにか

　国民的な立場に立つとき、年々深刻さを増している「少子化」問題にどのように対応すべきか、21世紀の日本で求められる方向、五つの基本点を述べて、むすびにかえることにしよう。

　第一。戦後日本資本主義のあり方への根本的な反省。

　本稿で述べてきたように、今日の「少子化」現象の根源は、ただ目先の利益さえ極大化すればよいという資本制企業の短期的な経営戦略の行き着いた先、個別企業の「合理性」の極限的な追求のもたらした「合成の誤謬」の必然的帰結にほかならない。なによりもまず、このことへの曇りのない率直な認識がないならば、「少子化」への傾斜を止めることはできないであろう。

　第二。現在の政府の「少子化社会対策大綱」の抜本的な見直しと実行。

　資本主義のもとでも本格的に「少子化対策」に取り組むなら、人口減少をある程度食い止めることはできる。しかし、そのためには、真に実効ある対策に取り組む必要がある。いま日本で進行しつつある人口減少は、小手先の「少子

化対策」では、決して止められない。安倍内閣が策定した「少子化社会対策大綱」には、さまざまな政策的なメニューがかかげられてはいる。しかし、どれをとっても本格的に実現する保障はない。「少子化社会対策」を実現するためには、国民経済全体にかかわる計画的な裏付けが必要である。そうした計画的な取り組みは、その気になれば資本主義のもとでも可能である。

　第三。当面は続く「減少モメンタム」時代への社会進歩の立場からの備え。

　すでに本章（4）（5）で述べたように、現代の日本は「減少モメンタム」の時代に入っており、しばらくは人口減少が続くことは避けられない。労働政策、社会保障政策、地域政策をはじめ、国・自治体の政策的な対応が必要になる。仮に現在の人口が当面すぐにはそう増えなくても、労働の生産性が増加すれば、社会的な生産や富は大きく発展していく。この時代に危険なことは、人口減少への対応を逆向きにとらえて、社会経済の進歩をめざすのではなく、後退と退嬰（たいえい）の道をすすむことである。たとえば人口減少や「超高齢化社会」を口実にして、年金を削減したり、将来世代との負担の公平などを口実に消費税の増税を強行するのは、「逆マルサス主義」の誤りである。

　第四。若者の未来に希望のある21世紀の日本の展望。

　人口問題は、単に経済問題や社会政策のあり方だけで決まるものではない。人口の動態は、労働によって物を作ることのように短期的に動かせる問題ではない。人間の生命の活動、生命の再生産にかかわる問題である。とりわけ社会の未来を担う若者の生き方、結婚や出産、家族のあり方、子どもの養育や教育などの条件が前提となっている。そこには今日の社会で生活する人びとの社会意識や精神活動のあり方が深くかかわっている。総じて、21世紀の日本の未来に希望が持てるか、だれもが安心して生きてゆけるかという時代の展望を描くという課題である。

　第五。政治の民主的な転換によってこそ、社会的危機を打開することができる。

　ここまで述べてきた四つの基本課題を実現するためには、なんとしても日本政治の根本的な転換が必要である。急速に進行しつつある人口の減少、将来人口の大幅縮小の推計（投影）を変えていくためには、政治を変えるという国民の強い意志が不可欠である。そうした政治変革がないかぎり、日本社会はいっそう停滞するであろう。その結果、人口問題は、ますます深刻な危機的領域に

向かっていくことになる。過去の歴史を振り返ると、社会的な変革を契機として人口は急速に増大している。社会が民主的に発展することこそ、「少子化」現象を解決する根本的カギである。これこそ歴史的に実証された人口問題の法則である。

「国破れて山河あり」という通り、山河さえあれば、経済的な復興は、数年、十数年かければ可能である。経済的復興は、人間が自然に働きかけて労働することによって達成することができるからである。しかし、人間の生命の再生産にかかわる人口問題の解決は、そうはいかない。人口問題の解決は、日本資本主義のあり方を変える課題であり、21世紀日本の「100年の課題」である。

註
（１）林直道「経済理論学会ニュース」（No.1、1999年7月）。
（２）金子隆一「長寿革命のもたらす社会――その歴史的展開と課題」『人口問題研究』（第66巻3号、2010年9月）、26ページ。
（３）同上、26ページ。
（４）「人口置換水準」は、出生性比や死亡率によって変動する。男女の出生性比には男児に5％（0.05）の偏りがあり、さらに女性の出産年齢までの死亡率が2％（0.02）なので、その分を追加して、「人口置換水準」は $2 + 0.05 + 0.02 = 2.07$ となる。
（５）人口学研究会編『現代人口辞典』阿藤誠執筆項目「第二の人口転換」（原書房、2010年）、206ページ。
（６）以上の引用と説明は国立社会保障・人口問題研究所「日本の将来推計人口――平成24年1月推計の解説および参考推計（条件付推計）」（『人口問題研究資料第327号』2014年1月）。
（７）『資本論』新日本新書版②、463～464ページ。
（８）前掲（６）、12ページ。

14　ピケティとマルクス
——貧富の格差拡大に対して

屋嘉　宗彦

（1）ピケティ・ブームの背景

　ピケティの『21世紀の資本』は、出版と同時に欧米で大きな話題となり、日本でも2014年末に翻訳が出版される前から、経済雑誌などで特集が組まれ、解説本が続々と登場するようなブームをもたらした。

　なぜそれほどの反響を呼んだのかということについて、異口同音に指摘されるのは、世界的に貧富の格差（所得格差と資産格差）が大きくなっているという誰もが知っている事実をピケティが各国の統計を用いて、反論の余地なく確認してみせたということである。しかも、人々が実感できる1980年代以降の新自由主義の時代についてのみならず、200年以上にわたる長期統計から資本主義の抜きがたい傾向として格差拡大を実証して見せた。

　また、ピケティの本のタイトルが、マルクスの著書『資本（das Kapital）』と同じであるという点も、多くの人に衝撃と暗黙の同感を与えたことが指摘されている。20世紀末に、ソ連・東欧諸国の、いわゆる「旧社会主義圏」の国々が、社会主義を放棄して「自由経済」に移行したとき、一般には、「マルクスは死んだ」と受け止めた人々が多かった。ところが、その後わずか20年ほどの間に、先進資本主義諸国で貧富の格差が歴然としたものとなり、物的生産よりも金融的投機活動が経済を左右するようになってくると、人々は、資本主義市場経済にたいして漠然とあるいは明白に疑問を感じ始め、マルクスへの関心を育てはじめた。そこに、ピケティが登場したことで、人々はマルクスの代替者を見いだしたのである。

さらに、膨大なページ数を費やし、多岐にわたる理論的・現実的問題を論じながら、根本的主張はきわめて明快・単純であるし、貧富格差拡大への対応策も明快であったことも、人々にカタルシス（精神の浄化作用）をもたらし、ブームの一因となったのではないかと思う。
　貧富の格差が拡大しているという現実認識と、それへの対策として世界的に協調して資本課税を強化すべきであるという対応策に大筋同意した上で、ここではピケティのマルクス理解にみられる問題点と、それに起因する認識の不十分さについて考えてみたい。

（2）ピケティのマルクス理解

　ピケティは、その著書の「はじめに」のなかで「マルクス——無限蓄積の原理」という項を設けている。そこで示された彼のマルクス理解は次のようなものである。
　ピケティによれば、マルクスは「資本主義とその崩壊に関する初の科学的な分析を提案した」が、その「主要な結論は、『無限蓄積の原理』とでも呼べるもの」である。無限蓄積とは、「資本が蓄積してますます少数者の手に集中してしまうという必然的な傾向」であり、そして、「これがマルクスによる資本主義の破滅的な終末予測の基盤となる」。すなわち無限蓄積は、二つの方向で資本主義破滅への道を準備する。
　一つは、「資本収益率がだんだん下がってくる」ため、「資本家同士の暴力的な紛争が起こる」ことで資本主義が破滅する。もう一つは、無限蓄積によって「国民所得における資本の比率が無限に上昇する」ので「労働者たちが団結して反乱を起こす」というものである。
　これは、利潤率の傾向的低下法則と資本の集積・集中に関するマルクスの議論を大胆に単純化した解釈であるが、マルクス解釈として妥当なものとは言えない。
　ピケティは、こうしたマルクスの資本主義崩壊論が現実化せず、労働者の購買力は19世紀最後の3分の1期に上昇し、ヨーロッパ先進諸国は社会民主主義的な方向へ向かったとして、マルクスの予測の間違いを指摘する。そして、マ

ルクスの誤りの原因は「先人たちと同じく、マルクスもまた持続的な技術進歩と安定的な生産性向上の可能性を完全に無視」したところにあるとする。技術進歩と生産性上昇は、ピケティによれば「民間資本の蓄積と集積のプロセスに拮抗する力となる」のであり、これによって無限蓄積は阻止されるのに、マルクスはその点を見落としたとされるのである。

マルクスの理論を単純に崩壊論と見ることも誤りであるが、それに加えて、技術進歩と蓄積に関する、ピケティの議論には二つの問題がある。一つは、マルクスが持続的技術進歩と生産性向上を完全に無視していたというピケティの指摘は誤りであるということであり、もう一つは、技術進歩と生産性向上が蓄積と集積のプロセスに拮抗する力となるという論理の誤りである。

（３）技術進歩・生産性向上とマルクス

□マルクスが持続的技術進歩と生産性向上を完全に無視していた
　との批判に対して

まず、第一の点について見ておこう。

マルクスの『資本論』を読んだものなら、だれでも、マルクスが『資本論』第一巻の中核ともいうべき剰余価値論で、資本を技術発展に駆り立てる特別剰余価値の追求について論じていることを知っている。資本は、特別剰余価値を求めて飽くことなく新技術を追求する。マルクスは、この技術革新をシュンペーターのように企業家の人格や心理に依存するものとしてではなく、諸資本間に働く「競争の強制法則」という客観的・必然的なメカニズムによって推進されるものと考える。資本主義がこれまでの生産様式のなかで最も生産力を高める力を持っていることをマルクスは、一面では資本主義の利点として称揚しているのである。以下で簡単にこの特別剰余価値論を確認しておこう。

今、同一の製品を生産する多数の個別資本（たとえば100企業）があり、彼らは皆同一の技術を用いて、同一の社会的価値で製品を販売しているものとする。そうしたなかで、特定の一つの個別資本（仮にAとする）が新たな技術を開

発・導入して、従来と同一の雇用労働量で従来よりも多くの製品を生産できたとしよう（道具・原材料の投入量は全体としては増えるが製品1個あたりでは変わらない）。そうすると、製品一単位あたりの労働量は減少する。これが個別的価値の減少である。

　しかし、市場での価値は社会的平均的な労働量で規定されるため、当該製品の社会的価値はA以外の大多数の資本が採用している旧来の技術条件のもとでの労働量（たとえば10としよう）によって規定される。新技術を開発・導入した個別資本Aは、自らの達成した低い個別的価値（たとえば7）ではなく、それよりも高い社会的価値（10）で製品を販売することができる。この社会的価値（10）と個別的価値（7）の差額（3）が特別剰余価値であり、新技術を採用した個別資本Aの獲得するものである。

　当然のことながら、特別剰余価値は社会的価値が低下してくると次第に小さくなる。A以外の諸個別資本が、Aに追随して新技術を導入するようになり、その比重が大きくなってくると（たとえば50社が新技術を採用すると）、個別的価値の平均としての社会的価値自体が低下（平均は8.5）し、新技術採用企業の個別的価値（7）と社会的価値（8.5）の差額（1.5）は縮小する。さらに採用企業が増えてくると、終局的には社会的価値が7となり、差額は消滅する。新技術を採用する資本が増え社会的価値が低下していく過程では、旧技術を用いて生産している企業は次第に獲得する剰余価値が減少し、ついには損益分岐点以下となるので、企業存続のために否応なく新技術を採用しなければならなくなる。

　特別剰余価値をより多く獲得するには、他の諸資本に先駆けて新技術を導入することが重要な条件となるのであり、また、新技術の普及過程では、企業の存亡をかけて新技術導入を余儀なくされるというのが「競争の強制法則」である。資本主義企業が新技術の開発・導入を競うのはここに根拠がある。

　マルクスの資本主義観の枢軸をなすとも言える、この技術発展と生産性向上の必然性について、ピケティはまったく無理解である。

□技術進歩と生産性向上が蓄積と集積に拮抗する力になる
　とのピケティの主張に対して

　次に第二の点、技術進歩と生産性向上が蓄積と集積に拮抗する力になるとい

うピケティの主張であるが、これも問題である。

　技術進歩・生産性向上は、生産過程で、人間の労働にたいして労働手段や労働対象といった物的要素の比率が大きくなることを意味する。つまり、技術進歩は必然的に資本の蓄積・集積を増大させるものであって、これに拮抗するものではない。

　ピケティがイメージしているのは、生産性の向上によって生産物が増大し、人々の生活水準が向上するので、資本分配分の増大を打ち消すということであろうが、まず、生産性向上が生活水準向上にただちにつながるとは言えない。生活水準が向上するかどうかは、労働と資本との交渉を経て決まるのである。

　次に、仮に生活水準の向上がみられたとしても、それが資本分配の比率低下をもたらすとは言えないのであり、間違いなく言えるのは、生産性向上が資本の集積・集中を後押しするということである。したがって、生産性向上は資本分配率を抑制するとは必ずしも言えない。この点については、マルクスの再生産表式、およびピケティの基本命題であるr（資本収益率）＞g（経済成長率）と関連して、後で再度、取り上げることとする。

（4）ピケティの基本命題と経済成長率

　ピケティは明らかにマルクスを意識しつつ、その著書のタイトルを『21世紀の資本』とし、また、随所でマルクスに触れているにもかかわらず、かれのマルクス理解は不十分なものである。では、資本主義のもとでは貧富の格差が拡大するという、マルクスに親和性のある彼の主張は、どのような論理をもちいて導き出されているのであろうか。

　じつは、それは彼自身が強調しているように、統計的に検証された歴史的事実であり、その事実の論理的説明は彼の主たる課題ではない。ただ、「富の分配は昔からきわめて政治的で、経済メカニズムだけに還元できるものではない」、という指摘がなされている。政治的要因もふくむ歴史的視点が必要であるということが強調される。マルクスの「無限蓄積」の論理も、それと対極的なクズネッツの均斉成長論も、歴史的事実を充分に踏まえない経済メカニズム論であり、それ故に現実と整合しなかったとされる。クズネッツのばあいは、

第二次大戦後の特殊な時期の現象を一般化し、もっと長い歴史的事実をふまえていないと批判され、マルクスも19世紀前半のかぎられた事実を理論化したとされる。より長期の歴史的事実をふまえるべきとされるのである。

ピケティ自身は、資本・所得分配の不平等を彼なりの経済的・政治的メカニズム論で説明する。まず、長期的な不平等を示す統計から$r>g$という単純な基本法則を引き出す。つぎに、①生産性向上と経済成長、②政治的・政策的な対抗策、という二つの要因の有無によって不平等が実現する時期と抑制される時期を分ける。

まず、基本法則からみていこう。先に示した彼の基本命題$r>g$である。r（資本収益率）の前提となる「資本」は、実物資本と金融資本の合計である。資本収益率rは、経済成長率gよりも高くなり、歴史的に、rは5％程度、gは1〜1.5％であるとされる。

そうすると、資本を所有しない人たち（労働者）が経済成長率（1〜1.5％）かそれ以下の所得増しか実現できないときに、資本所有者は5％もの所得増を達成するのであるから、当然、国民所得に占める資本分配分の比重は高くなっていくのである。なぜ資本蓄積率が経済成長率を上回るのかということは説明されない。歴史的事実として5％とされる。なぜ労働者所得の伸び率が経済成長率に等しいのかも説明されない。こうした没概念的基本法則は、簡単に次のような事態を容認する論理となる。

たとえば経済成長率が1〜1.5％ではなく5％だとしてみよう。そうすると、労働者所得は5％増加し、資本収益率も5％であるから、資本も5％増加するのでこのばあい格差は開かないことになる。つまり、資本収益率が一定のもとでは、経済成長率が高くなるほど貧富の格差は縮小する。ピケティは、著書のほうぼうの箇所で、経済成長が格差縮小をもたらすと主張している。経済的論理だけでは「富の分配」は説明できないといいながら、ピケティ自身はいとも簡単に経済成長＝格差縮小というトリクルダウン的経済論理を展開しているのである。

つぎに、歴史的要因すなわち政治的・政策的要因による格差縮小が指摘される。その具体例は、20世紀前半と後半の70年代までの時期である。20世紀前半は恐慌や戦争による資本破壊で相対的に労働の分配分の比重が増大し、第二次大戦後70年代までは国家による所得再分配政策によって格差の縮小が図られた

ために、1700年以来の歴史貫通的な法則である r ＞ g が制限され格差の縮小が実現したということになる。

　この論理を延長して、ピケティは1980年代以降の経済格差拡大の最も重要な原因を、経済成長率の低下と人口増加（経済成長に寄与するものと想定される）の低迷にもとめ、これによって19世紀的な r ＞ g 法則が復活したとする。

　こうした認識を前提に、ピケティは、格差を是正するための方策として、みずから「ユートピア的」と言いつつ、政治の力でそれを修正することを提案している。失業、非正規雇用といった労使関係の焦眉の問題については触れず、国際協調のもとで累進資本課税制度を導入し、資本分配分が増大していくのに歯止めをかけるという提言がその中心である。

（5） r ＞ g 法則とマルクス再生産論

□再生産の基本条件

　ピケティの主張のメリットを挙げるとすれば、資本主義は、本質的に貧富の格差を拡大する傾向をもっていることを、統計的に、事実の問題として証明してみせたことが一つ、そして次に、ケインズ的所得再分配政策すなわち政治の力によって格差を縮小させることができるということを、これも統計的事実として明らかにしてみせたことである。

　新自由主義経済学の主張が、規制緩和と市場重視の政策こそ経済を成長させ、失業や貧困も解決するとしていたのに対して、ピケティは、政府の役割と規制（たとえば、資本の透明性確保と資本課税）の重要さを対置した。

　ピケティのばあい、説明抜きのあるいは没概念的な r ＞ g 法則を武器として資本と労働の格差拡大を説いているが、資本と労働の分配率格差の問題は、ピケティと同じ抽象レベルでは、むしろマルクスのほうが論理的に正確にこれを明らかにしている。

　再度、マルクスの『資本論』を振り返ってみよう。マルクスは第二巻で、再生産表式論を展開している。その中でマルクスは、ピケティのマルクス認識と

異なって、生産性の向上をともなう経済成長経路を示しているのである。もちろん、その前に生産性の上昇しない成長経路も提示される。重要なことは、〝経済成長は格差の拡大を是正する〞というピケティの主張がそのままでは成り立たないことが明瞭に示されることである。クズネッツの均斉成長経路もすでにマルクスによって、別の含意のもとで提示されている。マルクスは、クズネッツ的均斉成長を資本主義経済において現実に生じる成長の形としてではなく、現実の不均等成長と対比される理論的基準として提示している。まず、これについて簡単にみておこう。

マルクスは、総生産を二つの部門、生産財生産部門（第Ⅰ部門）と消費財生産部門（第Ⅱ部門）に分け、またどの部門も、一定の生産手段と雇用労働力を組み合わせて生産を行うこととする。その結果、各部門は、生産に要した生産手段価値（C）と、雇用労働力に支払った労働力の価値（V）と、その雇用労働者が生産過程で労働力の価値を超えて働くことによって生み出した剰余価値（M）の、三つの価値部分の合計に等しい価値をもった一定量の生産物（それぞれ生産手段、消費手段）を結果として得る。

人々が生活を維持しながら生産を継続していくためには、この総生産物に一定の量的条件が必要である。

人々の生活水準も生産活動の水準も毎年変わらない「単純再生産」ならば、（イ）今年度新たに生産された生産財が、今年度生産のためにⅠ部門、Ⅱ部門で費消された生産財を補填できること、（ロ）今年度生産された消費財が、資本家と労働者の今年と同水準の生活を来年度も可能とすること、以上の要件が充たされなければならない。

マクロでこの要件が充たされているとして、現実には生産財と消費財がそれぞれの部門内および部門間で取引されなければならない。部門内での取引は、自部門の生産物のうちの一部を自部門用に用いるのであるから、需要はかならず充たされる。しかし、Ⅰ部門の資本家・労働者の消費財需要は、部門を越えて第Ⅱ部門から消費財を購入しなければならないのであるし、Ⅱ部門の生産財需要はⅠ部門から生産財を購入しなければならない。この部門間の相互需要は本来、均衡するとは限らないのであるが、この成立が単純再生産の順調な進行の条件となる。

（Ⅰ）$C_1 + V_1 + M_1 = W_1$
（Ⅱ）$C_2 + V_2 + M_2 = W_2$

（イ）$C_1 + C_2 = W_1 = C_1 + V_1 + M_1$
（ロ）$V_1 + M_1 + V_2 + M_2 = W_2 = C_2 + V_2 + M_2$

　上の（イ）、（ロ）式から、
　$V_1 + M_1 = C_2$　　（単純再生産の基本条件）

　経済が拡大・成長していく拡大再生産については、上の（イ）（ロ）が拡大再生産のための蓄積条件をふくめたものとなる。つまり、生産財は、今年の生産のために費消された分を補填するだけでなく、蓄積・生産拡大のための追加的生産手段をも供給できなければならない。また、消費財も追加的に雇用される労働者の生活を保障できるように分割されなければならない。
　記号をつかって拡大再生産の条件を示しておくと次のようになる。

（Ⅰ）$C_1 + V_1 + MC_1 + MV_1 + MK_1 = W_1$
（Ⅱ）$C_2 + MV_1 + MK_1 + V_2 + MC_2 + MV_2 + MK_2 = W_2$
　但し、MK_1、MK_2は、各部門のMから蓄積部分を控除した資本家消費、各部門の蓄積はMCとMVに分かれる。

拡大再生産の条件は、
　（イ）$C_1 + C_2 + MC_1 + MC_2 = W_1 = C_1 + V_1 + MC_1 + MV_1 + MK_1$
　（ロ）$V_1 + V_2 + MV_1 + MV_2 + MK_1 + MK_2 = W_2$
　　　　$= C_2 + V_2 + MC_2 + MV_2 + MK_2$

となるが、二つの式を整理すると、結局、
　$V_1 + MV_1 + MK_1 = C_2 + MC_2$

となり、部門間の需要供給バランスが条件であることがわかる。各部門が蓄積率を自由に決定しながらこの均衡を達成することは、現実にはほとんど不可

能であり、理論モデルとして均衡蓄積軌道を描くばあいでも、どちらか一方の部門の蓄積率に合わせて、他方の部門がそれに適合的に蓄積率を決定する形で作成する。

□均等（均斉）成長と不均等成長

　拡大再生産が達成された年度、すなわち第２年度は、総生産物の拡大率すなわち経済全体の成長率と生産財の拡大率は異なるし、Ⅰ部門とⅡ部門の成長率も異なる。また雇用労働力への支払額の拡大率は経済成長率よりも小さくなる。
　しかし、同一の蓄積率で次年度も拡大再生産を実行すると、今度は経済成長率、生産財拡大率、消費財拡大率、雇用労働力への支払いの拡大率はすべて等しくなる。
　以後も、蓄積率が変わらなければ、この均斉成長は維持される。すなわち、ピケティの言葉では、経済成長率 g（再生産表式では $V+M$ の増大率で、第Ⅱ部門成長率と一致）と生産財（ピケティのいう資本）拡大率 r（第Ⅰ部門成長率）が等しくなる。またそれは賃金所得の拡大率（V 増大率）とも等しくなる。
　クズネッツは、これが現実の成長経路として実現されると説いたが、マルクスは、現実には実現困難な一種の理論的基準として示している。簡単な数字例でこの均等成長を示しておこう（別表）。
　２年度目以降、総生産の成長率、第Ⅰ、第Ⅱ部門の成長率、V（可変資本＝賃金支払額）の伸び率がすべて10％で均斉成長であることが確認できる。
　ここで大切なことは、この均斉（均等）成長は蓄積率一定を条件としているという点である。もし、蓄積率が高くなっていけば、経済全体の成長率やⅡ部門の成長率よりも生産財部門の成長率（資本拡大率）が大きくなるのである。
　さらにもう一つ、技術の進歩・高度化が生じるとき（これは C/V の上昇をもたらす）も、生産財部門（第Ⅰ部門）の成長率がⅡ部門成長率よりも大きくなる。ピケティでは、たんなる歴史的事実として指摘されるだけで理論的な根拠が与えられなかった、資本ストックの増大率 r が経済成長率 g を上回るという事態が、ここでは技術発展をともなう資本蓄積によって必然化するものとして明瞭な理論的説明を得ているのである。

```
        C +     V +     M +                     = W
I       4000    1000    1000                    6000
II      1500    750     750                     3000       初年度の総生産
```

技術に規定されるC/Vおよび収益率の根源となるM/Vは一定とし、Iの1000Mの50%を蓄積する。追加生産手段に400、追加雇用に100、残りが資本家消費500
IIは、Iに対応して追加生産手段100、追加雇用50の蓄積をおこなう。
資本家消費は600

```
I       4000    1000    400MC+100MV+500MK       6000
II      1500    750     100MC+50MV+600MK        3000       初年度の蓄積計画

I       4400    1100    1100                    6600
II      1600    800     800                     3200       2年度目の総生産
```

Iの蓄積率50%を維持する

```
I       4400    1100    440MC+110MV+550MK       6600
II      1600    800     160MC+80MV+560MK        3200       2年度目の蓄積計画

I       4840    1210    1210                    7260
II      1760    880     880                     3520       3年度目の総生産
```

同様に、Iの蓄積率50%を維持する

```
I       5324    1331    1331                    7986
II      1936    968     968                     3872       4年度目の総生産
```

 I部門成長率がII部門成長率を上回るといった事態は、いわば消費の拡大・人々の生活を犠牲にした生産財生産の拡大であり、われわれの生活を豊かにするという生産の究極的目的からすると、長期的に容認できるものではない。しかし、資本による生産活動の目的が個別的な利潤追求である限り、こうした事態が生じることは避けられない。ピケティはこれをマルクスの「無限蓄積」論と呼ぶが、マルクスは、生産のすべてが生産財生産になるような無限蓄積を説こうとはしていない。
 「無限蓄積」が最終局面に行く前に、この不均等発展（生産と消費の矛盾）は

不均衡に転じ「恐慌」・「不況」というかたちで一時的に解決される。生産財生産と消費財生産、生産と消費との過度の不均等・不均衡は、縮小あるいは停滞した生産規模での逆の不均衡をつくりだす形で長期的バランスをとる。マルクスは、資本主義の無限蓄積・自動崩壊ではなく、繰り返される経済恐慌・不況という形で資本主義の矛盾を示すのである。

　ピケティとマルクスは、資本主義の長期的傾向について同じ結論に達している。マルクスは、飽くことなき蓄積衝動・利潤追求が生産と消費の不均衡、富の偏在、貧富の格差をもたらす原因であることを説き、ピケティは原因を問わぬまま事実としてこれを確認していると言えよう。

□生産性向上をともなう経済成長は r＞g を是正しない

　ピケティは、貧富の格差をもたらす r＞g 法則が、長期的・一般的な資本主義の姿であることを確認した上で、これを是正するものとして、技術発展・生産性向上をともなう「構造的成長」を挙げる。生産性上昇をともなう成長は一人当たり所得を押し上げ、r＞g の不均衡を緩和することで、貧富の格差を是正するという考えである。しかし、マルクスの再生産表式からも明らかなように、これには二つの問題がある。

　まず、生産性向上のためには新たな、往々にして多額の投資を行う必要があるのであるから、資本ストックの増大が必要となる。国民所得に占める資本分配分 a は、資本ストック（K とする）に資本収益率 r をかけた値と国民所得 Y との比で示される。

$$K \cdot r / Y = a$$

　　（ピケティは K を Y β すなわち、国民所得の何倍という形であらわすので、この式は $\beta \cdot r = a$ となる）

　したがって、生産性向上のために資本ストック K が増大すれば、かりに r が一定でも、国民所得が資本増大率以上に増大しなければ、資本分配分 a は高まる。そして、先にマルクスの再生産表式でみたように、生産性上昇があるばあい、生産財部門の成長率は、経済成長率（Y の成長率、マルクスでは第Ⅱ部門成

長率）よりも大きいのであるから、資本分配分 a は高まるのであり、ピケティの議論は成立しない。ピケティは、Kとrを一定と仮定して、Yが大きくなる（経済成長率が高まる）と考えているのである。

□経済成長はただちに労働者分配を高めるものではない

　次に、所得分配の変化についていうと、経済成長が労働者分配率（再生産表式でのVプラスMの中のV部分の比率）を高めるとは言えない。

　マルクスが『資本論』で論じているように、賃金の水準を最終的に決めるのは労働者と資本家の交渉（闘争）であって、経済成長・生産物増大がそのまま労働者の賃金水準に反映されるわけではないし、また分配率を高めるとはいえない。

　ピケティは、19世紀後半の最後の3分の1の時期に賃金の購買力が上がり、1880年代には国民所得に占める資本の比率が「ちょっとだけ下がった」（訳書、9ページ）ことを指摘しているが、その理由を説明していない。国家の再分配政策がないこの時期、労働者階級の賃金水準が上がったのは、労働者数が著しく増大すると同時に、その組織化がすすみ交渉力が高まったことが大きな理由である。第二次大戦後の高度経済成長期にも賃金の上昇がみられるが、これも国家の再分配政策だけでなく、労働者階級の交渉力が高まったことと資本の譲歩の余地が拡大したこととが大きな理由である。

　実はピケティも、経済成長がそのまま労働分配率の向上をもたらすわけではないことに気づいている。「経済成長が長期的に、生活水準の大幅な向上をもたらしたのはまちがいない」（訳書、98ページ）としながらも、「成長は、新しい格差の構造をつくり出すこともある」と言い、「経済成長は、この民主的で能力主義的な希望を満たすことはそもそもできない。こうした希望の実現には、そのための明確な制度を作らねばならず、市場の力や技術進歩だけに頼るわけにはいかないのだ」（同、102ページ）と言っている。

　ピケティとマルクスの差は、「制度」を作ることもふくめて、根本的に、労働者もしくは非資本階級の交渉力（闘争力）が所得分配の鍵を握っていることをみているか否かという点にある。この交渉力は、今日では、資本と労働の直接的な交渉にとどまらず、「制度」・法をつくる国家を左右する力でもある。ア

メリカでは70年代以降、日本では特に90年代以降、貧富の差を拡大した非正規雇用の問題にピケティは十分な関心を払っていない。

　分配の問題を経済法則だけでとらえることはできない、ということをピケティは指摘しているが、すでにマルクスを継承した研究者のあいだでは、分配の問題にかぎらず、現代資本主義を国家独占資本主義としてとらえ、国家の経済的役割（政治と経済のかかわり）を全面的にとらえる議論が展開されてきている。ピケティをきっかけとして、現代のマルクス経済学にも一般の多くの人々の目が向けられることを期待したい。

データで見る戦後70年　雇用・失業・家計

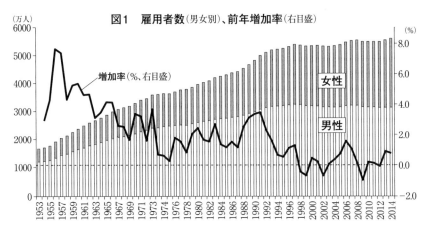

図1　雇用者数(男女別)、前年増加率(右目盛)

(注)「雇用者」は、会社、団体、官公庁又は自営業主や個人家庭に雇われて給料、賃金を得ている者
(出所)総務省統計局「労働力調査」

　日本の雇用者数は、戦後の経済成長とともに増えていくが、その成長の鈍化に合わせて、増加率（前年比）は下がってきている（図1）。90年代後半から減少の年が現れるものの、女性雇用者の顕著な増加が補い、2010年前後から5500万人を維持している。
　統計上の問題もあり、世界と比べて低かった完全失業率は、80年代中ごろに3％近くに上昇、2000年には5％を突破し、高失業時代に入る（図2）。

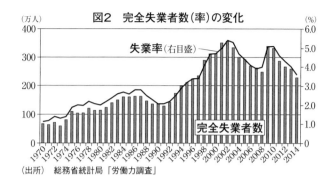

図2 完全失業者数(率)の変化

(出所) 総務省統計局「労働力調査」

表 消費支出と給与の推移

	消費支出(平均月額、円)								給与年額平均(千円)
		食料費	住居費	被服費	保健医療費	交通通信費	教育費	教養娯楽費	
1950	11,980	6,880	547	1,473	689	232	230	921	100
1960	31,276	13,000	2,790	3,755	684	633	929	1,901	260
1970	79,531	27,092	3,871	7,523	2,122	4,134	2,173	7,178	826
1980	230,568	66,923	10,682	18,163	5,865	18,416	8,325	19,620	2,689
1990	311,174	78,956	14,814	22,967	8,866	29,469	14,471	30,122	3,761
2000	317,133	73,844	20,787	16,188	11,323	36,208	13,860	32,126	4,082
2010	290,244	67,563	18,179	11,499	12,515	38,965	11,734	31,879	3,547
2013	290,454	68,604	18,262	11,756	12,763	41,433	11,539	28,959	3,595
50/13	24.2	10.0	33.4	8.0	18.5	178.6	50.2	31.4	36.0

(出所)総務省統計局「家計調査」ならびに国税庁「民間給与実態調査」より

　有効求人倍率が低迷するなか、完全失業者は、300万人を突破することになった。労働組合の組織率(推定)は60年代の35%前後から、18%にまで落ち込んでいる。労働運動の再構築が求められている。

　労働者の給与は、1950年から90年代までは伸びてきたが、2000年代には減少に転じている。家計の消費支出をみると、衣食住は抑え気味で、交通通信費や教育費等の伸びが目立つ(表)。

データで見る戦後70年　人口・自治体数

　1950年に8411万4574人だった日本の人口は、1980年に1億1706万396人、2010年に1億2805万7352人へと増加してきた。とくに東京、大阪、名古屋の三大都市圏を中心にした地域の人口増大は著しく、東京都の人口は1950年の627.8万人（総人口の7.5％）から、2010年には1315.9万人（同10.3％）へと2倍以上に増えている。他方、80年に比べ、10年には東北、中国、四国、九州など20県で、人口が減っている。

　自治体数（市町村数）は、50年の1万500が、53年から61年にかけて行われた「昭和の大合併」をへて、80年には3255に減少。その後、99年から06年にかけて行われた「平成の大合併」をへて、10年には1733へと減少している。

　地方を中心に「人口減少問題」への対応が課題になるなか、「東京一極集中」の是正や地方自治の拡充が求められている。

表　都道府県別・人口(万人)と自治体数の推移

年	1950	1980	2010	1950	1980	2010
総数(人)	84,114,574	117,060,396	128,057,352	10,500	3,255	1,733
北海道	429.6(5.1)	557.6(4.8)	550.7(4.3)	277	212	185
青森県	128.3(1.5)	152.4(1.3)	137.3(1.1)	164	67	40
岩手県	134.7(1.6)	142.2(1.2)	133.0(1.0)	227	62	34
宮城県	166.3(2.0)	208.2(1.8)	234.8(1.8)	195	74	35
秋田県	130.9(1.6)	125.7(1.1)	108.6(0.8)	227	69	25
山形県	135.7(1.6)	125.2(1.1)	116.9(0.9)	223	44	35
福島県	206.2(2.5)	203.5(1.7)	202.9(1.6)	382	90	59
茨城県	203.9(2.4)	255.8(2.2)	297.0(2.3)	368	92	44
栃木県	155.0(1.8)	172.2(1.5)	200.8(1.6)	172	49	27
群馬県	160.1(1.9)	184.9(1.6)	200.8(1.6)	197	70	35
埼玉県	214.6(2.6)	542.0(4.6)	719.5(5.6)	322	92	64
千葉県	213.9(2.5)	473.5(4.0)	621.5(4.9)	310	80	54
東京都	627.8(7.5)	1161.8(9.9)	1315.9(10.3)	87	41	39
神奈川県	248.8(3.0)	692.4(5.9)	904.5(7.1)	117	37	33
新潟県	246.1(2.9)	245.1(2.1)	237.4(1.9)	387	112	30
富山県	100.9(1.2)	110.3(0.9)	109.3(0.9)	213	35	15
石川県	95.7(1.1)	111.9(1.0)	117.0(0.9)	179	41	19
福井県	75.2(0.9)	79.4(0.7)	80.6(0.6)	165	35	17
山梨県	81.1(1.0)	80.4(0.7)	86.3(0.7)	200	64	27
長野県	206.0(2.5)	208.4(1.8)	215.2(1.7)	380	122	77
岐阜県	154.4(1.8)	196.0(1.7)	208.1(1.6)	294	100	42
静岡県	247.1(2.9)	344.7(2.9)	376.5(2.9)	294	75	35
愛知県	339.1(4.0)	622.2(5.3)	741.1(5.8)	219	88	57
三重県	146.1(1.7)	168.7(1.4)	185.5(1.4)	286	69	29
滋賀県	86.1(1.0)	108.0(0.9)	141.1(1.1)	167	50	19
京都府	183.3(2.2)	252.7(2.2)	263.6(2.1)	188	44	26
大阪府	385.7(4.6)	847.3(7.2)	886.5(6.9)	152	44	43
兵庫県	331.0(3.9)	514.5(4.4)	558.8(4.4)	353	91	41
奈良県	76.4(0.9)	120.9(1.0)	140.1(1.1)	141	47	39
和歌山県	98.2(1.2)	108.7(0.9)	100.2(0.8)	204	50	30
鳥取県	60.0(0.7)	60.4(0.5)	58.9(0.5)	170	39	19
島根県	91.3(1.1)	78.5(0.7)	71.7(0.6)	244	59	21
岡山県	166.1(2.0)	187.1(1.6)	194.5(1.5)	367	78	27
広島県	208.2(2.5)	273.9(2.3)	286.1(2.2)	347	87	23
山口県	154.1(1.8)	158.7(1.4)	145.1(1.1)	173	56	19
徳島県	87.9(1.0)	82.5(0.7)	78.6(0.6)	131	50	24
香川県	94.6(1.1)	100.0(0.9)	99.6(0.8)	166	43	17
愛媛県	152.2(1.8)	150.7(1.3)	143.1(1.1)	240	70	20
高知県	87.4(1.0)	83.1(0.7)	76.4(0.6)	170	53	34
福岡県	353.0(4.2)	455.3(3.9)	507.2(4.0)	285	97	60
佐賀県	94.5(1.1)	86.6(0.7)	85.0(0.7)	122	49	20
長崎県	164.5(2.0)	159.1(1.4)	142.7(1.1)	160	79	21
熊本県	182.8(2.2)	179.0(1.5)	181.7(1.4)	325	98	45
大分県	125.3(1.5)	122.9(1.0)	119.7(0.9)	217	58	18
宮崎県	109.1(1.3)	115.2(1.0)	113.5(0.9)	86	44	26
鹿児島県	180.4(2.1)	178.5(1.5)	170.6(1.3)	121	96	43
沖縄県	91.5(1.1)	110.7(0.9)	139.3(1.1)	86	53	41

(出所)「国勢調査」

年表 2001–2015

2015 / 2010

- 15⑦ 中東、アフリカから難民流出
- 14⑦ イスラエル軍、ガザ地区空爆
- 13 中東革命
- 12~13 （11）TPP投資家対国家紛争解決（ISD）条項合意
- 11⑨ 米・TPP交渉参加
- 11② エジプト・民衆デモによりムバラク政権に終止符
- 10⑥ 中国のGDP、世界第2位に
- 10 NYウォール街占拠運動
- 10 ギリシャ債務破綻、ユーロ危機へ
- 09④ G20開く
- 09 EU・リスボン条約発効
- 08 世界金融危機
- 07（クッ） 世界同時株安（パリバ・ショック）
- 06 TPP（環太平洋経済連携）「P4協定」発効
- 04⑩ 米政府調査団、イラクに大量破壊兵器なし
- 03③ 米・イラク侵攻、占領
- BRICsの伸長

首相：安倍晋三 / 野田佳彦 / 菅直人 / 鳩山由紀夫 / 麻生太郎 / 福田康夫 / 安倍晋三 / 小泉純一郎

- 15⑦ 安保法制関連法、衆議院強行採決
- 15④ 日米首脳会議
- 14⑫ 分の2議席衆院選、自公で3
- 13⑫ 安倍首相、靖国神社に参拝
- 13⑥「日本再興戦略」
- 11③ 東日本大震災・福島原発事故 日本の総人口が減少開始
- 09⑨ 鳩山由紀夫内閣（民主、社民、国民新）
- 07 一党に（参院選、民主第）
- 05⑩ 郵政民営化法成立
- 04⑥ 有事法制関連7法
- 04① 日本共産党・綱領改定

- 15⑧ 戦争法案反対デモ、国会前12万人、全国1000カ所
- 15⑪ 取り開始 日銀、銀行保有株の買
- 15⑤ （経団連と日経連が統合）日本経済団体連合会
- 14④ 消費税8%引き上げ
- 14④ 日銀、「異次元の金融緩和」2%インフレ目標設定、日本、TPP交渉参加
- 13⑦ 「税と社会保障の一体改革」
- 12 貿易収支赤字に（~14年度）
- 11⑥ TPP交渉参加菅首相、消費税増税、表明
- 08① トヨタ、生産台数GMを抜く
- 06 『経済白書』「大⑪貿易立国から投資立国へ」
- 05④ JR福知山線、脱線事故
- 05⑪ 月例経済報告「景気拡大」いざなぎ超え

- 15⑧ 実質賃金（5月）が25カ月、連続下落
- 15④ 日米軍事協力ガイドライン
- 14⑦ 議決定 集団的自衛権容認の閣
- 14⑫ 国家安全保障局発足
- 14⑫ 特定秘密保護法
- 12⑥ 前行動に20万人原発再稼働反対・官邸
- 12⑨ 自民党、憲法改正草案
- 11⑧ 基地の移転を辺野古に沖縄・県内移設反対集会、9条の会、全国で75超える
- 10⑤ 民大会沖縄、普天間基地県
- 07⑪ 防衛省発足
- 07⑤ 国民投票法
- 07① 教育基本法改正
- 06⑫ 日米安保協議、普天間基地移設合意
- 06⑤ 自民党、新憲法草案
- 04⑩ 自衛隊発足60カ国で「非戦闘地域派遣」イラク・自衛隊発足
- 03⑦ イラク反戦デモ、世界60カ国で
- 03② 60カ国でイラク復興支援特別措置法
- 02⑫ 自衛隊、イージス艦派遣

- 15⑧ 川内原発再稼働
- 15④ 生活困窮者自立支援法
- 14⑤ 大飯原発差止め判決
- 12⑧「社会保障改革推進法」
- 11⑨ さよなら原発6万人集会
- 11⑧ 再生可能エネルギー特別措置法
- 09 厚労省、貧困率15.7%
- 08⑫「年越し派遣村」
- 08④ 後期高齢者医療制度
- 06 広がる「ワーキング・プア」
- 04③ 派遣法、製造業へ拡大
- 04 年金「マクロ経済スライド」など給付抑制策
- 02 失業率5%超に突入

年表（1989～2001）

国際情勢

89⑪	東欧革命
89	APEC結成（アジア太平洋経済協力）
90⑩	東西ドイツ統一
90⑫	中国・鄧小平、改革開放路線推進へ
91①	湾岸戦争開始（最高会議が宣言）
91⑫	ソ連消滅
92⑥	地球サミット（リオデジャネイロ）
93	EU統合市場発足（マーストリヒト条約発効）
94⑥	NAFTA発足
94	国際人口会議
94	NY外為市場1ドル100円突破
95①	WTO（世界貿易機関）発足
97~98	アジア金融・経済危機
97⑫	韓国・金大中大統領
98⑧	ロシア金融危機
99③	ユーゴ、コソボ空爆
99①	EU統一通貨ユーロ誕生
01③	ITバブルが崩壊
01⑨	米・同時多発テロ／⑩米・アフガニスタン空爆
01⑪	WTO、中国加盟

内閣総理大臣

海部俊樹　宮沢喜一　細川護熙／羽田孜　村山富市　橋本龍太郎　小渕恵三　森喜朗　小泉

政治・行政

90⑥	日米構造協議（公共事業10年間で430兆円受け入れ、大店法廃止）
93⑦	衆院選、自民半数割れ
94⑦	衆院・小選挙区制導入法
95①	阪神・淡路大震災
96⑩	総選挙・初の小選挙区制
97⑫	京都会議・地球温暖化防止
98⑥	金融監督庁発足
99⑦	地方分権一括法
01①	中央省庁再編（1府12省）
01⑥	貯蓄から投資へ「骨太の方針」

経済・金融

89⑫	東証平均株価史上最高値
90⑩	東証株価2万円割。バブル経済崩壊・金融総量規制
93⑫	『経済白書』バブルの崩壊に政府の金融政策　環境基本法　コメの部分市場開放
96	金融ビッグバン改革（～01年）等「6大改革」
97④	消費税5%へ引き上げ
97⑪	山一證券廃業
98⑪	北海道拓殖銀行営業停止
99⑦	食糧農業農村基本法
99⑨	東海村JCO臨界事故
00④	携帯電話5千万台、固定を上回る
00	みずほFG（3大メガバンクに再編）

外交・安全保障

89⑪	「連合」発足（労資協調路線）全労連発足
90	「高齢者保健福祉推進10か年戦略」（ゴールドプラン）
91④	自衛隊ペルシャ湾へ派遣
91⑨	フィリピン、米軍基地の継続使用否決
92⑥	PKO協力法成立
92	自衛隊PKOカンボジア派遣
93⑧	慰安婦問題「河野談話」
95⑧	戦後50年・村山首相談話
95⑨	沖縄・少女暴行事件抗議、県民大会
96④	日米共同宣言（安保再定義）
97⑨	日米ガイドライン改定（有事想定）
98②	長野・冬季オリンピック
98⑥	家永教科書裁判・最高裁
99⑤	周辺事態法
99⑧	国旗・国歌法
00⑫	教育改革国民会議、基本法見直し提言
01⑩	テロ対策特別措置法

社会・労働・福祉

89⑪	調印路線　全労連発足
90	日経連「新時代の『日本的経営』」
92	「平岩レポート」
93④	「就職氷河期」時代へ
93⑫	労働基準法改正
95	世界女性会議（北京）
96⑪	提言「社会保障構造改革」
96②	謝罪　薬害エイズ問題で政府
97⑥	男女雇用機会均等法
98	「ホームレス」問題、自殺者3万人超える
99⑥	男女共同参画社会基本法
00④	介護保険法施行
01⑤	訴訟　熊本地裁・ハンセン病　国家賠償認める

1980

国際

- 73⑪ 世界同時不況（～75）
- 73⑪ 南ベトナム政府降伏、ベトナム戦争終結
- 75⑪ 第1回先進国首脳会議（サミット）
- 76⑪ 東南アジア友好協力条約（TAC）
- 79② イラン革命（ホメイニ師帰国）
- 79⑤ 第二次石油危機
- 79⑪ 英・サッチャー政権
- 79⑫ ソ連軍、アフガニスタン侵攻
- 80⑨ イラン・イラク戦争
- 81 米・過去最大の軍拡予算（レーガノミックス）
- 82④ 英・アルゼンチン、フォークランド紛争
- 84 FAO・アフリカ1.5億人飢餓状態
- 85⑨ G5プラザ合意（ドル高是正）
- 85⑪ レーガン・ゴルバチョフ会談
- 86② ソ連・チェルノブイリ原発事故
- 86④ フィリピン革命（アキノ政権）
- 87② ソ連ルーブル合意
- 87⑥ G7グループ合意
- 87⑪ 韓国「民主化宣言」
- 89⑥ ニューヨーク株価暴落「ブラックマンデー」
- 89⑩ 中国・天安門事件、学生・市民に死者多数

三木武夫 / 福田赳夫 / 大平正芳 / 鈴木善幸 / 中曽根康弘 / 竹下登 / 宇野宗佑

政治

- 75④ 神奈川・革新知事（革新自治体が人口の43%）
- 76⑪ ロッキード問題・国会追及
- 78⑦ 日中平和友好条約調印
- 78⑫ 共産党排除の政権構想合意
- 80① 社会党・公明党、社公合意
- 85⑦ 中曽根首相「戦後政治の総決算」
- 85 ドル高是正協調介入、急激な円高
- 87② 米金利下げに協力、日銀公定歩合2.5%（バブル経済に）
- 89① 天皇裕仁死去

経済

- 76⑩ 防衛費をGDP1%以内（閣議決定）
- 78⑫ 日米農産物交渉妥結
- 78⑫ 政府税制調査会・一般消費税試案
- 80 日本の粗鋼生産量、世界1位に
- 81③ 臨時行政調査会（第二臨調）
- 85④ NTT、JT発足
- 86④ 「前川レポート」
- 86⑦ 日米半導体協定
- 87④ 国鉄解体、分割・民営化（JR発足）
- 87⑦ 生産者米価、31年ぶり引き下げ
- 88⑥ 日米、牛肉、オレンジ3年後自由化合意
- 89④ 消費税3％導入

社会・外交

- 73⑨ 札幌地裁、自衛隊違憲の判決
- 74 革新自治体つぶしの「自由社会を守れ」キャンペーン
- 74⑨ 春闘・交通ゼネスト（全国600万人・交通ゼネスト）
- 76⑩ 雇用保険法（失業保険法から移行）
- 78⑤ 第1回国連軍縮特別総会
- 78⑫ 「日米防衛協力のための指針」了承
- 80① 大平首相、施政演説・環太平洋合同演習に参加、自衛隊「西側の一員」論
- 82⑥ 第2回国連軍縮特別総会
- 82③ 「平和のためのヒロシマ行動」20万人
- 83⑩ 西独「人間の鎖」で米軍基地包囲
- 84⑧ 臨時教育審議会発足
- 85⑩ 「ヒロシマ・ナガサキ・アピール」署名
- 85⑤ 西独・大統領、敗戦記念日演説
- 87⑧ 臨教審・最終答申
- 88⑤ 第3回国連軍縮特別総会

福祉・社会

- 73⑨ 老人医療費無料化（老人福祉法改正）
- 74 革新自治体「革新婦人の10年」（～85）
- 76 国連婦人の10年
- 79 女性差別撤廃条約
- 79 日本、国際人権規約批准
- 81⑤ 全国革新懇結成
- 82⑫ 老人医療費の無料化廃止
- 83② 全民労協発足
- 85 男女雇用機会均等法
- 86⑩ 「基礎年金」創設
- 86⑫ 労働者派遣法施行
- 86 老人医療費自己負担引き上げ
- 88⑥ 全国一斉「過労死110番」始まる

1970年代・1960年代 年表

1970年代

- 73 ⑩ 第四次中東戦争、国際通貨危機。変動相場制へ
- 73 ② 金とドルの交換停止（ニクソン・ショック）
- 71 ⑧ 国連総会で中国復帰
- 71 ⑫ スミソニアン協定（固定相場制の維持策、1ドル=308円）
- 70 ⑪ チリ・人民連合政権が発足
- 68 ⑧ ソ連など、チェコに侵入
- 67 ⑧ 東南アジア諸国連合（ASEAN）結成
- 67 欧州共同体（EC）発足
- 67 第三次中東戦争
- 62 ⑩ キューバ危機
- 61 ⑨ 非同盟諸国会議開催
- 61 ⑧ ベルリンの壁
- 60 ベトナム戦争開始
- 60 アフリカ大陸で17カ国独立（アフリカの年）
- 59 ① キューバ革命
- 58 ILO・差別待遇条約
- 57 ③ 欧州経済共同体（EEC）
- 55 （バンドン）第1回アジア・アフリカ会議
- 53 ⑦ 朝鮮休戦協定

首相

田中角栄 ／ 佐藤栄作 ／ 池田勇人 ／ 岸信介 ／ 石橋湛山 ／ 鳩山一郎

政治・国内

- 72 ⑫ 39議席、衆議院選・共産党
- 72 ⑨ 日中首脳会議
- 72 ⑤ 沖縄、本土復帰
- 71 ④ 大阪・革新府知事
- 69 ⑫ 総選挙、自公共が伸長
- 67 ④ 東京・革新都知事
- 65 ⑥ 日韓基本条約調印
- 64 日本、IMF 8条国に
- 61 日本共産党第8回大会（綱領確定）
- 60 ⑫ 所得倍増計画
- 60 ⑤ 日米新安保条約改定／⑥ 30万人の国会包囲の中、新安保自然成立
- 59 東京地裁：米軍駐留違憲判決（砂川事件）
- 56 ⑫ 国連・日本加盟を可決
- 54 ⑦ 自衛隊発足

経済・社会

- 73 ⑩ ヤミ10%供給削減（第一次石油危機、メジャー）
- 72 ⑦ 田中・通産相「列島改造論」（土地ブーム）
- 72 地裁、四日市ぜんそく6社の不法行為認定
- 71 ⑩ 新日米繊維協定
- 71 ⑫ 新潟水俣病・地裁原告勝訴
- 71 NHKテレビ、全カラー化
- 70 ⑨ 大気汚染訴訟
- 70 ③ 大阪で万国博覧会
- 69 ⑤ 新全国総合開発計画
- 67 ⑧ 公害対策基本法
- 67 農業基本法公布
- 66 人口1億人を突破
- 64 ⑩ 東海道新幹線・開業
- 64 戦後初の赤字国債発行
- 62 ⑩ 全国総合開発計画（全総）
- 61 ⑪ 日米貿易経済合同委員会
- 61 ⑥ 原子力損害賠償法
- 56 ⑦ 経済白書「もはや戦後ではない」
- 55 ⑫ 原子力基本法

その他

- 72 ⑤ 米ソ・SALT I 調印（戦略兵器削減条約）
- 72 ② 札幌・冬季オリンピック
- 70 ⑦ 初の『防衛白書』
- 70 家永教科書裁判・地裁判決
- 68 核兵器不拡散条約（NPT）
- 67 ⑫ 佐藤首相・非核三原則
- 66 中教審最終答申「期待される人間像」
- 66 ⑩ ベトナム戦争反対10・21統一スト
- 64 ⑩ 東京オリンピック
- 62 ⑧ 第8回原水爆禁止世界大会
- 59 ③ 安保条約改定阻止国民会議結成
- 57 ⑧ 憲法調査会第1回会合
- 55 ⑧ 第1回原水爆禁止世界大会
- 54 ③ 米のビキニ核実験で第五福竜丸被爆

法・判例

- 72 ⑪ 沖縄協定批准反対全国スト
- 72 基地のない沖縄復帰へ、沖縄協定／東京高裁、メーデー事件（52年）被告に無罪判決
- 69 ⑩ 東京都議会、老人医療無料化条例
- 68 ⑤ 消費者保護基本法
- 61 国民皆保険・開始
- 60 ⑩ 朝日訴訟第1審判決、生活保護水準は違憲
- 59 ⑫ 三井炭鉱、人員削減／⑧ 三池争議開始
- 59 ③ 国民年金法（61年施行）
- 55 春闘始まる

《年表》戦後70年 日本の政治・社会と国民の運動

※丸数字は月名

年	世界のできごと	内閣	日本の政治	日本の経済	平和・憲法・教育	労働・社会保障
1939	第二次世界大戦勃発	近衛文麿				
1940		東条英機	大政翼賛会発会（「大東亜新秩序」）	⑦閣議、基本国策要綱		
1941	日独伊三国同盟 / ⑧大西洋憲章（社会保障の確保規定）		⑫日本軍、マレー半島上陸、真珠湾攻撃			
1931			日本が中国・東北地方を侵略（「満州事変」）15年戦争開始			
1943	⑪カイロ宣言	小磯国昭		神宮外苑で学徒出陣壮行会		
1945	②ヤルタ会談 / 第二次世界大戦終結 / ⑩国際通貨基金（IMF・世界銀行）発足 / 国連憲章・発効（国連成立）	鈴木貫太郎 → 東久邇宮 → 幣原喜重郎	⑧ポツダム宣言受諾 8・15 日本の降伏・敗戦 / ⑫衆議院選挙法改正公布	⑫GHQ、財閥解体を指令（開始） / 第一次農地改革開始	③東京大空襲 / ⑧広島・長崎に原爆投下	⑫労働組合法公布
1946			①天皇「人間宣言」 / ⑪日本国憲法公布	②金融緊急措置令 / 持株会社整理委員会令公布（財閥解体本格化） / 円（新） / ⑧経済団体連合会（旧経団連）創立	国連総会・原子兵器禁止決議	⑤食糧メーデー / 旧・生活保護法
1947	③トルーマン・ドクトリン（トルコ、ギリシャ軍事援助）	吉田茂 → 片山哲	①2・1スト中止	独占禁止法公布 / ⑫改正民法公布（家制度廃止） / 財政法公布（赤字国債禁止）	教育基本法・学校教育法公布	労働基準法 失業保険法 ILO結社の自由及び団結権保護条約
1948		芦田均	⑫A級戦犯容疑者19人を釈放			⑦政令201号、公務員スト権はく奪
1949	④NATO結成 / ⑩中華人民共和国の成立宣言	吉田茂		シャウプ勧告 / GHQ、対日復興「9原則」	第1回世界平和擁護大会	下山・三鷹・松川事件
1950	⑥朝鮮戦争始まる		⑫誕生 警察予備隊令 / ④京都・革新知事		ストックホルム・アピール（核兵器の絶対禁止）	社会保障制度審議会勧告 / ⑦生活保護法改正 / ⑤「総評」結成
1951			⑨サンフランシスコ平和条約、日米安保条約調印		日教組「教え子を再び戦場に送るな」	
1952	米・水爆実験／53 ソ連・水爆実験 / 欧州石炭鉄鋼共同体（ECSC）			日本、IMF・世界銀行に加盟 / 53⑩池田・ロバートソン会談	⑦警察予備隊を保安隊に改組	⑩「メーデー事件」 / ⑤炭労スト始まる

執筆者紹介（収録順）

渡辺　治（わたなべ・おさむ）
　1947年東京都生まれ。一橋大学名誉教授。政治学、日本政治史。

石川康宏（いしかわ・やすひろ）
　1957年北海道生まれ。神戸女学院大学教授。経済学。

藤田　実（ふじた・みのる）
　1954年茨城県生まれ。桜美林大学教授。日本経済論。

鳥畑与一（とりはた・よいち）
　1958年石川県生まれ。静岡大学教授。国際金融論。

萩原伸次郎（はぎわら・しんじろう）
　1947年京都府生まれ。横浜国立大学名誉教授。現代アメリカ経済政策、日米経済関係史。

佐々木憲昭（ささき・けんしょう）
　1945年北海道生まれ。日本共産党前衆議院議員。

山田博文（やまだ・ひろふみ）
　1949年新潟県生まれ。群馬大学名誉教授。金融論、日本経済論。

北村洋基（きたむら・ひろもと）
　1946年京都府生まれ。慶應義塾大学名誉教授。現代資本主義論、日本経済論。

米田　貢（よねだ・みつぐ）
　1952年富山県生まれ。中央大学経済学部教授。金融論、日本経済論。

大泉英次（おおいずみ・えいじ）
　1948年北海道生まれ。追手門学院大学教授。和歌山大学名誉教授。地域経済論。

牧野富夫（まきの・とみお）
　1937年熊本県生まれ。日本大学名誉教授。労働経済。

佐貫　浩（さぬき・ひろし）
　1946年兵庫県生まれ。法政大学教授。教育課程論、平和教育論、教育政策論。

友寄英隆（ともより・ひでたか）
　1942年沖縄県生まれ。経済研究者。

屋嘉宗彦（やか・むねひこ）
　1946年沖縄県生まれ。法政大学教授。経済思想、現代資本主義論。

戦後70年の日本資本主義

2016年6月25日 初版

著　者　渡辺　治・石川康宏・藤田　実
　　　　鳥畑与一・萩原伸次郎・佐々木憲昭
　　　　山田博文・北村洋基・米田　貢
　　　　大泉英次・牧野富夫・佐貫　浩
　　　　友寄英隆・屋嘉宗彦
発行者　田　　所　　　稔

郵便番号　151-0051　東京都渋谷区千駄ヶ谷4-25-6
発　行　所　株式会社　新　日　本　出　版　社
電話　03（3423）8402（営業）
　　　03（3423）9323（編集）
www.shinnihon-net.co.jp
info@shinnihon-net.co.jp
振替番号　00130-0-13681
印刷・製本　光陽メディア

落丁・乱丁がありましたらおとりかえいたします。
© Osamu Watanabe, Yasuhiro Ishikawa, Minoru Fujita,
Yoichi Torihata, Shinjiro Hagiwara, Kensho Sasaki,
Hirofumi Yamada, Hiromoto Kitamura, Mitsugu Yoneda,
Eiji Oizumi, Tomio Makino, Hiroshi Sanuki,
Hidetaka Tomoyori, Munehiko Yaka 2016
ISBN978-4-406-06031-8　C0033　Printed in Japan

Ⓡ〈日本複製権センター委託出版物〉
本書を無断で複写複製（コピー）することは、著作権法上の例外を
除き、禁じられています。本書をコピーされる場合は、事前に日本
複製権センター（03-3401-2382）の許諾を受けてください。